黌门悟道

首届湖南省高中精英校长领航研修班成果

湖南省教育管理干部培训办公室 编

光明日报出版社

图书在版编目（CIP）数据

黉门悟道：首届湖南省高中精英校长领航研修班成果 / 湖南省教育管理干部培训办公室编 . -- 北京：光明日报出版社，2024.1
 ISBN 978－7－5194－7823－0

Ⅰ.①黉… Ⅱ.①湖… Ⅲ.①高中—校长—学校管理—文集 Ⅳ.①G637.1-53

中国国家版本馆 CIP 数据核字（2024）第 053053 号

黉门悟道：首届湖南省高中精英校长领航研修班成果
HONGMEN WUDAO：SHOUJIE HUNANSHENG GAOZHONG JINGYING XIAOZHANG LINGHANG YANXIUBAN CHENGGUO

编　　者：湖南省教育管理干部培训办公室	
责任编辑：李　晶	责任校对：郭玫君　贾　丹
封面设计：中联华文	责任印制：曹　净

出版发行：光明日报出版社
地　　址：北京市西城区永安路 106 号，100050
电　　话：010-63169890（咨询），010-63131930（邮购）
传　　真：010-63131930
网　　址：http://book.gmw.cn
E－mail：gmrbcbs@gmw.cn
法律顾问：北京市兰台律师事务所龚柳方律师
印　　刷：三河市华东印刷有限公司
装　　订：三河市华东印刷有限公司
本书如有破损、缺页、装订错误，请与本社联系调换，电话：010-63131930

开　　本：170mm×240mm	
字　　数：252 千字	印　张：17
版　　次：2024 年 1 月第 1 版	印　次：2024 年 1 月第 1 次印刷
书　　号：ISBN 978－7－5194－7823－0	
定　　价：78.00 元	

版权所有　　翻印必究

编委会

主　任：蒋洪新　蒋新苗
副主任：康　洪　朱常青　陈牛则
编　委：(以姓氏笔画为序)
　　　　朱常青　陈牛则　陈甲元
　　　　康　洪　蒋洪新　蒋新苗

序

　　教育决定着人类的今天，也决定着人类的未来。习近平总书记指出，基础教育在国民教育体系中处于基础性、先导性地位。校（园）长作为一所学校发展的灵魂，其理念、行为在很大程度上影响着基础教育乃至教育大环境的生态和走向。校（园）长培训是校长终身学习和职业发展的重要环节。对校（园）长开展不同类型、不同形式的培训，是关乎教育发展的一项奠基式事业。

　　30年来，中小学校（园）长培训从关注校长个体素养走向提升校长办学品位，从教育理论知识补充走向适应教育改革发展需求，从单一的专家讲授走向多向的教学互动，取得了长足进步和巨大成就。一大批师德高尚、专业素养强、教育教学思想先进、创新能力突出、发展潜力大的中小学校（园）长经过培训，成为基础教育改革、发展的领航人物。

　　新时期以来，随着城乡义务教育全面实现，如何在保持教育公正的基础上提升教育质量，使更多的孩子享受优质教育，成为当今我国教育改革与发展的核心内容。教师教育是教育的工作母机，其发展水平直接决定着整个教育事业的发展水平。湖南师范大学致力于推进教师教育发展新形态，拓展教师教育发展新内涵，为湖南等地区中小学输送了大批合格的管理干部、教学能手，建立起多层级、多维度的校（园）长培训机制，有力推动了地区基础教育优质、均衡发展。"新时期中小学校长（幼儿园园长）培训研究丛书"（后称"丛书"）正是基于湖南省中小学校长培训30年的培训实践，总结经验，提炼成果，深化理论，转化成果。

"丛书"是开展中小学校（园）长培训的工具书。"工欲善其事，必先利其器"。"丛书"坚持"以需求为导向"，理论与实践紧密结合，以研究者的眼光反思中小学校长培训管理行为，科学界定校长培训中设计者、管理者、评估者的角色扮演与职责要求，系统梳理项目开发、组织实施、绩效评估的方法，实践性、操作性强，案例多、信息量大。细心研读，由此推开门、迈开步，我们做好校长培训工作就会更有底气、更有信心。

"丛书"是提升中小学校（园）长核心领导力的助力书。领导力是把握组织使命、动员人们围绕这个使命奋斗的一种能力。中小学校长的领导力在于引领全校师生员工实现共同愿景、追求共同发展，是学校发展软实力的集中体现。"丛书"应时代所需、校长所求，从课程领导力的提升这一核心入手，呈现出校长课程领导力提升过程中的感性认识与理性思考，从而使培训的指向性更加明确，极大地提高了校长学习的强度和深度，让校长能够真正按照教育发展的规律以及学生身心的发展规律办教育。

"丛书"是幼儿园园长专业发展的教科书。园长的专业化是幼儿园园本发展、提升管理效能的必然要求。目前来看，我国幼儿园办学存在规模不一、发展水平不均、园长素质参差不齐等问题，不少民办幼儿园园长都是非专业出身，对于幼儿园管理、园长的角色定位与职责都还有很大的知识与能力的"盲区"。"丛书"不仅着力夯实《专业能力标准》所提出的各项素质和能力要求，而且要突出对园长进行国家宏观战略和改革动向，以及教育发展的趋势与政策的解读，力求通过规范、系统的教育教学理论前沿知识的学习来弥补园长专业知识的结构性缺损，着力提高园长的专业素养和理性思考能力，深化其对教育规律的认识、理解和把握，并自觉转化为办学行为。

党的二十大报告深刻阐述了新时代教育事业的历史使命，确定了建设教育强国这一开启全面建设社会主义现代化国家新征程的重要目标，这对中小学校长的素质和能力提出了更高要求，需要从上到下、从内到外一起努力，需要工作方式、方法等方面的重大创新。我们将校长培训过程与校长培训工作研究紧密交织,期待将研究成果转化为良好的社会效应,在服务国家战略的最前沿彰显价值与追求,书写基础教育发展的"奋进之笔",努力交出"得意之作"。

是为序。

蒋洪新

2023 年 7 月

前　言

2019年春，"省培计划"——"高中精英校长领航研修"受到省、市、县三级教育行政部门的高度重视，在湖南省范围内遴选30名高中精英校长，参加为期两年的递进式研修。项目由湖南师范大学联合省外著名高校共同承办，采用灵活、富有个性的研修方式，通过系统的专业培养培训，造就一批师德高尚、视野开阔、理论素养深厚、实践能力突出、教育智慧丰富，具有广泛影响力的高中精英校长。

两年来的研究表明，这批高中校长既拥有成功的教育教学和教育管理实践经验，又积极挑战教育管理理论前沿和学术瓶颈；既肩负教育改革历史责任，又探索中国特色现代基础教育发展方向；既不断引领和支持更多中小学校优质发展，又逐步成长为具有国际视野和本土情怀的专家型校长。

2021年秋，《黉门悟道——首届湖南省高中精英校长领航研修班成果》问世，它汇聚了这批精英校长的心血与智慧，从内容结构上彰显高中学校校长管理理念、立德树人、校园文化、队伍建设等，阐述校长在学校管理工作中最急需、最实用、最有效的几大方面，将校长的专业知识、专业技能和专业情意综合在一起。体现了校长一线实践经验的提炼，注重内容的实用性；突出了校长学校管理工作的重点，注重行动的引领性。所有这些，充分表现出精英校长对教育科研的深厚功底。虽不具学院派的成果体例，但操作性、指导性和实用性非常强。

黉门悟道：首届湖南省高中精英校长领航研修班成果 >>>

　　高中精英校长领航研修成果，不只是采用什么样的形式呈现，关键是校长养成研究的习惯，有研究的意识，使研究成为一种自觉的行为。他们对高中学校管理规律的每一点认识，管理实践水平的每一次提高，都来自高中教育管理研究，高中教育管理过程总是和高中教育管理研究交织在一起。也就是说，高中教育管理的改进与提高离不开高中教育管理研究，高中教育管理的生机和活力存在于高中教育管理研究中，没有好的高中教育管理研究，就没有好的高中学校管理和好的高中校长。在研修过程中，以研究者的眼光反思高中教育管理行为，以研究的态度审视高中教育管理活动，科学地总结自己和其他优秀校长的经验，使之上升为理论，从而克服经验的局限性和片面性。这正是高中精英校长领航并自觉落实"科研兴校"的重要举措，也标志着高中精英校长的学校管理正以"经验办校"向"科研兴校"纵深发展。

　　《黉门悟道——首届湖南省高中精英校长领航研修班成果》的成书过程，得到湖南省教育厅教师工作与师范教育处领导的大力支持，得到湖南师范大学领导的具体指导，深表感谢。同时，本书也是湖南省教育管理干部培训办公室成员的智慧结晶。

　　成果出版之际，要特别感谢湖南师范大学教育科学学院陈牛则的精心设计与耐心指导，从选题的时代性、结构的严谨性、观点的鲜明性、论证的逻辑性、表述的科学性、语言的流畅性、格式的规范性等方面，层层把关，彰显做学问的严谨、认真和用心。特别是在论文修改过程中，数易其稿，凝聚着他的心血。他的做人、做事、做学问的风格，也将激励这批高中精英校长更深入地开展教育科研。

　　新时代，期待湖南省高中精英校长引领高中教育新发展！

湖南省教育管理干部培训办公室
2023 年 7 月

目　录
CONTENTS

第一部分　校长管理

也谈校长管理行为的真善美　陈牛则　陈甲元 …………………… 3
论后现代主义理论视角下的教育改革观　范彦江 ………………… 14
推进百年名校现代治理的实践探索与思考　向雄海
　　——以湖南省长沙市第六中学为例 ……………………………… 26
基于校情的办学品质提升策略　张小广
　　——以湖南省汨罗市第二中学为例 ……………………………… 37
"爱·德"育人模式的构建与思考　孙永友 ……………………… 51
加快民族地区农村薄弱高中学校发展的对策思考　朱声文 …… 64
高考改革背景下高中学校管理的困惑及其解决　魏就元 ……… 75
基于国有民办学校管理创新的探索与实践　周相兵
　　——以常德芷兰实验学校为例 …………………………………… 84
基于党组织书记党建工作的履职思考　谭春宇 ………………… 99

第二部分　校园文化

基于人文气息的校园文化建设的思考　贺朝晖 ………………… 109
山品文化：引领绥宁一中校园文化建设探索与实践　唐立新 ……… 120

基于"诗圣文化"的学校特色创建与思考　曹飞跃
　　——以湖南省耒阳市第一中学为例 ………………………… 130
创建农村高中特色学校的实践与探索　黄亿文
　　——以湖南省汝城二中为例 ……………………………………… 138
中小学书香校园建设的实践探索与思考　张剑辉 ………………… 146

第三部分　师资队伍建设

基于"五大工程"的教师队伍建设实践与思考　王长斌
　　——以湖南省怀化市湖天中学为例 …………………………… 155
基于校本研修的教师专业成长实践探索与思考　唐乐军 ………… 165
加强中小学师资队伍建设的对策思考　阳璧晖
　　——以湖南省娄底市第三中学为例 …………………………… 174
高考改革背景下高中教师专业素养提升策略　朱　斌 …………… 181
党建引领下师德师风建设探索实践与思考　卢学农
　　——以湘钢一中为例 …………………………………………… 187

第四部分　教育教学

完善学校德育体系的几点思考　贺立明 …………………………… 199
基于文化自信视野的红色文化传承及思考　郭垂芳 ……………… 210
基于活动育人的中小学德育对策思考　刘坤龙 …………………… 219
班级管理中的六对重要关系　侯建波 ……………………………… 225
益阳市第十六中学创建学生自主管理品牌建设方案　夏毅波 …… 232
基于高三学生心理健康教育的实践探索与思考　杨科荣 ………… 240
高中学生手机依赖调查及思考　付　兵
　　——以岳阳县四所普通高中为例 ……………………………… 249

第一部分 01
校长管理

也谈校长管理行为的真善美

陈牛则　陈甲元

湖南师范大学教育科学学院　湖南省教育管理干部培训办公室

摘要：一个校长的管理行为直接影响学校管理效能。为了改进校长的管理行为，校长应该从学校管理过程中探索真理、反映真实、表现真情、检验真理；从管理道德规范中培育善心、与人为善；从校长管理艺术中寻找美的真谛、汲取美的精华、摄取美的营养、感受美的情趣。从而实现促进校长的专业发展、提升学校管理品位的目的。

关键词：校长；管理行为；真理；善心；美育

对校长的研究，有从校长素质条件进行研究的，也有从校长成长规律进行研究的，也有从校长的管理效能进行研究的。通过多年的校长培训及其理论研究，学校管理现状得到较大改善，校长的素质和管理水平得到明显提高，对校长研究的专著和论文更是难计其数。所有这些，对于改善校长管理行为、促进校长的专业发展、提升校长管理品位具有重大现实意义。

然而，校长自有校长的管理风格，校长的举手投足，一颦一笑，像严父、像慈母、像辛勤劳作的耕耘者，像面色凝重的雕塑家。豪迈时，歌"大江东去"；婉约时，吟"晓风残月"；激昂时，撩长衫拍案而起；深沉时，似城头轻抚……校长的管理风格是一种智慧的象征，文明的典范，师生的楷模，是一种很高的境界。要实现这种境界，校长的管理行为就要追求管理中的真、善、美。

一、从校长管理行为过程中追求真

"真理"是绝对存在的。学校管理理论研究就是探索发现学校管理真理，即探索发现学校改革和发展变化所遵循的规律，并将其推广应用到学校管理实践创新中去。因此，校长的管理行为就是要从学校管理行为中追求真理，即认识学校管理的本质，认识学校管理改革和发展规律，探索真理，反映真实，表现真情。

（一）探索真理

这是校长根据教育管理规律，在学校管理行为中对真理的把握与追求。

1. 把握学校管理特性

真理即客观事物及其规律在人的意识中的正确反映。探索学校管理规律，就要认识学校管理过程所具有的独特性，这是人们对于在现阶段学校管理过程的正确认识。在看到学校管理与社会管理的共同特征的同时要看到学校管理的特殊性：一方面，学校管理是社会管理的重要组成部分，具有社会管理的一般的、共同的特征与职能，处在复杂的社会系统中，必然要与社会组织不断地进行着物质与能量的交换与交流；另一方面，学校管理与其他社会组织的管理不同，作为一个专门培养人的组织机构，学校管理活动有着管理目标的不可测量性、影响活动因素的多样性、管理主体与客体的人格性、教师劳动的专业性、管理活动的教育性、管理评价的发展性等独特性。正确把握这些内在联系与特性，是校长实现管理行为的基础。

2. 突出教学中心

学校以教学为中心，是校长办学过程中的一条基本规律。教学管理是学校各项工作的核心，是教学工作正常运行的基础，是提高教学质量的关键，是教师专业发展的重要保障，是实现学校育人目标的重要途径。因此，校长必须做到在思想上重视教学，树立正确的教学观；建立健全教学组织系统，履行教学管理职能；强化检查评估，落实教学质量标准；健全教学规章制度，维护良好的教学秩序；开展教学研究，促进教学改革；重视教学环境管理，营造良好的学习氛围。

3. 坚持以人为本

现代学校管理特别重视人本原理的应用，即以调动人的积极性，做好人的工作、促进人的发展为根本。这就要求校长的管理行为始终坚持人性化管理，即管理的起点必须是人，管理的关键是师生的参与，管理的核心是使人得到全面发展；也要求校长实现管理思想的转变，变领导和指挥为协调和服务；还要求校长理顺学校管理的各种关系，处理好校长和群众的关系、教师培养和使用的关系、管理和教育的关系、民主与集中的关系。通过更新校长管理理念，确定以人本管理统领工作的思想体系，建立适合以人为本的学校管理运行机制，营造以人为本的学校管理氛围，促进校长的专业化发展。

（二）反映真实

通过校长办学过程中的诚信办学和诚实办事等真实反映管理行为。

1. 诚信的办学行为

诚信是为人之本，是安身立命的基本道德要求。"诚者，天之道也；思诚者，人之道也。"这是《孟子·离娄上》对诚信的诠释。校长失去诚信，师生会远离他，与之交往的人会鄙视他。因此，校长的管理行为要反映真实的社会情况，真实地服务于社会，对社会不能有虚假的行为表现；反映真实的学校情况，要从有利于师生员工的发展出发，真实地服务于师生员工，不能有不讲诚信的办学行为。

2. 诚实的管理行为

真正科学的态度只能是诚实。作为一个校长，既要和上层的领导们有很好的沟通，对上级从宏观上规划学校发展方向能先知先觉；又要能和一线的师生员工打成一片，知道他们的所思所想，了解他们的现实要求。同时要善于将上情下达或下情上达，搞好上下感情交流，协调内部关系。所有这些，要求校长具有诚实的管理行为，不能有欺上瞒下的管理行为，否则将会影响校长在上下级中的声誉，影响校长领导效能的发挥。

3. 实事求是的管理原则

实事求是的管理原则应当是追求真理与追求价值的统一。一般地，师生员工总是通过各种实际问题是否解决，来判断校长是否为自己办事，是否为自己服务，从而决定自己对校长的信任程度和关系的密切度，只讲空话，不办实事，是不得人心的。因此，校长的管理行为应从学校客观存在的实际情况出发，进行科学的分析研究，以学校现实作为行动的向导，解决实际问题，讲究实际效果。

（三）表现真情

这是校长在管理行为中通过真话、真情、真事、真人等表达其真情实感。

1. 讲真话

说真话和坚持说真话是需要勇气的。说真话的老实人倒大霉，因善于弄虚作假、阿谀奉承而升官发财的却代不乏人。如此这般久而久之，说真话的越来越少，讲假话的越来越多。再久而久之，诚信日益稀缺，虚假日益增多。但是，说假话教职工不高兴，这是经验，是已经证明的事实，说假话最终伤害的是教职工。其实大凡明智的校长都是愿意听真话的，因为听到真话，才能了解实情，才能为制定科学决策提供可靠的依据。因此，校长要带头讲真话，善于听真话，喜欢听真话，鼓励师生员工说真话。唯其如此，说真话的人多了，干实事的人才能多，求真务实才能形成氛围。

2. 表真情

表达真情的方式很多，有语言的，通过校园公开信、个人书信、手机短信寄语师生员工；有言语的，通过与师生员工亲切的交谈，详细了解他们的家庭、生活、身体、工作、学习情况；有行动的，通过对师生员工访贫问苦、排忧解难，切实解决教职工的后顾之忧。言语不一定那么华丽，但句句要情真意切，只言片语也可表达校长内心的情感；行动不一定轰轰烈烈，但事事要解决问题，生活细节更可表达校长的诚意。润物细无声，感情真挚有助于师生员工心灵的舒展和个性的张扬。

3. 做真事

做真事，就是校长的一言一行、一举一动都代表着学校师生员工的正当而合理的要求，不做表面文章，更不做违心事。校长只能保持正确的立场、立公处事，始终将自己手中的权力服务于师生员工，时刻按学校的规章制度规范办事，就不会为任何因素所左右，才能真正做到权为民所用、情为民所系、利为民所谋。

4. 为真人

陶行知先生告诫我们，千教万教教人求真，千学万学学做真人。这些年，学校受种种外力的驱使，急功近利，争这个牌，夺那个奖，什么文明校、示范校、绿色学校、安全学校、教改先进校等，名目繁多，不胜枚举。摘金夺银的运动有些会冲淡学校对教育的思考，甚至有些荣誉与学校的教育理念背道而驰。因此，校长应该始终实践"做真事，求真理，为真人"的人生信念，做真实的校长，有自己的创见，有自己的办学理念，有自己的办事风格，永远成为一个领军的校长。

（四）检验真理

通过管理实践和管理效能检验校长管理行为的真理追求。

1. 从学校管理实践检验真理

探索真理，反映真实，表现真情，最终要靠实践去检验。检验真理的标准是什么？是科学，就是在实践中用科学的方法检验"主观"与"客观"是否一致。实践本身不能检验真理，实践是一个检验过程，实践只是检验真理的唯一途径。因此，学校管理真理探索需要客观检验标准的检验，而且学校管理实践也必须接受客观检验标准的检验，这个客观检验标准就是学校管理实践的效果。学校管理实践的效果是检验学校管理实践、检验学校管理真理探索的唯一标准。

2. 用学校管理效能检验真理

探索真理，反映真实，表现真情，还要从学校管理的效能、效益等方面去衡量。一方面，考察学校是否放大系统效能，即学校系统资源要素的优化和学校管理系统结构的优化；另一方面，衡量学校管理的社会效益和经济效益，即衡量学校为社会培养合格公民、为经济建设培养人才、为高一级学校输送人才的贡献。

二、从校长管理道德规范中弘扬善

"德为善政，政在养民"，这是《尚书》里的话，"己所不欲，勿施于人"，这是《论语》中所言，他们都是讲"善"。这里强调校长管理行为的"善"，就是校长要有善良之心，善待学校的每一个成员。我们这里阐释校长管理行为中的"善"，就是校长在追求真理时，在管理过程中，在管理道德规范下，与人为善。

（一）培育善心

通过善待人、善待社会和善心带善举培育善心，弘扬善举。

1. 善待师生

勤劳善良是中华民族的传统美德。"人之初、性本善"，"人之将死、其言也善"，这说明善良贯穿人生命的始终。因此，校长应该继承和发扬中华民族的传统美德，先做好人，再做好一校之长。培育善心，首先要善待学校师生员工，多给他们一些温暖和爱心，减少一份麻木和冷漠；充分信任他们，不要处处防范他们；多换位思考、将心比心，少吹毛求疵、以自我为中心；积极维护他们的合法权益，努力减少他们的后顾之忧。

2. 善待社会

学校是一个特殊的组织，是一个知识的殿堂，是培养人才和输送人才的地方，是知识汇聚的地方，是人才集聚的地方。一方面，它要受到社会政治经济等方面的制约，得到社会方方面面的大力支持；另一方面它要反作用于社会，它的辐射力和影响力超过了许多组织。所以，校长应该坚持正确的办学方向，对构建和谐社会应该承担更多一份责任，对承担社会责任更多一份关注，对服务于社会应该更多一份贡献。

3. 善心带善举

学校人才最重要的因素包括有事业发展与晋升的机会，具有良好的学术环境，提供优厚的薪酬和福利待遇等。因此，校长在管理行为中要通过善心带动善举，为教师创造发展空间、营造良好环境、提供优厚待遇。这样才能真正使学校成为"事业有平台，发展有空间，成长有环境"的人才沃土，使人才"引得进、上得去、干得好、留得住、流得出"。

（二）与人为善

通过与人友善相处、团结互助和讲信修睦表现与人为善。

1. 友善相处

友善是社会生活中人际交往的道德规范。每位校长都有自己的人际关系网，有自己的追随者，也有敬而远之者，大多数是一般工作关系。无论面对哪种对象，都应摆正心态，以宽广的胸怀，友善的态度实现个人与他人和谐相处，并在此基础上达到个人利益、他人利益和学校利益的共同实现、共同发展。另外，校长还要不断地学习掌握与他人友善相处的技巧，以理智、得当的沟通形式来处理与周围人的关系，使自己处于融洽和谐的人际关系中，从而更好地管理学校。生活经验告诉我们，对他人友善的人必然会得到他人的友善。

2. 团结互助

团结互助是为人处世的一种基本的道德规范，是一种高尚的品格修养。一个学校的振兴，需要学校内外部条件共同作用，但最重要的是师生员工的向心力和凝聚力。而向心力、凝聚力、战斗力、生产力的产生离不开团结互助。学校再大，一盘散沙就不可以为大；人员再多，拧不成一股绳，就不可以为强。所以，团结互助需要校长从自己做起，从小事做起，以团结互助的态度与同事相处。这不仅可以大大提高工作效率，而且能够大大减少内耗。

3. 讲信修睦

讲信修睦是校长职业道德的一项基本要求。讲信就是信守诺言，讲信誉，重信用，忠实履行自己应承担的义务；修睦就是谋求和睦，以和为贵。因此，对校长来说，应当牢记"其身正，不令而行；其身不正，虽令不从"的古训，注意发挥率先垂范作用，对成绩不夸大，对缺点不隐瞒，在学校经营活动中，遵纪守法，合法经营，重合同，守信用。同时，坚持原则，平等对待学校每一个人，对影响学校诚信和形象的现象不能姑息迁就。这样，学校师生员工在一个讲信和睦的人际环境里，工作和学习效率都将大大提高。

三、从校长管理艺术中感受美

"美"就是要在真和善相统一的基础上，满足人们对美的追求和需要，给人以精神上的愉悦。一般来说，美有两种形态：一是"真"经过"善"的中介转化成为美，表现为以善为内容、以真为形态的自然美；二是"善"经过"真"的中介形成美，表现为以真为内容、以善为形式的社会美。真、善、美既各自独立又是连在一起的、不可分割的、相互统一的。我们这里所讲的校长管理行为美，也体现在自然美和社会美两个方面，能激起校长在学校管理过程中寻找美的真谛、汲取美的精华、摄取美的营养、感受美的情趣。

（一）寻找美的真谛

从校长学习和研究教育管理理论宝库中寻找美的真谛。

1. 深化哲学思考

教育哲学就是一种教育智慧。在学校管理中，主体与客体、内因与外因、集权与分权、硬件与软件、历史与现实、理想与现实、稳定与改革，诸如此类的问题，都需要校长深入思考。比如，当前的素质教育、新课程改革，他们本身就是一种教育哲学的化身。新课改中"分科与综合""预设与生成""接受与探究"等关键词启示我们去寻求平衡、寻求统一、寻求和谐，并在此基础上寻求突破和发展。校长可以运用教育哲学和管理哲学，去探寻教育管理的根本，去体验教育的理念、理论、方法，去改造校长管理行为。要讲究校长管理行为美，就必须不断提高自身的内在修养。

2. 优化心理品质

激烈的心理冲突、时常的心理挫折、持续的心理压力等因素，势必会影响校长的身心健康、认知水平、管理能力和学校效能。而校长的良好个性品质很大程度上又影响着学校的办学理念、办学目标和独特的办学风格，并持之以恒地把它内化成学校师生的积极态度和自觉行动，经过较长时间的经验积累和创造发展，学校将逐步变成充满创造活力的、充满个性的学校。因此，优化校长心理品质，让校长以一个好的心态去发现美，美的校园、美的校风、美的师生。这就需要校长研究心理学理论，为探索管理行为美奠定基础。

3. 提升专业精神

陈玉琨教授曾在一次讲学中指出，校长要提升专业精神，一是要有使命感和历史责任感；二是要识大势、明大理、成大师；三是要全面贯彻党的教育方针，有全面实施素质教育的自觉意识。这就是说，校长在带领教师构建和谐学校、推进素质教育、提升办学水平、促进人的发展等方面责任重大，任务艰巨；校长要认清当前教育形势和社会对教育的要求，引领教育管理新发展，明确自己现阶段和将来要做什么和怎样做，并在学校管理过程中留下足迹。这就要求校长提升专业精神，促使管理行为日臻美好。

(二) 汲取美的精华

从我国优秀文化和传统美德中、从美育原理中汲取美的精华。

1. 批判性继承传统文化

我国有五千多年灿烂的文明史，优秀文化遗产和传统美德非常丰富。校长管理行为美，应当从传统文化中汲取美的精华。一方面，学习古代经典文献资料，比如，中国古代儒家思想等，拂去历史的灰尘，从古代经典文献中选取与做人、做事等方面相关的传统美德语录，仔细品味。另一方面，将至今仍然闪烁不灭的光华，积极推行到学校管理实践中去。我们重温优秀的传统经典文化，就可能找到古今管理行为美的契合点，以铸就和完善现代校长的管理行为。

2. 积极运用美育原理

校长在管理行为过程中，常常会遇到一些矛盾，而解决矛盾又是难以两全其美的过程。因此，校长要灵活运用美育原理解决这些矛盾。一是解决矛盾要体现简洁美，即学会抓主要矛盾，发现问题要及时、准确，解决问题要果断；二是处理问题要做到语言美，什么时候该委婉，什么时候该坚定，什么时候要和风细雨，什么时候要义正词严，什么时候要谈笑风生，什么时候要不假辞色；三是管人机制要体现机智美，即求才有思想、用才有活力、养才有制度、人才有保障；四是管理机制要体现创新美，即校长要积极面对办学中的新情况、新问题，敢于创新、善于创新，在自主创新学校管理机制的同时激发学校活力。

（三）摄取美的营养

做好校长培训工作，以满足校长美的营养需要以及丰富校长美的营养成分。

1. 满足校长美的营养需要

需求的增长是校长发展的不竭动力。许多校长都有这样的困惑：怎样管理学校，怎样管理更加有效，怎样管理才是一种美的享受？这些问题被有关部门所关注，也引起了校长群的注意。接受过多年的任职资格培训、提高培训、校长高级研修培训，校长对其管理行为都有所反思，追求创新办学思路、办学效果、办学特色等管理创新的愿望和行为也越来越强烈。为了满足对校长的这些需求，还需要加大校长培训力度，改革校长培训机制，完善校长培训内容，拓展校长培训路径，尽可能满足校长们对管理行为美的需要。

2. 丰富校长美的营养成分

提高校长的审美兴趣、审美观点和审美能力，使他们能够感受美、欣赏美和创造美，这也是校长培训的重要任务之一，这也决定了校长培训工作要突出校长管理行为美的研究。从培训形式上，强化艺术美、自然美、社会美的欣赏，管理道德行为的欣赏，校长管理理智的欣赏；从培训方法上，强化专题讲座、案例分析、集体研讨的教学方法。通过体验客观事物的真、善、美，陶冶他们的性情，培养他们的办学态度、兴趣，提高他们的审美能力。

（四）感受美的情趣

从学校管理过程状态中感受美的情趣，提高审美情趣。

1. 从管理状态中感受美

一方面，从自然环境中感受美。自然环境中蕴涵着永恒的美，那潺潺的流水，鲜艳的花朵，无不给校长带来乐趣和遐想。另一方面，从学校生活中感受美。生活中不是缺少美，而是缺少发现。作为校长，要做生活中的有心人，在校园生活各个环节中去注意、发现、挖掘，引导师生从生活细微处去感受美的存在，扩大其审美视野；还要从管理艺术中感受美。创造管理艺术环境，而管理艺术环境可分为两方面：硬件环境有学校建筑、设备设施、花园草坪等；软件环境有学校管理方式、学校精神、学校风气、人际关系等。校长受到艺术环境的熏陶，能提高对学校管理的鉴赏力，并从学校管理状态中得到健康而高雅的享受，从学校管理艺术中感受到美的情趣。

2. 提高校长审美情趣

审美情趣是人在审美活动中表现出来的喜欢什么或不喜欢什么的情感倾向性，体现在校长审美活动中的一种主观的爱好。在复杂的社会生活中，不排除某些组织和个人，为了赚钱、盈利，抱着轻率的态度，迎合社会上一部分较低级情趣的人的需要。作为一校之长，有责任引导师生有选择地鉴赏社会，联系现实生活，针对师生好奇心增强的特点，不断教育师生分清什么是美，什么是丑，使师生正确地理解生活美、自然美、艺术美。

追求校长管理行为的真善美，不是一蹴而就的事情。在加强依法治校、以德治校的今天，对校长管理行为真善美的探索应给予高度重视并不断深化。

论后现代主义理论视角下的教育改革观

范彦江

湖南省娄底市第一中学

摘要：随着研究的不断深入，后现代主义逐步走出了哲学的范畴，广泛向社会科学渗透，一批教育专家把后现代主义的思想观点引入教育教学研究中，从不同的视角开展了丰富多彩的研究和实践，取得了丰硕的成果。这些成果为我国的教育教学改革提供了有益的借鉴。本文试图从后现代主义关注学生核心素养的教育本质观、动态开放创造的课程观、知识生成与师生和谐的课堂要素构建观、个性多元自主发展的学生观、成就学生与共同发展的教师观、人与自然平等相处的生态教育观、关注"边缘"与全体发展学生群体观等方面对教育改革，特别是当前的新课程、新高考改革进行探讨，为中小学教育改革提供一些参考。

关键词：后现代主义；教育改革；教育观念

后现代主义是20世纪60年代产生于西方发达国家的泛文化思潮，广泛存在于教育、艺术、美学、文学、语言、历史学、政治学、社会学、伦理学、哲学等意识形态的诸多领域。它以否定、超越西方近现代主流文化的理论基础、思维方式、价值取向为基本特征，是当代西方社会的经济、政治、科学技术状况在观念上的反映。它的主要根据就是解构的方法，即从内容突破的策略，通过揭露近现代哲学文本自身的矛盾，拆解其原有的结构，消除结构中一切确定的和固定的东西，颠倒中心与边缘的关系，消解中心和主体，从而颠覆文本原有结构。

作为一种涉及诸多领域的社会思潮，后现代主义无疑在理论与实践方面都对教育产生了较为深刻的影响，以后现代主义理论为基础，通过对现代教育进行反思，在推进新课程改革的过程中，对我们改变旧有观念，建构全新课程改革观念，无疑具有启迪意义。

一、关注学生核心素养的教育本质观

教育的本质是什么？从1979年开始，我国学术领域对教育本质问题进行了广泛而持续的探索。近40年来，人们提出了各种各样的教育本质观，如生产力说、上层建筑说、双重属性说、实践活动说、精神生产说、社会化说、个性化说、培养人说、交往说、对话说等，但没有定论。

后现代不讲本质、不讲基础、不讲主客二分、不讲结构。后现代文化是没有核心、没有标准的多元文化。他们认为"教育本质"是不存在的、虚无的。因为本质不能脱离具体事物而独立、抽象地存在。教育不是自然事物，而是人为事物，人为事物不具有绝对的客观性，且与其他人为事物错综交织，每个人的认知都具有主观性和相对性，对事物的认识本身就带有一定偏差与局限性，因此教育并没有一个确定的边界与外延，客观层面的"教育本质"本身也就不存在。

教育是一个非常宽泛的词语，它包含了一切教育现象，每个人所站的角度不同，对教育本质的理解都带有自己的观点和认识。这样强加性的教育本质很容易给人造成一种误解，导致人们对此问题的认识陷入一种越探索越模糊的状态。如果按照统一的教育本质来指导我们的教育实践的话，就会导致教育工作者实行的是一样的教育目的、教育措施、教育方法等，这样会严重地影响到学生的个性发展，妨碍学生的自主性和创造性的发挥，这也是当前中国学生同西方国家学生的一个重大的差别，中国学生在思考问题时脑海里总是有一个固定的"标准答案"在束缚他们，而不像西方国家的学生，他们讲究的是，"在同一的基础上求异"。

不过，后现代主义反对的是现代主义试图用一个放之四海而皆准的叫作"本质"的框架去制约复杂的世界、复杂的教育现象的做法，并不是要把它弄成一个虚无缥缈的东西，而是让人们把"教育本质"放在一个特定的历史背景、特定的条件下来思考，只需要把握部分的、局部的、特定时空下的教育本质，赋予它特定的内涵。今天，我们在开展教育活动时，不必纠结于它是否体现了教育的全部本质，只要我们的行动符合时代潮流，符合党和国家当前的方针政策，有助于学生的终身发展即可。

教育是培养人的社会实践活动，其目的从量的方面讲就是尽可能让多的人受到教育，培养出各种各样的人才；从质的方面讲就是培养趋近于全面发展的人，从而推动社会的进步和人类的发展。然而一些学校的教育存在着偏离教育规律的现象，如学校生活与学生生活相脱离，理论与实践脱钩，功利主义、实用主义的教育方式依旧存在。如何根据新时代我国教育的任务矫正这种倾向？首先得端正认识，更新办学理念。当前，一所学校必须围绕"立德树人""培养德智体美劳全面发展的社会主义建设者和接班人"的任务实施教育，必须从"为谁培养人""培养什么人""怎样培养人"三个维度去整体规划，进行改革，不仅要关注教育教学质量，关注学生适应未来社会生活能力的培养，更要关注学生的核心价值观和核心素养的养成，为学生的终身发展打好基础。目前实施的新高考改革，取消文理分科、实行赋分制、实施综合评价、扩大自主选择权、弱化一考定终身等措施，彰显了选择性教育理念，助力学生全面发展，其目的是通过高考的形式倒逼学校育人模式的改革，使教育更好地适应时代、适应社会。那些跟不上改革步伐，继续沿用老办法的学校，即使曾经是名牌学校，也可能在这一次重新洗牌过程中被淘汰，而那些有特色、有专长的学校可能脱颖而出。

二、动态开放创造的课程观

后现代主义认为，课程不再是跑道，课程是跑的过程本身。课程不应是预先确定的，而是一个动态发展的过程；课程不只是特定的知识体系载体，它的内容不是固定不变的；课程实施不应是一种灌输和阐释的过程，而应是师生共同参与探求知识的过程，学习是学生在意义创造过程中的探险；课程发展的过程具有开放性和灵活性，课程朝跨学科和综合化发展，从强调累积知识向发现和创造知识发展。①

现代教育的课程观过于重视"学科中心""知识中心""教师中心"。我们的课程大多采用的是封闭的观点，一种通过焦点集中，传递和传输知识的观点。课程内容是已经被发现了的知识，学生的学习过程是训练式的，学生是预定"真理"的接受者，教师和学生、知者与被知者之间在知识上是分离的。在课程实施过程中，对出现的突发状况或者偶然事件是持排斥态度的，认为其是对教育目的的一种干扰。这些观念忽视了社会需要、学生自身的发展、学生的能力和素质的培育。

2017年颁发的普通高中课程标准，改革的重点之一就是注重学科核心素养的培养，旗帜鲜明地反对"有分无德、高分低能、唯分是图"等违背教育规律的行为，以满足我国2035年基本实现人才现代化的需求。

我们在落实国家课程、开发校本课程时，既要突出时代精神，具有中国特色，又要体现国际视野，特别是要体现以学生发展为核心的价值取向。既要落实国家对现代公民素质的基本要求，又要重视健全人格的培养，还要促进学生德智体美劳等素质的综合发展。我校开发的校本课程"立人教育"，以"培养具有民族情怀和世界视野的现代公民"为育人目标，制定了围绕一个核心理念、二大目标体系、三大建构依据、四大立人板块、五大立人路径、六大立人支持体系、七大立人行动计划的实施思路。其中围绕"立志、立德、立学、立心、立业"五大路径，设立了24门课程，打造了德育十大品牌活动。课程受到了广泛关注，获得一致好评。

除了落实国家课程、开发校本课程以外，为了适应新高考改革，我们还必须高度重视生涯规划课程，引导学生开展学业规划、职业规划、人生

---

① 顾明远，孟繁华. 国际教育新理念［M］. 海口：海南出版社，2001：164-173.

规划学习，使他们学会学习、学会选择、学会做人。此外，学校还应打造自己的优势课程（学科）。在课程实施中不应注重灌输和阐释，而要让所有参与者都成为课程的开发者和创造者。

三、知识生成、师生和谐的课堂要素建构观

课堂主要由知识、教师、学生三大要素构成，一堂合格的课要重点处理好知识学习、师生关系两个问题。

在对知识的认识方面，后现代主义的主要观点有：第一，批判性的知识观。反对知识的增长主要依靠积累，当积累到一定程度才会产生突破，知识才有所发展的观点；认为批判性是知识增长的方式，要既依靠学科知识的积累，更依靠知识的怀疑、猜测、争鸣和反驳，问题的寻找和理论的猜测成为核心，问题的深化才能促进知识的发展。第二，情境性的知识观。认为任何的知识都是存在于一定的时间、空间、理论范式、价值体系、语言符号等文化因素之中的，任何知识的意义不仅是由其本身的陈述来表达的，更是由其所处的整个意义系统来表达的。第三，多元化的知识观。主张真正的理解只能是由学习者基于自己的经验背景和认知取向来建构的，不同的人出于不同的个人经验，对同一事物的理解也完全可能是多样化的。第四，动态、生成的知识观。认为知识不再是绝对真理、一成不变，不再是权威的工具；知识的本质是生成性，应视知识为不断生成与建构的"文本"。第五，网络性的知识观。认为在知识网络化时代，知识具有网络性，而非单一、割裂、分离的。①

教育部考试中心多次强调，高考命题的指导思路是，突出素养导向，注重能力考查，全面覆盖基础知识，增强综合性、应用性，以真实情境为载体，贴近生活、联系实际。我们认为，考试中心的做法，旨在纠正那种"在用不言语的方法学外语，用不科学的方法学科学，用不道德的方法学品德，用不艺术的方法学艺术"的"为考试而考试，为分数而考试"的弊

---

① 项国雄. 后现代主义视野中的教育 [J]. 外国教育研究，2005（7）：1-5.

端，旨在纠正那种"物理不碰物（物体），化学不见化（变化），生物不懂生（生命）"的"只要会做题，实验不重要"的弊端，对培养能适应新时代需求的人才具有非常重要的意义。

在对师生关系的认识方面，后现代主义的基本观点是：提倡消解权威，实行民主、平等对话。后现代主义者认为，教师无疑是一个领导者，但仅仅是作为学习者团体的一个平等的成员，是"平等中的首席"。但这并未抛弃教师的作用，而是需要重新构建，教师要成为内在于情景的领导者，而不是外在的专制者，教学过程应该成为学生与教师之间的互动过程。教师的职责应该是越来越少地传授知识，越来越多地激励思考，越来越多地成为一个顾问、一位交换意见的参加者、一位帮助发现矛盾点而不是拿出现成真理的人（UNESCO《学会生存》）。

受后现代主义师生观的启发，课堂上我们要建立三种师生关系：第一，要建构平等对话的师生关系。师生之间，并不是任何的语言交流都是对话，对话是师生在相互尊重、信任与平等的立场上通过言谈和倾听而进行的双向沟通。"真正决定一种交谈是否对话的，是一种民主的意识，是一种致力于相互理解、相互合作、共生和共存，致力于和睦相处和共同创造的精神的意识，这是一种对话意识。"[1] 后现代主义的对话理论要求教师以"对话者—激发者"的角色出现，因为"对话不能简化为一个人向另一个人'灌输'思想的行为，也不能变成对话者'消费'的简单的思想交流。"[2] 第二，要建构主体间"你—我"师生关系。师生在创造彼此交往关系的过程中创造生活。正是师生在对生活的体验性中形成了对个人精神发展的教育性。"在完满的师生关系中，教师和学生双方在精神的理解和沟通中获得了精神的扩展。在交往中，各自都接纳了对方，构成了双方直接的精神交流，教师才能真正成为学生发展的引路人。在教育性的师生关

---

[1] 王坤庆. 教育哲学——一种哲学价值论视角的研究 [M]. 武汉：华中师范大学出版社，2000：404-411.
[2] 弗莱雷. 被压迫者教育学 [M]. 顾建新，等译. 上海：华东师范大学出版社，2001：40-47.

系中，教育才是完整的教育。"① 第三，要构建共同学习的师生关系。在知识爆炸时代，网络媒体使得获取知识越来越容易，教师已非知识的唯一信息源，在很多方面，学生群体甚至比教师有更大的学习潜力，教师和学生之间不再是现代传授式和控制式逻辑衍生的教学关系，而是一种共同学习、相互影响的互惠式关系。正如巴西的弗莱雷所说，教师的学生（students-of-the-teacher）及学生的教师（teacher-of-the-students）等关系逐渐退隐，新的关系是教师—学生（teacher-student）及学生—教师（student-teacher）的关系，教师不再仅仅是授业者，在与学生的对话中，教师本身也得到教益，学生在被教的同时反过来也在教育教师，他们合作起来共同成长，实质即是"教学相长"。②

但是，不容否认，后现代主义过度否定教师的主导作用的提法，也显得有些激进。学生的知识水平、认知能力、个性特征等方面都处于发展过程中，相比之下，教师在这些方面具有明显的优势，因此在新课程改革中，教师除了完成传道授业的职责外，还应做学生心灵成长的引领者。在教育教学活动中，要以平等对话的态度代替传授与灌输，真正的对话不是引导学生走向教师心中的答案，而是教师和学生围绕具体的问题情景，给出各自的思考，通过沟通最终达成共识，在探讨中增进学生的认识，促进双方的成长。

四、个性多元自主发展的学生观

后现代主义的学生观包含如下主要内容：第一，创造性的学生生命观。学生是具有创造性的人，学校和教师要尊重和保护学生的创造热情和创造权利，鼓励学生成为一个学会创造的人；教育是一种创造性的活动，没有对学生创造性培养的教学绝对不会是好的教学；教育的最高理想是开

---

① 金生鈜. 理解与教育———走向哲学解释的教育哲学［M］. 北京：教育科学出版社，1997：129-131.
② 弗莱雷. 被压迫者教育学［M］. 顾建新，等译. 上海：华东师范大学出版社，2001：40-47.

发学生的创造潜能；学生是在创造性活动中创造了自己。第二，差异性的学生潜能观。学生是独特性的存在，每个学生都有独特的个性，学校和教师必须接受学生的差异，必须尊重学生的差异；学生的差异不仅是教育的起点，也是教育最终的追求目标；每一个学生都是一个具体的人，他的个性构成是多元的。学生的发展潜能是无限的，经过适当的教育都可获得良好的发展。第三，主体间性的学生地位观。学生是学习的主体，受教育者虽然是教育活动的对象，但他同样是受教育主体，教师与学生的关系是教育主体与受教育主体的关系，是人与人的关系，学生是在教师培养关怀下自主发展的人。在教育过程中教师与学生是平等的，教师与学生是主体间性的关系，教学中应实行"平等对话"的教学模式。第四，个性化学生发展观。学生是发展中的人，学生的发展是个性的发展，教育要促进学生的个性化发展。第五，多元化学生评价观。学生的个性是丰富多彩的，学生的发展具有多向性，对学生的评价应采用多元化标准。

新课程改革强调回归学生的生活世界，强调知识的建构等，这些都与后现代主义教育思想不谋而合。在当前新课改和新高考背景下，我们要改变原来的"质量是生命线""课堂是生命线"的观念，要树立"学生是生命线"的新理念，要让学生在学业、职业、人生选择中学会成长，在探究中生成知识。在教育观念上，要树立多元的教育目的观、开放的知识观、对话的师生关系观；在课堂教学中，要找回学生主体，回归生活世界，强调知识生成，提升生命价值；在教育评价上，要注重多元化的全面评价，注重过程的形成性评价，采取相互对话的方式。

五、成就学生、共同发展的教师观

后现代主义认为，教师不能要求学生接受教师的权威，相反，教师应要求学生延缓对权威的不信任，与教师共同探究，探究学生正在体验的一切。教师要同意帮助学生理解所给建议的意义，乐于面对学生提出的质疑，并与学生一起共同反思每个人所获得的心照不宣的理解（多尔《后现代课程观》）。特别是在信息技术的影响下，知识传输的方式发生了很大变化，教师已不是知识的唯一信息源，教师的作用已不同于传统的教师。

在教学过程中，教师的任务不仅仅是传达知识，更在于"转化智慧"，协助学生认清各种意识形态、权力与知识之间的关系，借以培养一种批判能力，最终解放自己。后现代主义者鼓励教师和学生发展一种平等的对话关系，成为一个"节目主持人"，而非"教授"。但后现代主义者并不认为教师的作用和地位会完全消失，只不过其作用的方式将发生变化而已，后现代时期不会影响教师的职业，反而在后现代时期将大有可为。因此，新时代的教师应该实现五大转变：

第一，教师要由教书向铸魂转变。教师要高度重视新高考"一核四层四翼"的考查思路，引导学生把知识转化为品德、素养、智慧。

第二，要由师道尊严向教学相长转变，要变主宰为主导、变传话为对话，让学生在平等和谐的氛围中学习知识，生成智慧。

第三，要由抓两头促中间向因材施教的方法转变。过去是采用行政班的模式教学，教师们提高学生成绩的办法是抓两头促中间，新高考使走班制的教学形式变成可能，因材施教将得到最大化的体现，因此必须改变以一种方法教全班学生的做法。

第四，要由从书中学向做中学转变。新高考制度，使过去那种牺牲了学生的睡眠时间、锻炼时间、对新鲜事物的研究时间、与社会接触的时间等来保证学习时间的做法成为过去式，新的高考改革为学生提供了更多的升学途径，从更多的角度去评价学生，用更多的方式去选拔学生。我们应该转变教学思想，把教学放到更广阔的天地之中，到更多的学生活动实践中去，而不是把学生困在教室里，绑在板凳上。要把教材、学生、社会有机融合，实现理性与人性、理智与经验、体验，知识与价值、情感的完美统一。

第五，要由班级管理的参与者变成导师。新的教学形式下，教师不仅是班级的教师，还担负着组织教学、管理班级、人生导师三重职责。

六、人与自然平等相处的生态教育观

工业文明以来，在人类中心的思想指导下，过分张扬人的主体性，造成了世界的各种危机。后现代主义对此进行了批判,反对人类中心主义,认为把人与自然分开是人类实践一切错误的根源;要超越现代,就必须消解主客二分,打破人类中心权威,重建人与自然的和谐与平衡。

人与自然是一个有机的整体,世界万物都有其价值和目的,自然不是人的统治、占有、掠夺的对象,而是有待人去照料的花园,超越了现代哲学在人与自然关系上的二元对立论。

人类的实践对象是自然界,自然界本身就具有"变幻多端"特性。既有可预测的实践"确定性",也存在无法预测的实践"不确定性",人们往往是在客观和主观的相互作用下进行生态实践,如果片面、机械认识自然、改造自然,有可能引发各种失误。

从追求人与人、人与社会的平等关系,逐步过渡到实现人与自然的平等关系,这应是人类社会的巨大进步。正如恩格斯所说:"我们不要过分陶醉于我们对自然界的胜利。对于每一次这样的胜利,自然界都报复了我们。每一次胜利,在第一步都确实取得了我们预期的结果,但是在第二步和第三步却有了完全不同的、出乎意料的影响,常常把第一个结果又取消了。"[1]

在教育上,首先,我们要注重开设相互依存和维持生态为主题的课程,关注各种因素的相互关系、深层的问题、整体性的互动关系,以及自然而然的发生过程。将全球性的相互依存关系和生态的调节、保护问题作为课程和教学的重点。其次,要建构以平等、民主、自由等思想为主题的课程。再次,要建构以混沌学和无限宇宙观为基础的课程。这种课程观即所谓"真正的"后现代课程,从普里戈津的混沌学原理出发,吸收自然科学中的不确定性、非线性观点,以及改造主义教育哲学和经验主义思想,对现代主义课程进行了详细的分析和批判,形成课程理论的框架,从而将"漠视自然"变为"敬畏自然"。

---

[1] 中共中央马克思恩格斯列宁斯大林著作编译局. 马克思恩格斯选集:第3卷 [M]. 北京:人民出版社,1972:517.

七、关注"边缘"、全体发展学生群体观

后现代明确主张关注处于社会边缘的弱势群体的价值与利益。"边缘人"（marginalized people）是后现代思想家福柯提出的一个概念，指在社会中被排斥或被忽略的人。这一概念是与他对人、人的性质及人类主体的摧毁，非中心化思想联系在一起的。事实上，喜欢成绩优异、听话、行为规范的学生是大多数教师的共性。但这意味着教师在思想上有不恰当的"偏移"：自觉不自觉地把教育资源如时间、器材、热情、关爱等分给了这些优等生，从而形成了事实上的"偏爱中心"。这种中心的形成使"边缘人"在教育中被压抑或被遗忘。这些连锁反应好比"马太效应"走向两个极端：好的更好、差的更差。后现代思想家特别强调作为教师要关心、爱护并更好地理解"边缘人"。

素质教育的核心是使每一个学生都能获得生动活泼的发展，在教育中不允许教师从自身的偏爱出发，只关注部分学生，而是应该关爱全体学生。因此我们要转变思想观念，通过建立新型的师生关系，营造一种和谐、真诚和温馨的氛围，在精神上、学习上关心、帮助边缘学生，使他们获得心理安全感；要动员集体的力量，开展"手拉手，齐进步"活动，营造人人关爱边缘学生的氛围，使他们逐步改正缺点，迎头赶上。要注重边缘学生的发展性评价，要以学生发展为本，关注边缘学生的处境和需要，尊重和体现学生的个别差异，注重发掘他们的"闪光点"，让他们在原有水平上获得实实在在的发展，使他们体会成功的快乐，最终成为成功者。

总之，在教育领域中，后现代教育思维为我们批判和反思建立在现代性基础上的现代教育提供了一个崭新的视角，为给教育者和受教育者表现自己独特的个性和发挥创造性提供了巨大的活动空间，从而对教育产生深远的意义。而且后现代主义教育观所提出的如打破教师的权威和知识的控制、尊重学生个性多元和差异、加强师生对话和交流等理念都是针对现代教育中的弊端而提出的，表现出一种人文关照。这些都值得我们进一步研究探索，并在实践中借鉴、运用。

当然，后现代主义思潮发源于西方社会，主要针对的是西方现代化后社会存在的种种弊端，中国有自己的国情，对后现代主义思想，我们要采取扬弃的态度，与中国传统的教育思想有机地结合，办好具有中国特色的教育。

推进百年名校现代治理的实践探索与思考

——以湖南省长沙市第六中学为例

向雄海

长沙市第六中学

摘要：百年名校底蕴深厚，新时代需要推进百年名校现代化治理，激活办学活力，焕发青春气象。本文以长沙市第六中学为例，对现代学校治理进行了实践探索和深入思考，提出了以共治求善治、以理念引实践、以联动谋发展、以评价促提升的行动策略。

关键词：现代学校；百年名校；学校治理

百年名校有其丰厚的历史底蕴和管理文化，新时代如何因势而为推进学校现代化治理，是一个大课题，本文以长沙市第六中学为例，就推进百年名校现代学校治理进行实践探索，并深入思考。

一、长沙市第六中学历史沿革及其优秀文化

（一）学校十迁校址五易校名

1905年，7位湘西旅省有识之士，深受著名教育家、慈善家熊希龄先生影响，在"非兴学不足以图存"共识基础上，租赁长沙储英园何氏公屋为校舍，挂出了"湖南西路公学"牌匾，后更名"湖南私立兑泽中学"，1952年湖南省教育厅定名为长沙市第六中学。办学百年来，学校五易校

名：湖南西路公学（湘西公学）、湖南第一公学、湖南私立兑泽中学、"长沙市第六中学"（1952年由湖南省教育厅定名）、中南水电五处五·七中学（又复名长沙市第六中学）。育人百年来，学校十迁其址，其中储英园、荷花池、文星桥、丝茅冲、澧县、临澧县、张家界市等，都有该校深深的烙印，2005年从袁家岭整体搬迁至车站北路兑泽街1号。

（二）学校文化源长，底蕴深厚

1. "兑泽"文化名扬三湘

关于兑泽之名的由来，《湖南私立兑泽中学校一览》释义说：《易·说卦传》曰："兑为泽。"此校名所由昉也。其义有三："兑，正秋也。"《白虎通》云："秋，位西方。"本校创自湘西人士，一也。《相传》曰："丽泽，兑，君子以朋友讲习。"俞氏琰云：讲者讲其所未明，讲多则义理明矣。习者，习其所未熟，习久则践履熟也。此朋友讲习所以为有滋益，而如雨泽之相丽也；若独学无友，则孤陋寡闻，故《论语》以学之不讲为忧，以学而时习为说（悦），以有朋自远方来为乐，二也。"兑，说（悦）也。"释名云：物得备足，皆喜说（悦）也；《风俗通》云：泽者，言其润泽万物，以阜民用也，说万物者，莫说乎泽；《书》曰：泽润生民；《孟子》曰：膏泽下于民。泽之时义，大矣哉，三也。本校愿得天下英才而教育之，不限湘西也；来学者以时讲习，欲其明义理，精践履；文质彬彬，而能任重道远，为泽于天下也。综斯三义，所期者大，故本校以兑泽名也。抑尤有进者，兑义训说；其为卦，刚中而柔外；说而违刚则谄，刚而违说则暴；今之不谄不暴者希矣，来学者其善处刚柔之道，俾所学足以说物而泽民，则教育之宏，岂有既乎。"兑泽"文化内涵可以概括为：刚柔相济、说（悦）物泽民；大德育人、温润仁爱。"兑泽"文化自诞生之日起，就担负立德树人、为国育才的重任，成为润泽三湘学子的著名教育文化。

2. 校训校歌，百载传承

学校校训是"公勇诚朴"，旨在培养公正无私、勇敢坚毅、诚实守信、朴实无华的时代公民。学校校歌为《兑泽之歌》。创校之初，由创办学者们所著，意为在湘水旁办学，希望广招天下学子，研究中西文化，教育救国，矢志不移。歌词为：泱泱湘水生明辉，兑泽屹立江之湄。聚南中多士，研中西学术，盱衡四表，任重舍予谁。愿共崇念德，笃志好学，行义达道，步前哲之芳规。好驹光熛飞不已，时惕厉，矢毋违。校训校歌传承至今，百年未易。校歌词曲兼美，传唱历久弥新。校训在不同历史时期被赋予新的内涵，成为兑泽师生共同守望的精神价值。

3. 文化育人英才辈出

116年来，兑泽人始终秉承"公勇诚朴"的校训，笃志好学、自强不息，铸就辉煌。学校名家英才辈出，无产阶级革命家林伯渠、教育部原副部长林汉达曾执教于此。"一将军""四院士"——陈明仁将军、彭司勋、向达、黄祖洽、戴元本院士，著名央视主持人徐俐、柏林"金熊奖"男演员廖凡、作家张扬、《辞海》主编舒新城、湖南书界泰斗王超尘、世界军运会飞碟冠军陈晓瑶等杰出校友于此走出。无论是抗日救国时期学子们"在艰险中杀条血路"的铮铮誓言，还是和平发展时期师生们行义达道、步趋芳规的骄人表现，都凝聚和传承着大德育人、温润仁爱的兑泽精神。这种精神，是根植于一代代六中人身上的精神养分和气质基因，是百年兑泽于历史洪流中除沉去疴、踔躞蜕变、砥砺报国的力量源泉。

兑象为泽，以润万物。"来学者其善处刚柔之道，俾所学足以说物而泽民"长沙市第六中学守"公、勇、诚、朴"之校训，任重道远，以泽天下；持"兑泽"之态望远育人，禀教育之"美好"，在继承与发展、求实与创新中育中华之英才。

二、百年名校现代治理及其运行机制

（一）现代"治理"的含义

什么是治理？1995年，全球治理委员会在《我们的全球伙伴关系》中指出，治理是各种公共的或私人的机构管理其公共事务的诸多方式的总和，是使不同的利益得以调和且采取联合行动的持续过程。这种定义强调多中心治理理念，鼓励利益相关者个人或团体组织积极参与公共事务，以协商交往、民主共治以及伙伴关系来实现对公共事务更加民主、有效的管理。①

一般认为，现代学校治理是多种利益相关者群体（教师、学生、家长、社区、政府等）通过民主参与、合谋共治、协商对话及相互协调，实现学校育人目标的活动过程。现代学校治理程度，可以从自主办学、多元共治、依法治校、监督问责、效率公平与可持续发展五个维度分析中小学治理现代化的程度。②

推进学校治理现代化，就应厘清学校治理与学校管理的关系。学校治理区别于学校管理，主要表现为从约束走向自主、从多层级走向扁平化、从单一走向多元、从人治走向法治、从专制走向民主、从封闭走向开放、从控制走向协调、从分数优先走向全面高质量发展。

基于上述阐释，学校现代治理是全体成员基于共同价值取向和目标导引，以民主科学的制度和机制调控，充分释放全员发展创造的潜能和价值，高质高效达成育人目标，并保证机会与结构公平的组织系统，具有价值共享、团队协同、动能内生、效能优化等特征。现代学校治理旨在落实立德树人的根本任务，推动学校从根本上建立起"以人的发展为中心"的现代教育体系，包含核心学校文化建构、学校治理结构体系、学校制度建设体系、教师专业发展体系、学校考核评价体系等方面。近年来，具有116年办学历史的长沙市第六中学致力于现代学校治理的实践探索，激活办学活力，百年老校展现出昂扬的青春气象。

（二）长沙市第六中学学校治理现代化的实践探索

1. 价值共享：复兴兑泽，美好发展

百年名校具有深厚的办学底蕴和文化，推进其现代学校治理，就要传承和发展学校文化，实现文化价值共享，激发师生的责任感和使命感。

---

① 蔡辉森. 学校教育治理现代化：校长的认识、理念和行动［J］. 福建教育，2020（50）：6-8.
② 赵德诚，曹宗清，张颖怡. 现代学校治理新思考：一个五维度综合分析框架［J］. 中小学管理，2021（4）：9-10.

首先，要梳理百年名校的文化基因。长沙市第六中学的文化基因主要体现在校名、校训、校歌和校史上。永久存留在师生心底的精神就是文化基因，这些核心基因包括刚柔之道、说物泽民；大德育人、温润仁爱；公勇诚朴、润泽天下；笃志好学、行义达道；等等。

其次，要推进文化的传承和发展。近年来，学校提出"推动百年兑泽伟大复兴"的任务，那么，怎样实现这一历史任务呢？学校进一步提出"复兴兑泽，惟志惟勤"。学校乘115周年校庆之机，重建校史馆，创作《兑泽赋》，梳理彰显学校历史文化与办学成就。同时集思广益，依据十四五发展规划，确定今后五年的发展蓝图与行动路径。至此，新时代的学校有了更具体的价值观引领，也有了办学愿景的激发，学校师生与家长校友的精气神就出来了，形成办好人民满意教育的磅礴力量。

2019年11月，学校提出"一切为了学生美好发展"，与兑泽文化一脉相承，成为全体教职员工共同的教育价值观。习近平总书记指出："人民对美好生活的向往，就是我们的奋斗目标。""美好"代表幸福、快乐、舒畅，这正是教育的追求。人的"发展"，是指从出生开始的不断进步变化的过程，是人的不断自我更新，是指一种连续不断的变化过程，既有量的变化，又有质的变化。"美好发展"指人在成长过程中不断求真、向善、唯美。教育追求人的"美好发展"，就是要将学生培养成为德智体美劳全面发展的社会主义建设者和接班人，成为一个有益于社会和国家的人，成为一个有幸福人生的人。那么，学校教育如何才能完成这一根本任务，实现这一价值追求呢？树立四种意识尤为重要，即生本教育意识、激潜教育意识、生本课程意识、家校共育意识。

2. 团队协同：场域赋能，美美与共

现代学校治理，归根结底是要通过激发教师活力，实现立德树人、全面育人。在这一过程中，要加强各层级团队文化建设，形成团队文化场域，实现团队协作、资源共享、互帮互助、协同成长。

培养师生团队意识、训练团队素养、涵养团队精神，是十分必要的。他山之石，可以攻玉，学校邀请了长郡中学李素洁校长为全体教师做专题报告《教师的格局》，李校长重点就团队建设采用体验式方式对教师进行了现场培训，对团队的要素、评价进行了清晰解读，让教师深刻领悟了团队的魅力。学校还邀请了长沙麓山国际实验学校初中学生处主任吴岚为我校年级组长、班主任团队进行培训，就班级学生团队建设的实践操作及成效做了细致讲解，让教师们掌握了班级学生团队建设的路径。通过这两次讲座，团队建设的思想、方法已经入脑，团队文化建设的共识基本形成。思想决定行动，有了这一前提，学校团队文化建设开始顺利推进。

美国学者保罗·桑赫拉（Paul Sanghera）在《有效的项目集管理——基于全球标准的全过程方法》一书中指出①：项目是指在特定的时间里，为开始并结束创建某一独特产品、服务或成果进行的努力。项目集管理是指为了实现组织的战略目标、目的和收益，而对一个特定项目集进行的集中协调管理。按照项目集管理的基本思想，学校将团队文化建设作为项目集中协调管理推进方为有效，学校将团队文化建设作为一个大项目推动实施，由校长室直接负责。大项目下又分成若干小项目并确定项目负责人。比如，行政管理团队文化建设项目，分别由校级分管领导负责；备课组团队文化建设项目，由教务处及各备课组长负责；班主任团队文化建设项目，由教育处及年级组长负责；班级学生团队文化建设项目，由各班主任负责；教研组团队文化建设项目，由教科室负责。再由项目负责人组建项目团队，制定实施方案、实施细则、评价标准、监督和控制办法等。

营造美美与共的学生团队文化。在班级学生团队文化建设中，学校采取头脑风暴、排序、二次排序、团队集中呈现等研讨方式来解决团队文化建设中的各种问题，促使每一个学生团队美美与共、个性绽放。

首先，以均衡原则组建学生团队。班级学生成长常规管理团队的组建，将学生分成不同个团队，每个团队8人为宜，组建团队时坚持均衡原则，即人数均衡、成绩均衡、性别均衡、干部均衡、表现均衡、性格均衡。每个班6~7个团队。组建团队时，先确定队长，再根据均衡原则配备

---

① 周琦. 有效的项目集管理——基于全球标准的全过程方法［M］. 北京：电子工业出版社，2011：2-3.

每个团队成员。除了常规管理团队外，有的班级还根据学生的实际需要组建团队。

其次，以共赢目的构建团队文化。班级团队文化包括团队名、团队标识、团队口号、团队规约、团队分工、团队合照等。

再次，以激励方略建立评价体系。班级团队评价内容包括服饰礼仪、生活自理、体育锻炼、课间纪律、课堂参与、作业情况、学业成绩、卫生值日、公益活动、自主管理等方面，有对团队中个人的量化评价，也有对团队的量化评价与过程记录。评价增强了学生的团队意识和集体荣誉感，形成了互帮互助、相互监督激励的氛围，促成了团队与团队之间的比学赶帮，营造了良好的班风学风。班级定期评选优秀团队、优秀个人和进步学生，还需辅之以各个层级的表彰。

在推进学校内涵发展和高品质发展的过程中，学校进一步建设团队文化，从制度和机制层面推进行政管理团队、年级组团队、教研组团队、备课组团队、班级教师团队、班级学生团队、创新人才培养团队、名师工作室团队、专题项目组团队等各种团队建设，让团队文化发挥强大的育人功能，在变革育人方式上积极探索，努力办好人民满意的教育。

3. 动能内生：调整结构，以评促治

推进学校现代化治理，就要以民主科学的制度和评价机制调控，充分释放全员发展创造的潜能和价值。在具体实施上我校主要做好三件事情：一是理顺学校治理结构，减少层级，提高年级组这个层级的教育教学一线指挥能力；二是完善学校教职工考核评价体系，达到以评促治的目的；三是增加过程性评价与表彰。

首先，理顺学校治理结构。以教育教学管理为例，年级组管理团队是提高教育教学质量的关键，年级组长是教育教学一线指挥员，举足轻重，直接对教育教学质量负责，对校长负责。为加强年级组管理力量，理顺组织结构关系，成立年级组管委会，由年级组长（主任）负责，年级组配备联点行政、支部书记、工会组长、年级专干，完善工作职责，具体关系如下表：

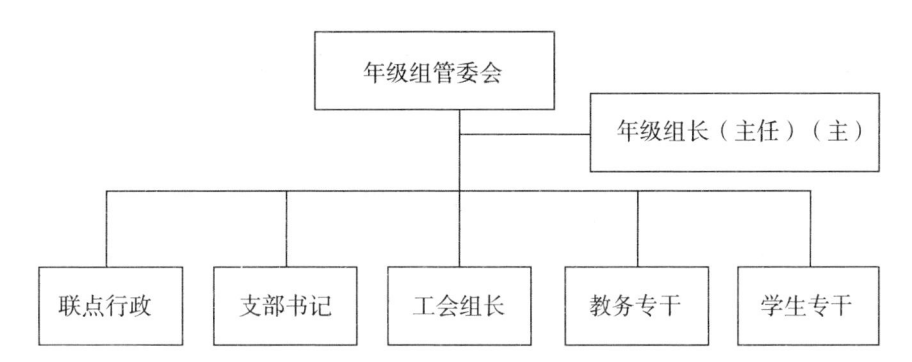

```
                    ┌─────────────┐
                    │ 年级组管委会 │──────┬──────────────────┐
                    └─────────────┘      │  年级组长(主任)(主) │
                           │             └──────────────────┘
        ┌──────────┬───────┼───────┬──────────┐
   ┌────────┐ ┌────────┐ ┌────────┐ ┌────────┐ ┌────────┐
   │联点行政│ │支部书记│ │工会组长│ │教务专干│ │学生专干│
   └────────┘ └────────┘ └────────┘ └────────┘ └────────┘
```

其次，完善教职工考核评价体系，包括教育教学质量评价体系，实现以评价促治理。2020年4月，学校教代会全票通过了《长沙市第六中学教职工考核评价方案》和《长沙市第六中学绩效工资方案》，这两个方案理顺了考核维度、指标及方式，将绩效工资与考核挂钩，顺应了当前教育改革形势。特别是新高考后，因为各种选科，学校很难有平行班级，同时如何进行质量评价也成为学校面临的新考验。我们的思路是：从入口看出口，进行发展性评价。例如，学校高二、高三质量（成绩）评价方案如下：

维度	评价细则		计分
1	期评平均分提高 班级平均分与年级同层次总平均分的差值与上学期同一指数相比的差值	2分以上（含2分）	25
		2~0分（含0分）	24
		0~-2分（含-2分）	23
		-2~-3分（含-3分）	22
		-3分以下	20
2	期评平均排名差值 期末班级学生学科年级排名平均值与上学期期末同一指数相比的差值	20以上（含20）	25
		10~19（含10）	24
		0~9（含0）	23
		-5~0（含-5）	22
		-5以下	20

续表

维度	评价细则		计分
3	期评成绩A等差值 所任教班级期评成绩A等学生数与年级同层次期评成绩A等相比第一名的差值	A等人数第一名	25
		0~-5人（含-5人）	24
		-5~-10人（含-10人）	23
		-10~-15人（含-15人）	22
		-15人以下	20
4	期评成绩与参照学校比较的变化 所任教班级期评平均分与参照学校平均分的差值与上学期同一指数相比的差值	2分以上（含2分）	25
		2~0（含0分）	24
		0~-2（含-2分）	23
		-2分以下	21

2020年上学期末，学校根据这个评价方案对教师教学成绩进行了一次考核，从考核结果看，与实际情况基本吻合，得到教师们的认同。

再次，学校增加了对教职工的过程性评价和表彰。如学校出台了《兑泽月度先锋人物评价方案》，通过月度人物评选，树立了典型，增强了学校活力，其评价指标如下：

标准	具体要求
师德师风的先锋	在师德师风方面表现突出，受到同行、家长、学生或社会的高度赞扬，具有一定的影响力
诲人不倦的先锋	立足岗位，主动作为，以生为本，有教无类，因材施教，具有高度的教育自觉和教育使命感，努力做学习型、研究型、合作型、服务型教师
立德树人的先锋	在变革育人理念和方式上有创新，以全面育人为己任，努力促进学生全面而有个性地成长，效果突出。有大爱精神，用温润仁爱去呵护学生的成长，成就教育事业

续表

标准	具体要求
服务育人的先锋	牢固树立"教育即服务""管理即服务"的理念,在服务育人、学校宣传等方面表现突出
教育创新的先锋	锐意改革,勇于创新,积极投身学校改革创新,不断探索新的教育教学方式、方法,在教育、教学、教科研、管理、服务、课程建设等方面有创造性,推出微变革举措,并取得较好效果

通过现代学校治理一系列措施的出台和实施,激活了办学机制,激发了管理团队、师生群体的潜能与动力。2019年,学校获评全国学校后勤工作先进单位;担任湖南省文化促进会副会长单位、湖南省教育督导常务理事单位;2020年,学校获评全国青少年篮球特色学校、湖南省信息化创新试点学校、国际生态学校及湖南省文明校园。2020年高考、中考质量大步提升,学校办学声誉越来越好。2020年秋季高中、初中招生的数量和质量均得到大幅提升,达到历史最好水平,在校学生人数由2019年秋季的2280人增长到目前的2800余人,全校师生正在朝着努力实现百年兑泽伟大复兴的宏伟目标奋勇前进。

三、现代学校治理的策略思考

(一)以共治求善治

现代学校治理体系,主要路径是共治,即所有利益相关单位及个人,共同参与,民主协商。直接目标是善治,即"好治理";最终目标是"好学校教育",即建立高效、公平、自由、有序的学校教育新格局,本质上是要求捍卫学校教育的公共性与公益性。

(二)以理念引实践

建立现代学校治理制度实质上是建立一种新型的学校治理制度,建立一种共治与善治的学校制度,这就需要校长专业化的治理理念引领。同时，围绕学校治理的三类要素，即治理主体、治理内容和治理路径，共同构成学校治理的有机整体，从而在治理过程中彰显理念与践行理念。

(三) 以联动促发展

联动即团队合作协同。现代学校治理的主体是多元的，必须发挥管理层、教师、学生、家长的积极性和主动性。学校管理层的团队协同保证学校治理水平，教师的团队协同提升教育教学水平，学生的团队协同促进健康成长，家长的团队协同保障育人效果。合作既有学校内部各组织机构的合作与教职员工的合作，也有学校与社会、家庭的合作，比如，家校共育机制、社会支持机制等。各治理主体之间也要实现联动，保持沟通协调，实现学校发展目标和师生发展目标。

(四) 以评价促提升

现代学校治理，在发挥各治理主体积极性的基础上，最终通过制度和机制让学校治理走向善治轨道，其中师生评价激励机制是核心。评价要坚持发展性和激励性原则，构建教师和学生发展评价机制，唯有如此，学校治理方能走上康庄大道，真正办好人民满意的教育。

基于校情的办学品质提升策略[①]

——以湖南省汨罗市第二中学为例

张小广

汨罗市第二中学

摘要：办学品质关乎学校的生存与发展。汨罗市第二中学发挥学校优势、规避学校劣势，抓住发展机遇、迎接改革挑战，以锤炼师资队伍、创新德育管理、探索课改途径为抓手，不断提高教育教学质量和学校办学品位，开创学校发展的新局面。实践证明，只有立足校情，坚持立德树人、打造队伍、注重成效，才能够有效提升办学品质。

关键词：校情；办学品质；品质提升

一、办学品质是学校生存与发展的基石

（一）办学品质的内涵

所谓品质就是质量、信誉、文化的综合体，外在是品牌，内在是内涵。学校品质是质量、内涵、文化、特色、信誉的集合体。构建和提升学校品质，先进的思想和正确的理念是先导，优秀的校长和敬业的教师是主体，达标的硬件和规范的管理是基础，系统的课程和丰富的活动是载体，

[①] 【基金项目】湖南省教育科学规划课题《基于国防特色教育的高中德育路径研究》（课题编号：XJK19BDY013）阶段成果。

优雅的文化和独特的品牌是表现，优秀的学生和社会的认可是目标。学校品质提升具有四大特点：

一是学校品质提升是一个有计划、有组织的过程，具有持续性。学校品质提升不仅表现为一种结果，还表现为一个动态的、不断追求卓越的过程、一种机制。学校品质提升不仅是一个理想的目标，更是一项有计划、有组织的活动，需要提前设计品质提升的方案，确定具体行动计划，按计划来推进，同时根据内外部环境的变化不断进行调整，做好总结，使之常规化、行为内化、成果固化。

二是学校品质提升是学校发展的整体性改进，具有复杂性。学校品质不是由某一个因素形成的，创建和提升的过程涉及学校管理、教学、课程等多方面，是一个复杂的系统，因此在某一点上进行变革，需要同时把影响该问题的内外部因素综合考虑进来，整合学校品质提升的途径，使其形成一个有机整体，发挥最佳效果。

学校品质提升的过程中，可能会出现这样或那样的问题，需要注意借鉴各地有益经验，同时避免简单照搬，实现优质教育资源利用效益最大化、最优化。学校品质提升，从时间上看，涉及过去、现在、未来；从空间上看，可分宏观、中观、微观；从对象上看，涵盖硬件、软件、外观；从形态上看，包含思想、行为、制度；从主体上看，依赖校长、教师、学生；从校情上看，应当区分百年老校与新建学校、公立学校与私立学校。

三是学校品质提升是教育理想与追求下的具体行动，具有操作性。学校品质提升是在教育理想与追求下的具体行动，有了正确的教育观念引导，有了对学校理想目标的正确理解，学校品质提升的各项举措才会有正确的方向。

四是学校品质提升具有实效性。提升的价值取向主要不是看创造了多少深刻的理论，而是要看有多少已切实转化为促进学校发展的具体行动，落实到教师的教、学生的学上，落实到教师的工作、学习、生活方式上，落实到学校的发展模式上，如此，方能真正推动学校品质的提升。

(二) 办学品质的功能

高品质的学校教育是一种理念认知高端，实践样态高位，关注生命个体，让生命活力充分彰显，促进师生自主发展、个性发展和可持续发展的教育。它具备以下功能：

1. 引领学校发展

英国哲学家丹尼尔·约翰·奥康纳（Daniel John O'Connor）在《教育哲学导论》一书中指出，规范、价值和信念等，会使一种教育愿景有所增强，作为一种精神力量，融入师生血液之中，自觉不自觉地体现在师生言行之中，逐渐形成学校的品质。教育哲学是一所学校规范、价值和信念等的集中体现，是一所学校的灵魂，是一所学校行为的先导。走内涵发展之路，办高品质教育，首先要确立高品质的教育哲学，用教育哲学引领学校品质发展，用教育哲学引领师生树立信仰，用信仰凝聚学校发展的力量。确立高品质的教育哲学，关键在于学校对办学的"价值内省"，在"价值内省"的基础上，努力寻求为每一个孩子发展奠基的适合的教育。近些年来，随着社会对优质教育资源需求的不断加大，人们对学校品质的关注越来越高。教育部提出"推动学校特色发展，提升学校品质"的命题。可以说，如何提升学校品质，已成为学校提升综合竞争能力、永续发展的必由之路。学校品质是一所学校发展到一定层次所表现出来的管理方式、办学水平、办学特色和教育质量等，体现在学校文化、教师的教育行为和学生的言谈举止之中。

2. 提高学生品位

一所学校的办学品质最终指向学生的内涵发展。培养品格高尚、身体健康、积极向上的高品质学生，才是衡量学校办学品质的关键指标。我们应当努力从品格提升、课程建设、课堂教学等方面开展教育，涵养学生素质，培养学生品质，关注品格提升。学生高品质的成长教育，说到底，首先就是促进青少年全面发展、健康成长，形成适应社会发展的良好品格。

3. 规范办学行为

学校的办学品质越高越能真正落实"以人为本"的科学发展观，践行健康成长的理念,能培养教师和衷共济、齐心协力的团结精神,勤学苦练、孜孜以求的求学精神,爱岗敬业、任劳任怨的奉献精神,迎难而上、与时俱进的开拓精神,并能进一步端正办学思想,规范办学行为,全面贯彻党的教育方针,全面实施素质教育,扎实推进高效课堂建设,切实减负增效,全面提高教育教学质量。

4. 拓展发展空间

高品质办学就能在分析学校发展状况的基础上,明确学校发展理念,制定学校发展目标,解决学校发展问题,规划有序地深化学校内涵建设,促进学校主动成长,从而拓展学校的发展空间,使学校能够朝更高的平台发展,向新台阶迈进。

二、汨罗二中提升办学品质的实践探索

汨罗二中是一所省示范性高中,交通便利,布局规范,环境优雅,办学条件优越,是求学的理想场所。现有教学班49个,学生近3000人,特级教师3人,正高级教师3人。

(一)校情分析

1. 学校优势与劣势

第一,学校具有鲜明的办学宗旨。学校以"一切为了全体学生的健康成长"为鲜明的办学宗旨,以"四个面向"为明确的办学原则(面向每一个年级、面向每一个班级、面向每一个学生、面向学生发展的每一个方面),积极倡导良好的"四风"("文明、勤奋、进取、求真"的校风;"诚实、刻苦、守纪、尊师"的学风;"严谨、博学、善教、爱生"的教风;"科学、民主、公正、高效"的干部作风),按照"六会"的育人要求施教(学会做人、学会求知、学会健体、学会生活、学会创造、学会审美),力争达到"四个100%"的教育目标(100%的学生德、智、体、美、劳合格;100%的学生个性特长得到充分发展;100%的学生生动活泼地、主动地发展;100%的学生成为社会主义建设的有用之才)。

第二,学校取得良好的办学成果。学生的综合素质普遍提高,违法犯

罪率一直为零，年度巩固率稳定在99%以上，学考合格率达百分之百，每年在市级以上各类竞赛活动中获奖的学生150人次以上。2021年、2022年、2023年学业水平考试，我校连续获得全市第一名。2023年高考，我校872人参考，600分以上7人，空军飞行员1人，中央美院1人，一本上线503人，本科上线811人，上线率达93%，真正做到了"低进高出，中进优出"，获得岳阳市普通高中教育教学质量提升县市区学校第一名。在2022—2023学年度汨罗市普通高中教学质量评价中，荣获全市第一名。《国防特色教育的研究与实践》案例在岳阳市中小学德育工作优秀案例评选中被评为特等奖，还被评为岳阳市国防教育先进单位，学校的国防教育班多次被湖南省教育台、国防教育周刊等多家国家级和省地级媒体报道，我校成功走出了一条国防教育特色办学之路，近年学校还被评为湖南省足球优秀基地、岳阳市文明校园、第七批生态文明示范学校，这些成绩的取得，就是立足校情，有的放矢，不断探索的结果。

第三，学校赢得社会的良好评价。学校先后获得"中国教育学会数学教育实验基地""湖南省示范性高中""湖南省文明卫生先进单位""湖南省招飞工作先进单位""湖南省体育传统学校""湖南省艺术教育先进学校""湖南省绿化工作先进单位""岳阳市双文明建设先进单位""岳阳市教育教学改革示范学校""汨罗市示范高中"等30多个荣誉称号。高考质量一直居岳阳市同类学校之首，2020年—2023年连续四年被评为岳阳市教学质量先进学校。学校的办学经验先后被《中国教育评价》《中国教育报》《湖南教育》《湖南工人报》、中央电视台、湖南教育电视台等新闻媒体报道。多年来，学校在汨罗市普通高中教育质量评价和年终目标管理评价中，始终处于优秀行列并多次被评为岳阳市省级示范高中系列教育质量先进单位。

但是，学校遇到了发展的瓶颈期，由于一批优秀生源流入省城，再加上汨罗本地的阳光招生政策，我校三个年级共2900名学生中，每届90%的学生位于汨罗市中考的1200名—2300名。这些学生大部分偏科或者是学习习惯不好，学习态度不端正，没有远大的目标和理想，内驱力不够。

教师队伍也出现了青黄不接的现象，教师老龄化，而每年招聘的青年教师有限，特别是待遇等问题又很难留住年轻教师特别是优秀教师，人心比较涣散，没有凝聚力。这样的生源和师资状况，要想提高教学质量，特别是面临着新高考新课标和新教材这样的特殊时期，必须有的放矢地找到相应的对策。

2. 学校机遇与挑战

当前学校教育可谓希望与困难同在，机遇与挑战并存。

一方面，教育迎来了前所未有的发展机遇。第一，党和国家高度重视并通过立法加以强化。进入21世纪以来，党和政府对教育重要性的认识越来越明晰，出台了一系列加快教育发展的方针政策，《国家中长期教育改革和发展规划纲要》的制定，为我国未来二十年的教育发展指明了前进的方向。全国教育工作会强调，教育是民族振兴、社会进步的基石，是提高国民素质、促进人的全面发展的根本途径，寄托着亿万家庭对美好生活的期盼。"教育法""教师法""义务教育法"等教育法律法规的制定，充分体现了国家通过立法的方式进一步强化对教育的重视。第二，国民经济持续发展，教育投入逐渐增长。中央和地方各级财政部门认真贯彻中共中央、国务院关于优先发展教育的一系列重大方针政策，始终把教育摆在公共财政的突出位置予以重点保障，持续不断地加大教育投入。在国家财政对教育的大力支持下，相信我国教育的又一个春天即将来临。第三，教育成就未来，知识改变命运的观念被越来越多的民众接受并践之以行，民众对教育的重视程度越来越高。教育需要经济发展予以强有力的支撑，国力强盛，国家对教育的投入和支持力度也就相应增大。民众日益富裕，步入小康社会后，人民对精神和文化生活的需求也日益增长，因此，教育越来越多地受到了关注，在家庭消费支出中，教育的份额越来越大。教育消费支出迅速增长反映了中国家庭对教育的重视。

另一方面，当前学校教育也面临严峻的挑战。第一，城乡教育失衡。随着城镇化进程的进一步加快，大量的人口涌进城区，给城乡教育带来沉重的压力，城区在未做好教育规划与布局之际，进城上学的学生急剧增加，出现师资紧缺，校舍紧张，大班额等现象，于是，政府不得不采取措施，通过各种方式从乡村学校选调优秀骨干教师，也不得不把本应用于城乡均衡发展的教育经费侧重于投入城区学校的改建和扩建上。乡村学校生源大量减少，优秀骨干青年教师不断流向城区，乡村优秀教师的流失进一步加剧学生的流失。城区优质的教育资源，优先的经费投入，优越的城市环境，优厚的福利待遇和优秀生源的输入都使城乡差距进一步扩大。第二，农村教育师资力量薄弱。农村师资队伍呈现出以下几个特点：年龄老化、知识老龄化、师资配备不到位，骨干教师和学科带头人流失更为严重。第三，农村留守儿童教育问题依然突出。随着经济的发展和外出经商务工人员的增多，农村中隔代抚养的情况越来越普遍，留守儿童的父母出门在外，小孩长期缺少父母的亲情关怀，爷爷奶奶因各种因素的影响，无法对留守儿童进行直接有效的沟通和教育，使得家庭教育近乎空白，留守儿童的安全教育、卫生及心理发展等状况令人担忧，同时也给学校的安全管理和教学质量的提高带来了沉重的压力。第四，家校教育合力难以形成。很多家长观念陈旧，尤其是留守儿童的爷爷奶奶，他们自身文化素质不高，却望子成龙、望女成凤心切，对教育改变命运的认识也非常深刻，但是，他们认为家庭只提供衣食住行，满足孩子的温饱，而教书育人就完全是学校和教师的责任，他们分不清家庭教育与学校教育的关系，不懂得家庭教育在孩子成长过程中的重要性，他们把小孩在学习、生活、品行、心理等方面出现的问题全推给学校和教师，当孩子出现问题时，不是去反思和总结，而是一味地去指责和埋怨学校和教师。

（二）基本做法

1. 锤炼师资队伍，凝聚教师向心力

没有教师的追求卓越，就没有学生的天天向上；没有教师的幸福快乐，就没有学生的美好未来。教师是最大的生产力，要想留住人，先要留住心；要想留住心，必须让他们有成就感、幸福感。

一是注重人文关怀。我校始终坚持信任老师、尊敬老师、关心老师、依靠老师，做老师的领头人、同路人、贴心人。学校管理层率先垂范，以身作则，"高站位决策、低重心运行、近距离服务"，"学校围着老师转，老师围着学生转"。坚持用坚定的信念引领人，科学的机制规范人，诚挚的情感凝聚人，兴旺的事业鼓舞人。学校提出了"成就教师，发展学生，办让师生幸福的教育"的工作目标，坚持每年组织全体教职工进行一次体检；每年开展一次行政干部大走访活动，深入教职工，听取民意；每年学校党委上门慰问教职工父母，送去温暖；每年举行两次教职工子女升学座谈会，并对荣升高校和高中的教职工子女予以奖励；每年举行教职工运动会、登山比赛等丰富多彩的文体活动；教职工生日当天均会收到学校工会的温馨问候。

二是重视机制激励。在汨罗市教体局的引领下，我校对接汨罗坚持了33年、与时俱进不断修改完善的《教育质量评价方案》和《目标管理评价方案》两大评价体系，制订了我校的评价方案，构建了促进教师发展的激励机制。结合学生发展水平参差不齐的特点，我校教育教学工作坚持面向全体学生，关注优生，重视临界生，不放弃潜能生。我校坚持扁平化管理，施行年级组长负责制。高一新生入学就人人有目标，且选科分班以后目标随人走。生源不好的班级目标低，提升率完全可以超过优生班，转化一名后进生比培养一名尖子生更重要。被人关注就是最大动力，各年级特别重视临界生、潜能生提升，从高一开始，将提升目标包干到各班级、各备课组、各位教师，加强辅导工作。每次月考将每个临界生、潜能生对标分析，把对辅导工作的过程性管理和终结性评价同时纳入教师的目标管理体系。这一系列举措的实施，凝聚了人心，锤炼了队伍。一支思想上同心、工作上同向、敬业精业、作风优良的教师队伍正在形成。我校现拥有正高级教师三人，特级教师三人，各级名师、骨干教师、学科带头人队伍强大，青年教师成长快。

2. 创新德育管理，激发学生内驱力

党的十八大报告指出，"把立德树人作为教育的根本任务，培养德智体美全面发展的社会主义建设者和接班人"。立德树人，要做到这一点，首先要立师德、铸师魂。高尚的师德，是对学生最生动、最具体、最深远的教育。2014年9月9日，习近平总书记在同北京师范大学代表座谈时发表了重要讲话，就"怎样才能成为好老师"这一问题，首次提出了做好老师，要有理想信念、有道德情操、有扎实学识、有仁爱之心的精准回答。① 针对大部分学生缺乏斗志，缺乏动力，没有明确的远大目标，我校坚决把德育工作摆在首位，激发学生的内驱力，确立"育人至上、人文为先"的德育工作理念，努力营造全员育人、全程育人、全面育人的局面。

首先，思想教育先行。针对不同年级学生的特点，学校制订《汨罗二中学生三年整体规划》，三年一盘棋，高一学生快上路，高二学生迈大步，高三学生圆好梦。每届高一新生入学，我校坚持开展为期两周的专门入学教育，重点突出目标引领和学习生活习惯养成，帮学生扣好高中阶段的第一粒扣子。对高二学生，着重进行抗压教育和理想前途教育，坚定学生的学习信念。对高三学生，着重进行感恩励志教育和人生规划教育，把好出口关。每一个学生都有一万台发动机，潜力无限。我们通过一周一次的主题班会，一系列有仪式感的活动，打造良性竞争环境，引导学生追求卓越，成就自我，做到低进高出、中进优出。高中三年，做到德育工作整体化，专题教育系列化，专项教育系统化，常规教育经常化，正风纠错及时化。

其次，落实全员管理。管理工作，制度要细，安排要全，过程要实，标准要高。经过常抓不懈，三个年级的自习课，教师在与不在一个样，1800名寄宿生晚就寝熄灯即静。我校依托班级、教师目标管理评价，周评月评与教师经济利益、评优选好挂钩，月评价直接影响年终评价，真正做到全员育人，打造教育共同体，形成上下联动，全员参与，事事有人管，人人有事做，人人愿做事，事事能做好的良好局面。

再次，创新德育形式。在学生管理上我们积极推行"学生自主发展模式"和"学生自我锻造工程"，由学校单一管理模式向学校管理和学生自

---

① 罗容海."四有"好老师怎样炼成[N].光明日报，2023-06-12（12）.

主管理相结合的双向管理模式转变。2018年下学期，我校开办了湘北地区首个国防教育特色班，以培育"军人作风、父母骄子、校园精英、国之栋梁"为目标，积极探索"国防教育+学校德育"长效机制。国防班学生成了汨罗二中一道亮丽的风景线，学校通过改变一小批、带动一大批、辐射全校学生，把国防教育成果转化为学生德育工作的动力源。我校国防班开办至今已有三个年头，现在三个年级各有两个国防班，严明的纪律和令行禁止的意识，勤奋好学的作风和强烈的集体荣誉感、责任感显现在每一个学生身上。第一个学期下来，国防班学生考试成绩相比中考入校平均提高90多个名次。这充分证明，国防教育与文化学习并不冲突，反而，这一管理模式对学生文化学习有很大的促进作用。

3. 探索课改途径，绽放课堂生命力

教学的魅力在于课堂，学生的基础不牢就必须降低重心，更加务实每一步，精化每一分，让课堂做到真正的高效。同时还要注意探索新途径和新方法。课改就是改课，包括课前、课中、课后，就是要系统优化教师的"教"和学生的"学"，就是要让学生动起来。

第一，务实教研。教研活动做到一确定、五研究、三反馈、五反思、一总结。一确定就是：定中心发言人，在教研活动之前，提前一周告知下周教研活动的中心发言人，发言人就周教学任务、相关知识的难点突破、测试重点提出自己的见解；五研究是指：研课型、研学情、研学案、研考试、研知识重难点；三反馈是：反馈课堂教学情况、学生作业完成情况、测试情况；五反思是：你的课堂学生听懂否，课后作业能完成否，不懂的问题矫正否，有时间让学生巩固否，教学进度合适否。每节课必须使用精品课件，每个备课组必须统一一个课件、一张学案，依托课件让学生动起来，杜绝一讲到底，让新教师快速提升；一总结是：每周教研先总结上周的工作，对工作的成功之处进行推广，对存在的问题进行反思，并提出改进的意见。

第二，优化教学。汨罗二中录取的学生文化基础、学习能力、行为习惯较其他学校学生有一定差距。为了提高教学质量，学校结合校情、学情，探索出了一套适合我校学生的学习管理模式。对高一学生精细管理。做到"四个保持，四个控制"：目标保持亮度，测试保持密度，培优保持精度，治跛保持准度；课堂控制容度，练习控制深度，作业控制量度，试题控制宽度。通过精细化的管理，环环相扣，课前预习以考代练，即学即练，白天上课，晚上考试，让学生尽快适应高中学习并有获得感。对高二学生逐步放手。作业试卷化，自习考试化，让练习贯穿整个学习过程，提高学生的学科核心素养。对高三学生把控有度。高考是考学生练到什么程度，不是考教师讲到什么程度。一轮复习杜绝低效的重复，重在释疑和应用。让学生始终牢记：读，记住吗？练，做对吗？考，矫正吗？真正实现懂了、会了、熟了三重境界，节节攀升，步步登高。

  课堂教学坚持"先学后教，不愤不启，当堂检测"的原则，突出学生的主体地位。经过多年探索，我校普遍推行"1+6"教学模式，"1"指的是学生预习教师超前编好的导学案，"6"指的是课堂由"明确目标、合作探究、教师精讲、练习矫正、当堂检测、课堂小结"六个环节构成。我校坚持自习课精准对接管理。针对部分学生学习能力不强，学习效率不高的实际情况，我校采取了精准对接的以考代练自习管理模式，各时段自习课排课表到人，每节自习课都有教师帮学生提前准备练习内容，并留时间为其答疑解难。

  第三，创建特色。我校积极开拓小语种教育新途径。我校大部分学生来自农村，英语基础一般。而高考外语中的德、法、日、俄、西与英语同分同值，且录取的专业98%不受限制。小语种里面只有日语属于东方语系，学习难度最低。对平时英语150分满分考试在80分以下的学生，我们倡导其改学日语。2023年，我校日语考生94人，日语高考平均分达112分。我校十分重视学生个性特长发展。2023年高考，音体美，书法，传媒等专业生共113人，本科以上录取103人。

三、提升办学品质的几点思考

（一）立足校情

一个学校提高办学品质的前提是立足校情，对学校发展中的优势与劣势非常熟悉，对当前学校面临的机遇与挑战非常清楚，这样才能有的放矢地找到相应的办法和措施，才能更加有效地去提高办学品质，如果脱离了这个前提，一切都是海市蜃楼，不能从根本上解决问题。

（二）抓住关键

1. 坚持立德树人

党的十八大报告把教育放在改善民生和加强社会建设之首，充分体现了党中央对教育事业的高度重视和优先发展教育的坚定决心。报告对教育提出了系列新要求、新论断，其中"把立德树人作为教育的根本任务"是在党的全国代表大会报告中首次提出，是我党的重大政治宣示，令人精神振奋，备受鼓舞。

中华民族是重视德育和志趣高尚的民族。"一年之计，莫如树谷；十年之计，莫如树木；终身之计，莫如树人"，《管子》中的这段话说明我们的先贤已充分认识到培养人才是长远之计。"立德树人"也几乎是我国历代教育共同遵循的理念。

"培养什么人、怎样培养人"，是我国社会主义教育事业发展中必须解决好的根本问题。"立德树人"要求我们必须坚持德育为先。"德为才之帅。"德是做人的根本，是一个人成长的根基。"立德树人"要求我们必须着眼促进学生全面发展。

"立德树人"要求我们必须坚持培育学生健全人格。"立德树人"要求我们必须致力于"让每个孩子都能成为有用之才"的教育理想。教育关乎为国家和民族培养合格建设者和接班人的千秋大计。我们将努力办好人民满意的教育，立德树人，让每一个孩子都能成为有用之才，这是提高办学品质坚定不移的方向。

2. 加强队伍建设

教师是一种神圣的称号，教师的职业是一种神圣的职业。正如伟大教育家夸美纽斯所说："太阳底下没有比教师更崇高更优越的了。"教师的职业决定他对社会发展，对人的成长都起着重要性的作用。教师肩负着传播文化科学知识、开发人的智力和塑造人的灵魂的伟大使命。教师是学校教育力量中最为活跃的因素，学校的教育目标和一切教学活动都要通过教师才能得以实现和完成。教师是办学的主体，在实施素质教育活动中，建设一支高素质的师资队伍，是提高办学品质的关键所在。

3. 深化课程改革

课程是实现教育目的的重要途径，是组织教育教学活动的最主要的依据，是集中体现和反映教育思想和教育观念的载体，因此，课程居于教育的核心地位。目前我国基础教育的现状同时代发展的要求和肩负的历史重任之间还存在着巨大的差距。我国基础教育课程已经到了非改不可的地步。新课改主要体现"六大改变"，课程目标方面、课程结构方面、课程内容方面、课程实施方面、课程评价方面、课程管理方面，只有课程改革落实到位，学校的办学品质才能真正得到提升。

（三）注重成效

在立足校情的基础上，采取一系列的关键措施，最终取得了良好的效果。第一，教学质量大幅度提高。2023年高考在岳阳市普通高中教育质量评比中获得第二名。第二，形成了办学特色。《国防特色教育的研究与实践》案例在岳阳市中小学德育工作优秀案例评选中被评为特等奖，学校还被评为岳阳市国防教育先进单位，学校的国防教育班多次被湖南教育电视台、国防教育周刊等多家国家级和省地级媒体报道，我校成功走出了一条国防教育特色办学之路，近年学校还被评为湖南省足球优秀基地，岳阳市文明校园，第七批生态文明示范学校，这些成绩的取得，就是得益于立足校情，有的放矢，不断探索。第三，学校赢得社会的良好评价。学校的办学经验先后被《中国教育评价》《中国教育报》《湖南教育》《湖南工人报》及中央电视台、湖南教育电视台等新闻媒体报道，真正做到了"品质立校、品质兴校、品质强校"。

　　长风破浪会有时,直挂云帆济沧海。我校在现有的基础和条件下将继续以学生全面而有个性的发展为主线,积极探索新时期育人模式,立足校情,从实际情况出发进行改革,坚持立德树人,加强教师队伍建设,深化课堂改革,创建学校特色,直面困难,破解难题,全力以赴,积极推进学校各项工作高质量、可持续发展,让学校的办学品质更上一个台阶,奋力谱写新时代教育发展的绚烂华章。

参考文献:

　　[1] 薛二勇. 基础教育名校办分校的政策分析:基于北京市基础教育均衡发展政策的调查研究 [J]. 教育科学研究, 2014 (7): 46.

　　[2] 尹玉玲. 透视与反思:北京市"名校办分校"政策的实施 [J]. 中国教育学刊, 2014 (9): 10.

"爱·德"育人模式的构建与思考

孙永友

长沙市望城区第二中学

摘要：新时期教育要求创新高素质和高层次人才的培养模式，但无论方式如何变化，归根到底还是要先从德育入手，培养学生的美好人性与品德。这是教育的基础性的工程。学校一直坚守"以爱育人，与德同行"的办学思想，并从校园文化导视系统、"爱·德"育人模式课程体系以及教育教学管理活动进行了有益尝试。实践表明，教育理性回归与教育产出相统一、学校文化教育功效与学生核心素养相统一、育人模式的落地与师德师风建设相统一，才能提高育人模式的实效性。

关键词：育人模式；校园文化；以爱育人；与德同行

望城二中创办于1942年，前身为湖南省私立思益中学，2011年改名为长沙市望城区第二中学。学校现有教职工150人，其中正高级教师1人，高级教师37人，一级教师72人，高中教学班32个，在校学生1800余人。建校近80年，兴学不衰，讲习绵延，已为国家培养了合格的初高中毕业生20000余名。众多校友当中有蜚声海外的著名学者谢干权博士，有享誉神州的药学专家周庆年，有被周恩来总理誉为"无脚英雄"的战斗功臣谢炳勋……

望城二中秉承"以爱育人，与德同行"的教育思想，历经几代人的辛勤耕耘，立足本土，扎根传统，依托现代化的办学条件，积极推进新课程改革，系统建构了"爱·德"育人体系，探索出一条素质教育的特色之路，从而赢得社会的普遍赞誉。

一、"爱·德"育人模式的含义

（一）"以爱育人，与德同行"是办学思想的根本

仁爱和品德既是中华民族传统文化中的核心部分，也是我校多年来结合望城区域特色文化对新时代教育目标和雷锋精神的实践。

爱，在《说文解字》里包含爱心、仁爱，是"心受"两字的合体。无论是爱人还是被爱，都要用心付出和感受。德，即品行、品质、准则，是人们共同生活及行为的规范。这里强调以一定的社会标准，进行思想的、政治的和道德的教育。将"德"（知）与"爱（行）"相结合，表明学校要求教育不仅仅是将"德"浅显地停留于认知层面，更重要的是将"德"内化于自己的一言一行之中，至善兼爱，做到知行合一，以知促行，以行求知，真正达到"仁者爱人"的境界。

（二）"德行天下"是民族精神的精髓

中华民族为礼仪之邦，一个"德"字包罗万象。中华文化能够延续几千年，一个重要原因便是中华之"德"，外敌入侵，内患堪忧之时，总有品德高尚、正义之士挺身而出，为维护民族尊严而奋战。这对我们的教育而言是巨大的财富，同时也可以说德是爱国教育的核心，有德之士方有爱人爱国之心。

（三）"名德众望"是对本土文化的传承

望城乃雷锋的故乡，他的故事家喻户晓。在世人心里，他就是"德"的化身，虽一生短暂却助人无数。为了学习和传承他的精神，毛主席特将3月5日定为"学雷锋纪念日"，雷锋精神不仅激励着一代又一代的望城人，也激励着一代又一代的中国人。作为雷锋故乡人，作为有着八十年历史的学校，我们有着深厚的文化底蕴。因此，结合本校历史和实际，融合

雷锋精神，践行爱的教育，与德同行，创立农村普高德育品牌是我们永远的追求。

（四）"立德树人"是教育的基石

教育是民族振兴、社会进步的基石，对于促进人的全面发展、增强中华民族创新创造活力，实现中华民族伟大复兴具有决定性意义。党的十八大首次提出"把立德树人作为教育的根本任务"。教育的要义，就是要使每个人的天性和与生俱来的能力得到健康的发展。如果说科学知识使人类改造了世界，那么德育则铸造了人类自身。教师加强师德建设，才能更好地"传道、授业、解惑"，推进素质教育的发展，培育一流的人才；学生养成良好的习惯，为美好的人生奠定坚实的基础，才能全面发展成为社会主义建设者和接班人；学校以德立校，方能赢得各界的尊重和自身的可持续发展。

（五）"爱即教育"是学校教育的灵魂

我校长期以来以"以爱育人，与德同行"为办学宗旨，在德育工作的具体实施中，建立了"学校、社区、家庭"三位一体的德育网络，强化教师"全程育人、全员育人、全方位育人"的以爱育人意识。教育不能没有爱，没有爱就没有教育。爱是教育的灵魂，只有热爱学生才能正确对待、宽容学生所犯的错误，才能耐心地去雕刻每一位学生，给学生以正确引领。"爱"更强调了我校所推崇的德育是以历史使命、国家责任以及兼爱达善为目的。总之，崇高纯正的人性之爱就是一种最为真诚的教育。

通过爱与德的教育，达到——爱，让德充满智慧的灵动；智慧，让德培出爱的果实的目标。无论从民族文化、望城地域文化，还是教育自身的规律来看，我们都理应传承和弘扬"爱·德"教育。

二、"爱·德"育人模式的实践与探索

（一）校园文化导视系统

1. 办学理念：以爱育人·与德同行

办学理念是如何办学的一种思想观念、价值取向和行为准则，是学校办学的指导思想，是学校对"办怎样的学校"和"怎样办好学校"深层次思考的智慧结晶。

以爱育人。教育是以爱为源的教育，它温暖人心，给身在其间的人以温暖和感动，并直抵学生内心深处，使学生从内心深处体味教师的关爱，真切感受学校轻松愉悦的氛围。"以爱育人"的办学理念，既体现了"没有爱就没有教育、没有学校"的教育观点，同时"爱"也是我校德育特色在办学理念层面的彰显，学校希望通过"爱"的途径和教育理念，让学子们每一天都绽放灿烂的笑脸、展现谦谦有礼的君子风范，让望城二中成为师生真正的乐土。在爱的氛围中，教师所有的辛苦和压力都变成了一种愉快，从而满腔热情地投入教育事业之中；学生的学习压力和生活烦恼都会逐渐烟消云散，从而获得精神的成长、形成健全的人格；爱还能使学生获得爱、懂得爱、学会爱，并把爱心传递给身边的每一个人，达到"独乐乐不如众乐乐"的境界，使身边的人都能在爱的沐浴下体会生活的快乐。

与德同行。我校多年来紧紧围绕素质教育这根主线，切实把德育摆在教育的首要位置。一方面大力加强德育队伍建设，充分发挥德育骨干队伍作用，另一方面，学生日常行为规范常抓不懈，师生同心协力创建美好校园。与此同时，我校还开展了丰富多彩的活动，如主题鲜明的爱国主义教育、法制教育、科普教育、安全教育、纪律教育、文明礼仪教育、心理健康教育等。种种教育实践证明，"与德同行"的办学理念不是单纯的理论，也不是口号，它是我校的实际行动，是一种深入师生内心的习惯；其最终目的是让全校师生在现实生活中去践行美德，创造美德，时刻与美德同行！

2. 校训：诚朴、坚毅、笃学、创新（立德于心·正德于行）

校训是一所学校的灵魂，体现学校的办学传统、原则与目标，代表着校园文化和教育理念，是人文精神的高度凝练。

诚朴：出自李东阳《先考赠少傅府君诰命碑阴记》，"为人诚朴坦易，言若不能出口"。先秦儒家诸子曰，真实无妄的良好德性以及去邪存真的修养即为"诚"；"朴"是人的自然属性，表现出人的本质特征，即不虚伪不做作，以真性情示人。诚朴也就是真诚质朴，从胡爱龙老校长创立思益中学开始，历代二中校长都要求二中人无论是治学还是为人都要以诚朴作为立身之本。

坚毅：古语有云："士不可以不弘毅，任重而道远。仁以为己任，不亦重乎？死而后已，不亦远乎？"用之于我校，意在强调读书人应该意志坚定，有顽强的毅力。

笃学：专心致志的学习。"笃学"要求师生崇尚知识，不断地认真学习，不仅要博采众长还要专心钻研。"笃"字还要求我们做事情不能泛泛空谈，必须锲而不舍、踏踏实实、一心一意，努力践履所学，予人生一个最坚实的根基。

创新："创"是兴趣的开始，是质疑的开始，是新的预备阶段。"新"是立，是推陈出新，它是创的行为的延续。以创新为校训，不仅要求培养学生的创新能力，而且要求整个团队的共同创新，最终是为了实现师生乃至学校的共同进步和发展。

（二）"爱·德"课程体系的实践

1. 课程体系的改革目标

课程是学校提供给学生的在校期间获取知识、形成能力、完善人格等一切活动的总和。校园文化思想凝练出办学理念，办学理念决定着课程思想。"爱·德"教育思想是在具体的课程改革实践中不断生成、不断完善、逐渐成熟的。结合新一轮国家课程改革，我校开创性地以"以爱育人，与德同行"的教育思想统领学校课程建设，系统建构"爱·德"课程体系，为培养具有仁爱之心的"灵性品质、人文素养、科学知识、思维能力、生存智慧"的高素质人才奠定高中阶段基础。结合本校实际，我们的课程理念在重视知识传授和能力培养的同时，还融入了以下课程思想。

一是重视学生的养成教育。培养学生良好的学习习惯，帮助其找到最优的学习方法，形成良好的学习态度。因此，重视学生的养成教育，是我们课程思想的基石。

二是重视生涯规划的制订和实施。优秀的学生之所以优秀，就是因为他们知道自己要达到什么样的目的，并且能按部就班地推进。我们学校的学生缺少的不是情商，而是扎实的基础和合理的规划。因此，帮助学生制订好生涯规划，并督促其努力实行，是课程思想的核心。

三是重视学生信心的树立。学生大多基础一般，综合素养有较大提升空间，他们对自己缺乏信心，对学习缺乏耐心。因此，帮助学生树立信心，是课程思想的承重墙。

2. 学校课程结构

学校通过必修的基础型课程促进学生全面发展，通过地方拓展丰富型课程促进学生个性发展，通过综合实践型课程，全面培养学生的秉性品质、实践能力、创新能力。在每一个课程层级中都体现"爱·德"的教育任务，由此构成了学校立体课程体系。

我们结合望城区区块链的教育资源，对国家课程进行地方特色的改造，突出高中阶段学科核心素养，有效地进行了课程重组和优化。例如，我们在高一的课程设置中就尝试将语文、英语两学科采取"4+1"教学模式，每周4节课讲授必修课，即模块教学时间，1节作为课外延伸，即学科选修，进行文学朗诵、英语口语、书写、表演、阅读、写作等学科能力培养，把"爱·德"教育落实到各学科的常规课程中。

思想政治学科将地方读本《合格公民成长手册》中的"中学生文明礼仪"以专题的形式纳入国家必修课中。学校归属历史文化名城长沙市，深受屈贾文化的浸染。学校地处桥头古驿，有着悠远的驿站文化与深厚的红色文化（桥驿镇民福村周以粟烈士故居，曾是湖南和平解放秘密电台旧址；洪家村周炳文故居曾是中共湖南临时省委旧址）。学校东西南北更是被地域文化环绕。东有黑麋峰森林公园及刘长卿等历史文化名人曾留下诗文，山水文化和传统文化资源丰富；西有书堂山，是"楷圣"欧阳询的故里，书香文化浓郁；南有千年石乡丁字镇，石雕文化奇绝；北有唐代名窑铜官窑及郭亮烈士纪念馆，有着不可复制的红色文化。

地理学科把《美育·长沙地方综合美育课程》精选部分章节进课堂，橘子洲、岳麓山、浏阳花炮、长沙皮影戏……充分利用长沙独特的美育资源，将本土音乐、美术、舞蹈、戏剧、戏曲、书法、篆刻、剪纸等领域独特成就，以及非物质文化遗产融入教材，强化学生的本土美育意识，增强学生传承弘扬长沙优秀文化艺术的责任感和使命感。

3. 活动育人

作为一个有着八十年历史的学校，校园文化思想体系在日趋完善。德育活动在"传承与创新"驱动下，逐步形成了具有自己鲜明特色的德育活动体系。

第一，传承并优化传统德育活动。如元宵节游园活动、师生校外长跑比赛、观看红色电影、收看新闻联播、青年教师演讲比赛、学生辩论赛、古诗词默写比赛、校园歌手大赛、征文、作文竞赛等。

第二，将"小众化"德育活动提升为"大众化"德育活动。如学雷锋常态化活动、成人仪式、红色研学活动、捐资助学大会、素质拓展、拔河比赛等。

第三，创新发展中的德育活动。如体育艺术节、班级篮球赛、高三誓师大会、励志讲座、开设道德讲堂等。

第四，准备尝试开展的德育活动。如亲子活动、筹建校史馆或校友事迹陈列文化长廊、开展读一本好书活动、建立德训实践基地等。

(三)"爱·德"教育为师生发展赋能

1. 加强师德教育

我校充分发挥"道德讲坛"的作用，聘请省内专家、知名学者来校讲学，提高了教师的师德素养。强化主人翁意识，营造爱校爱学生的氛围。完善好制度，规范好行为，实行制度框架下的人性化管理，既让制度产生效能，又让教师感到温暖。讲奉献更讲公平，所有评比都在预设有硬性指标的框架下进行。讲民主更讲集中。建立师生互动智慧平台，增进学生与教师的互相理解，提升教师的职业认同感和责任感。

2. 强化业务培训

一方面，学校以三条主线为中心建立了教学常规的立体管理体系。教务科长—教研组长—教师一条线，全面负责教学常规管理和教学质量监测。学生科长—班主任—学生一条线，全面负责学校规章制度的落实和学生管理评价。年级组长—班主任—各任课教师一条线，全面负责班级的教学管理和效率提升。实施以"班主任为核心、班科任教师共同负责、一生一策、目标定位、跟踪问效"的教学管理办法，具体由班主任负总责，科任教师协助、协调、协作完成各项教育教学工作。

学校紧紧围绕"科研兴教、质量立校"的宗旨，狠抓校本培训，采取"经验交流、案例分析、课堂研讨、推门指导"等形式，提高了教师教学能力；积极开展校本教研活动和"教育教学论坛"等活动，争取机会，搭建平台，走出去、请进来，通过教师的实践与反思、合作与交流和专家的专业引领等形式，不断促进教师的专业成长。

3. 提升幸福指数

为了提升广大教职工的生活质量，在学校领导和教师们的热心参与下，由工会牵头，先后组织创建了篮球、羽毛球、钓鱼等协会，开展大量文娱活动让教师身心愉悦，营造了浓厚的健身和文化氛围。为了让师生在愉快中工作、学习，在"我参与，我快乐；我运动、我健康"理念的指导下，切合时宜地先后组织了教工趣味运动会、"我与春天有个约会"野炊野游活动、拔河比赛、"放歌五月、唱响经典"歌咏比赛等。每学期的艺体教学竞赛和艺术成果展演等活动，及时给师生减压，大大地激发了师生的工作学习热情。这些活动，丰富了教职工业余文化生活，缓解了他们的工作压力，增进了同事之间的沟通了解。

另外，学校还积极组织开展送温暖活动，教师生病住院、婚丧吉庆等，学校都会及时组织慰问，三八妇女节、五四青年节、教师节、重阳节等，工会都组织开展了相关的慰问庆祝活动。学校非常关心教职工身体健康，定期组织全体教职员工进行健康体检，为每位教师建立了个人健康档案。对于困难教职工和离退休教师，工会都会及时组织慰问，体现了二中大家庭的温暖。

努力提升教师的幸福指数，尝试把员工的健康作为工作福利的部分，让他们有追求地生活，有诗意地生活。让二中精神家园到处绽放出激情与梦想的花蕾！

4. 凝聚二中人的奋进精神

各类德育活动，都有校长和教师的身影，他们深情讲话，为学生梳理心灵感悟。

校长寄语：美丽的校园需要深厚的底蕴、飞扬的精神、人文的情怀、和谐的氛围。我们积传统之底蕴，放现代之眼光，与时代同行、与美德同行、与孩子们的成长同行。为培养富有实践能力、创新精神与真善美品质的人才而努力！

教师誓词：我是望城二中的教师，肩负教书育人的神圣职责，在此我庄严宣誓：在办学理念"以爱育人·与德同行"的指导下，真诚面对学生，微笑面对同事。践履"进德修业·德润桃李"之教风，以培养"德才兼备·明理敏行"的全面学生为己任；铸师魂、树师表；忠诚人民的教育事业，是我们庄严的承诺！

学生誓词：我是望城二中的学生，是祖国的未来、民族之希望，在此我庄严宣誓：恪守"立德于心·正德于行"之校训，传承中华文化，让美德浸润心灵，让灵魂得到洗礼；自强不息，德才兼修，争取日有所进、学有所成；为成为学校骄子、国家栋梁而拼搏向上！

（四）"爱·德"教育硕果累累

1. 突出"爱·德"主题，加快办学条件改善

新建图书馆、绿色书吧、录播室、数字化实验室；维修了教学楼、教职工食堂、教职工宿舍、田径运动场、篮球场；投资近8000万元新建的教学楼、体艺馆正式投入使用；投资96万元完善了教室监控、校园广播系

统。整体搬迁了图书室、阅览室，新增40万元图书，对所有图书进行了分类编码，并已面向师生开放。进一步加强了校园"六化"建设，深入挖掘百年古樟的历史人文元素，通过办学理念、校训、校风、教风、学风、校徽、校报、校刊、思益石、文化墙、宣传牌等载体，营造健康活泼、积极向上的校园文化环境。

2. 促进教师专业成长，队伍建设活力四射

队伍建设添注活力，喜迎"双新"，引进了全省遴选的名优校长，招聘了7位"双一流"高校硕士生。稳步推进"青蓝工程"建设，以骨干力量带动新生力量。长沙市名师工作室在我校成立了农村工作站，学校被确定为长沙市农村教育教研基地。重视教育教学工作交流，成功接待了衡阳市田家炳实验中学高三教师、华容县高中教育考察团来我校进行教学交流。我校教师共100余人次先后赴长郡中学、雅礼中学、周南中学、明德中学、长沙实验中学等名校参加教研活动。重视师德师风建设，涌现出一批"四有"好老师：雍欢老师情系艰苦贫困地区教育，远赴新疆支教，被评为市优秀教师；叶常青老师蹲点丁字金云村，担任第一书记，精准扶贫工作深入人心；李红军、冯长新、王芳三位老师荣获2020年望城教育奖。

3. 学生素养全面提升

我校以"诚信""礼仪"教育为重点，加强行为习惯的养成教育，从严治理玩手机、嚼槟榔等现象，规范和组织好两课两操，培养学生文明行为习惯。践行"人无全才，人人有才"的教育理念，努力为每个学生提供发展的平台和机会，教育学生先成人，后成才。在学生管理上严慈相济，校园风气受到社会普遍赞许并多次被《新湖南》《潇湘晨报》《望城融媒》深度报道。组织开展了"爱我中华·青春圆梦"合唱比赛、"战疫情·颂中华"诗文朗诵比赛、"扎根红色沃土，争做时代新人"图说时政演讲比赛、原创电子作品比赛、班级跑操比赛、班级篮球赛、"出彩新时代·逐梦正青春"元旦文艺汇演等活动；积极参加市区体育、艺术、科技等活动，学校荣获省中小学校"新时代好少年主题教育读书活动示范学校"称号（全省仅74所），市"奇思妙想"纸质结构模型普及竞赛活动优秀组织

奖、区 2020 年中小学篮球赛最佳组织奖、区首届中小学科技节系列活动优秀组织单位、区中小学体育大课间活动比赛二等奖、区中小学乒乓球赛季军等荣誉称号。学校组织评选了"书香个人""书香班级""书香家庭"，将经典诵读活动从学校延伸到家庭、社会，荣获长沙市"书香校园"荣誉称号。

4. 研究新高考，教学质量全面提升

我校成功承办了市级高三教学督导、市高中通用技术"送教送研"活动、望城区高中政治、地理学科 2020 年第二届"雷锋杯"研赛培暨教育系统教学能手大赛活动，多次举行省级重点课题"提高农村高中德育实效性策略研究"推进会。2020 年高考二本以上达线人数继续保持良好态势，连续四年过百人大关。不少学生被中南大学、湖南师大等本省重点高校录取，其他诸如四川美院、武汉理工大学、华南师范大学等诸多"双一流"的大学，都有二中学子的身影，这已经达到了近几年我校在高校录取方面的新高度。在数学、物理、化学、生物等奥赛中我校学生均取得了较好的成绩，共有 100 余人次获市级以上奖励。

5. 落实部门职责，各项工作统筹兼顾

作为市级文明单位，我校将文明创建工作常态化，多次获得区一类单位称号，荣获区雷锋百姓城管工作先进中队。积极开展安全宣传教育活动，举行安全知识、消防知识、交通知识、禁毒宣传等讲座。加强后勤保障，做好学校卫生常规工作和疫情防控工作，生命健康和食品卫生安全工作屡次获上级主管部门好评。党建党务工作卓有成效，二中党总支被区委组织部评为"基层党建示范点"，并被区、市教育局推荐参加全省建党 100 周年"优秀基层党组织"评选。组织教职工积极参加区教育系统"律动校园·飞扬青春"教职工集体舞比赛，荣获一等奖。

三、"爱·德"育人模式的思考

望城二中早在 10 年前就提出的"爱·德"教育的育人模式是具有前瞻性的，与新时代党和国家提出的"立德树人"的教育的根本目标是相适应的。我们致力于打造二中的精神家园，让学校有歌声，有笑声，有琅琅的读书声。

（一）教育理性回归与教育产出相统一

在当前普通高中教育功利化的价值追求下，如何做到教育理性回归与教育产出的统一是一个问题。普通高中是基础教育的出口，也是学生迈向人生规划的第一步。如果家长和社会把普高教育的结果仅用单纯的升学率来衡量，那么学校价值与社会功利追求是不在同一层次的。科学教育观应该是不求人人成才，但求个个成人。先进的教学理念实施，就必须坚持党的教育方针，把培养什么样的人的问题放在首位，深入研究新形势下教育规律、人才发展规律，为人师表，以身作则，志存高远，爱国敬业，让学生有品德，求真、做真人。要让教育提高教师和学生的生命质量。教育要以人为本，不能以物为本、以物化的分数为本。不能把学生当作装知识的器物，不能以学校荣誉、利益等为本，把学生当作实现学校荣誉和家长利益的工具。教育是未来的事业：教育是为了学生的生存和发展。教育是长远的事业：如果为了学生的升学而牺牲"将来"的发展，那么我们的教育是短视的；如果为了学生在校几年的分数而牺牲"仁爱""品德"等培养，那么我们的教育是功利的。

然而，这个思想的贯彻和实施，更需要进一步地建立和完善相关体系，让教育家的教育思想得以萌生并实践。准确地说，就是需要一个社会环境。只有体制、机制进一步健全了、常态化了，有一个相对较长的时间、在一个相对稳定的教育环境中，去实践、研究和试验、实施独特的教育理想和探索，科学的教育思想才能不断地成熟起来，形成特色和体系。

（二）学校文化教育功效与学生核心素养相统一

提高学生核心素养以培养"全面发展的人"为核心，分为文化基础、自主发展、社会参与三个方面，综合表现为人文底蕴、科学精神、学会学习、健康生活、责任担当、实践创新六大素养。核心素养的思想就是让每一个学生有中国心、世界眼、现代脑，实现全面发展。"爱·德"教育偏重于一个全人品质的培养，这是学习、工作、生活的前提和基础。素质教育落到实处，就是要教给学生终身学习所必需的知识，教给学生如何学习，如何做事，如何合作，如何生存；充分吸纳当代自然科学和人文科学的最新成果，激发学生的创造性，使每一个学生主动地全面发展。其实这一切都离不开一个道理：先成人、后成才。所以，先偏重品质培养是必须的。

但要知道，高中在校三年的学习期间，学生的全面发展的能力有很多方面是隐性的，成果不是立竿见影的，不能说，我们很多教育的举措就没有用，不适合学生发展。所以，教育评价不仅要立足学校三年，还要放眼学生的三十年，甚至一辈子。

(三) 育人模式的落地与师德师风建设相统一

教育是关乎人的事业、是以人的健康发展为目的的。学校教育思想是办学的灵魂，这个灵魂的核心，就是爱心。爱心，是所有教育思想和行为的出发点和归宿。要实施"爱·德"教育思想，就必须把学科的思想方法与人文知识纳入课堂教学中去。文化知识随着时间的流逝将逐渐被忘记，但获取知识的思想方法会给学生今后的学习工作造成很大的影响。教育还不仅仅发生在课堂上，教育者所有的言谈举止都是教育行为。教育并不仅仅体现在你在课堂上怎样对学生说，而更重要的是体现在一个教师怎样生活，即他怎样处理自己的每一件事情。所以，教师的价值是通过自己的工作引导、促进和帮助了学生的健康成长。一个学校秉承这个价值并甘愿为了这个价值去奉献的教师越多，这个学校对于社会发展的价值就越大，趋同这个教育价值的教师就会形成一种文化。因此，我们必须在师资队伍建设上提倡服务和奉献的精神文化，强调教师的品德、风度、气质、修养、爱心，即"爱"和"德"的两大素养。教师幸福地工作，学生快乐地成长。只有这样的学校才会健康发展，教学质量作为学校发展的副产品，自然会提高。

理想的教育，是无痕的、是智慧的。"爱·德"教育是一门艺术，也是一门科学。它要求教师有一颗爱学生的心灵，以爱行化德心，行为世范，德位相昭，从而培育出品德高尚、人格健全的新时代的社会主义建设者和接班人。

加快民族地区农村薄弱高中学校发展的对策思考

朱声文

湖南省桑植县贺龙中学

摘要：改造农村高中薄弱学校，对于推进高中教育均衡发展以及满足人民群众不断增长的高质量教育需求具有现实意义，特别是民族地区薄弱高中学校改造是巩固教育扶贫的重要成果。为此，优化科学制定农村高中学校的办学规划，凸显农村高中特别是民族地区高中学校办学特色，通过制度创新、师资队伍建设、教育教学科研、办学品质提升等激活办学机制，帮助农村高中学校突破办学困境。

关键词：少数民族；薄弱高中；学校改造

缩小区域和城乡教育差距，实现教育优质均衡，重点难点均在农村。目前农村教育基础相对薄弱，少数民族地区农村教育的基础尤其薄弱。农村高中教育与城市高中教育的差距相当大，在教育重心不断向城市转移集中的背景下，如何发展农村高中教育，适应教育均衡发展的新形势，努力让每个学生都能享受到公平而有质量的教育，是现阶段办好人民满意的教育面临的重大课题。国家实施乡村振兴战略和"十四五"规划，为加快农村高中教育发展提供了良好的契机和有利的教育大环境。笔者作为一位民族地区农村薄弱高中学校的管理者，对推进民族地区农村薄弱高中教育发展做了一些尝试和探索。下面是笔者对改造民族地区农村薄弱高中教学环境，加快农村薄弱高中教育发展的实践与对策思考。

一、改造民族地区薄弱高中的现实意义

（一）有利于传承民族文化

一个民族的文化，是维系民族认同的支柱及枢纽，是民族的标志。学校是人类文明传承的重要场所，学校教育是少数民族文化学习、传承、发展的重要途径。少数民族地区农村高中学校对学生进行传统文化教育具有不可替代的作用。少数民族地区的农村高中学校都带有自己民族的烙印，其校园文化含有独特的民族元素。民族地区的农村高中也应当有意识地通过校本课程将民族特色渗透其中，加强学生民族文化自觉意识的培养、文化主体创新意识培养，丰富校园文化，保障民族优秀传统文化传承。同时，传承民族文化也是提升学生综合素质的有力手段。少数民族地区的高中生需积极参加民族文化活动，通过对社会资源的整合传承发扬民族文化，提升学生综合素质。如桑植县贺龙中学，每年举办一届校园文化体育艺术节，通过桑植民歌、白族杖鼓舞、白族三道茶、民族美食、民族器乐、民族体育运动等载体，让学生在实践活动中学习民族文化、传承民族文化、发展民族文化，提升实践能力和综合素质。

（二）有利于促进教育均衡

教育均衡是社会公平的基础。因基础薄弱，目前农村高中办学条件普遍滞后，生源和师资普遍偏弱，教育质量和办学水平普遍不高，与城市高中学校差距较大。现实教育发展不均衡，无法满足大多数人共同的教育需求。目前，丰富的农村人口资源与低水平的人力资源质量形成强烈反差，农村人力资源的现状严重滞后于农村经济建设和社会发展的实际需要，直接影响社会主义新农村建设进程。把巨大的人口资源转化为丰富人力资源，把潜在的人力资源转化为现实的人力资源，仅仅靠接受初中教育的劳动者是远远不够的，要培养大量接受过高中阶段教育的劳动者。因此，缩小城乡高中教育差距迫在眉睫，改造民族地区农村薄弱高中对促进教育均衡发展具有重大的意义。

(三) 有利于巩固扶贫成果

高中阶段教育包括普通高中教育和中等职业教育，是满足升学与就业双重需要的预备教育，对提高自身就业创业能力具有决定作用。接受高中阶段教育，能够帮助贫困地区群众脱贫致富，改变自身命运。在少数民族地区，一个贫困家庭如果有一个高中生或者中职学生就可能使整个家庭摆脱贫困。高中阶段教育能为当地经济发展提供合格的劳动者。近年来，随着国家政策的大力倾斜和支持，民族地区经济发展很快，随着这些地区产业规模的不断扩大，对各种知识型、技能型劳动者需求也不断扩大。大量新增劳动力缺乏必要的知识和技能，难以适应当地经济发展对高素质劳动者和技能型人才的需求，日益成为民族地区发展的瓶颈。要满足这些需求，仅仅靠接受初中教育的劳动者是远远不够的，要求大量接受过高中阶段教育的劳动者。

(四) 有利于实现民族振兴

改造少数民族地区高中的意义应该站在人类文化发展的逻辑上，站在中华民族振兴的高度上来看；改造少数民族地区农村薄弱高中对于践行共同体战略，促进中华民族的振兴，促进文化发展具有重大作用；改造发展少数民族地区农村薄弱高中，扩大甚至普及少数民族高中受教育面，对于提升少数民族的综合素质有重要意义。薄弱高中的改善，可以支持少数民族地区地方经济发展，加快少数民族地区脱贫致富奔小康的进程，实现全民族共同发展的目标。在民族聚居地区，教育的重要意义不仅体现在教授知识和技能上，更体现在民族团结意识的培养上。高中阶段是孩子个性形成和世界观、价值观形成的关键时期。在一些民族聚居地区，由于高中阶段教育发展滞后，相当数量的初中毕业生直接进入社会，这些孩子大都没有一技之长，很多闲散在社会，很容易受到极端思想的影响。少数民族地区的农村薄弱高中的改造从实现中华民族振兴的战略高度来看，显得尤其重要。

二、制约农村薄弱高中发展的主要因素

(一) 资金不足是瓶颈

民族地区多是国家贫困县，地方经济发展相对落后，尽管国家政策倾斜，地方加大投入，但是基础薄弱，均量有限。在教育事业快速发展的大环境下，片面扩大教育规模，认为规模才能产生效益，加上少数民族地区经济相对落后，政府教育投入不足，城乡教育的均衡重心放在义务教育阶段，对农村高中的关注较少，如此一来，就造成重城市高中，轻农村普通高中，保重点高中，放普通高中的不公平现象，导致一些农村普通高中教育资金严重短缺。农村普通高中为了继续办学，只好在夹缝中求生存，举债办学，拆东墙补西墙，采取用后续办学经费偿还前期债务的办法。但由于农村普通高中自身缺乏造血功能，财政后期的教育资金投入偿还不了学校前期的债务，常常旧债没还清又添新债。如此恶性循环，成为制约农村高中发展的极不利因素。财务审计报告显示，桑植县贺龙中学截至2016年2月欠债就达几千万元。巧妇难为无米之炊，办学资金不足严重制约农村高中持续健康发展。

(二) 师资不强是核心

农村薄弱高中的教师流动性非常大，缺乏稳定的师资队伍。人往高处走是人之常情，优秀教师向城镇或发达地区流动频率较高，基本上是成熟一个调走一个，成熟一批调走一批。年轻的师范院校的大学毕业生嫌农村学校条件差，不愿到农村中学应聘，大多选择了各方面条件更好的城镇学校。2017年至2020年桑植贺龙中学每年的新教师招聘岗位招不满，导致师资严重缺乏。众所周知，教师是学校两大核心竞争力之首，师资队伍不稳定、整体水平不高是制约农村薄弱高中发展的核心因素。

(三) 生源不优是关键

相对来说，农村高中本来就难招到初中毕业会考成绩优异的学生，城区高中的扩招，条件更好的民办高中的加入，更是冲击了农村高中的发

展。一般来说,农村高中只能录取城区高中录取线下的第三类生源。在应试教育大环境下,农村高中由于生源质量不高,学生学习能力较弱,历年的高考都很难考出好成绩。失去竞争力,社会影响力就下降,社会影响力小了就更难吸引优质生源。如此循环往复,农村高中的地位越来越低。桑植县贺龙中学每年高中录取都是全县最后一批,录取分数线每年比同类学校低100多分。

三、改造民族地区农村薄弱高中的基本途径

农村薄弱高中的改造是一个渐进的过程,也是一项需要政府、学校、社会等多方群体共同发力的系统工程。笔者通过在少数民族地区农村薄弱高中任职校长的实践中得出结论,创建特色是改造民族地区农村薄弱高中的基本途径。

(一)优化办学愿景

俗话说,凡事预则立,不预则废。为少数民族地区农村薄弱高中做好规划,找准定位,科学设计好发展蓝图是非常重要的。桑植县贺龙中学,于1958年创办,位于桑植县洪家关乡,这是距县城13公里的一个普通乡镇。办校以来,没有声名远播的校友,更没有显赫的高考升学率,高中录取为县里的第3批,录取线比同类学校低100多分,教师成熟一个调走一个,犹如"中转站",学校硬件设施滞后,学生宿舍严重不足,是贫困县中典型的生源、师资、设施"三穷"的农村寄宿制完全中学。2016年该校形成巨额债务,外加教学质量不高,社会不满意,家长不放心,生源严重不足。生死存亡之际,2016年2月,组织调整学校班子,新校长走马上任。学校班子在充分调研的基础上,集思广益,用SWOT分析法制订了切合校情的五年发展规划,即《贺龙中学(2016—2020)发展规划》。五年愿景是:办成学生受益、家长放心、社会满意的学校;将艺体作为特色、生态文明建设和文学创作作为亮点。学校严格按照年度目标有条不紊地去落实。第一个五年过去了,发展规划基本达成,为党育人、为国育才的立德树人根本任务得到落实,五育并举得到强化,学生适应社会生活和未来

职业发展的基础得到加强，办学条件逐步改善，师资队伍逐步优化，学生品学兼优、身心健康，学校社会地位攀升。

（二）创建办学特色

农村普通高中，先天条件不足，硬碰硬是无法与城市高中竞争的，一定要寻找一条适合自己的路，办出特色，形成亮点。无特色、无亮点的农村薄弱高中无法吸引学生、招收优生。

1. 校园文化引领特色

特色要以丰厚的文化为底色，否则就失去生命力，成为无本之木。贺龙中学以贺帅精神为校园文化基因，用红军精神引导鼓舞青少年学生砥砺奋进，立志成才。

抓制度文化。建立健全各项管理制度，汇编《贺龙中学管理制度》一书，使学校制度更加人性化。将学校制度转化为行为准则，并内化为师生员工的自觉行动，实现外制为内控。

抓阵地文化。建立"洪家关光荣院""贺龙故居""贺龙纪念馆""红二方面军长征出发地纪念馆"等德育基地；建设以红色家书、贺龙十大精神为主题的校园文化；设置讲红色桑植、红色洪家关、贺龙元帅故事的学校广播站；建立师德师风建设、党风廉政建设的教师微信群、家长微信群、清廉问心——贺龙中学党总支群；开发桑植红色故事的校本教材；等等。编写《让地球充满生机——桑植县贺龙中学生态文明》校本课程。

抓精神文化。每周一全体师生共同参与升国旗、国旗下讲话、先进人物事迹宣传报道等活动。利用贺龙故里优势资源对师生进行红色教育，传承红色基因，激励师生斗志。开展系列"红色"活动，培养师生的爱国情怀，激励奋发向上的原动力。

2. 艺体教育强化特色

发展素质教育，把兴趣广泛的学生组织起来，因材施教，张扬个性，提升综合素养，组建音乐、美术、传媒、书画、舞蹈、体育特色班级；定期举办校园文化体育艺术节；组建特色兴趣社团、志愿服务队；成立校园文学社团，为热爱文学的学生提供展示舞台。贺龙中学校刊《玉泉河》，深受学生喜爱，被中国教育学会校刊委员会评为全国优秀校刊。积极引导鼓励学生参加各级各类竞赛，培养学生兴趣特长。通过培养特长生的模式，让学生在求学道路上多一种选择，为文化基础弱的学生找到一条走向大学的捷径，同时也为学校赢得声誉。贺龙中学"艺体特色教育"成果显著，近4年高考成绩逐年提升，2020年被教育部评为全国青少年校园篮球体育传统特色学校，每年有近百名艺术特长生通过艺考迈进高等学府的校门，周边学校纷纷前来考察学习。

3. 文学创作凸显特色

定期开展主题教育演讲、作文比赛、大量阅读、文学欣赏、文学沙龙，一季度出一期校刊，使学校文学创作成为学校的亮点。贺龙中学成为《中国校园文学》刊物全国挂牌"校园文学创作基地"的唯一一个农村中学。学校不定期邀请作家来校讲座，先后邀请到《中国校园文学》的主编徐峙、编辑部主任李娜、上海大学博士生导师谭旭东教授、本地许多知名作家来校。《中国校园文学》为学校朱丹同学（高中二年级就加入了市作家协会）开辟了专栏，受浓郁文学氛围影响，许多学生的作文在国家、省、市级作文大赛中获得奖励。学校青年教师彭冬梅、张文升先后成为省、市作协会员，多篇文学作品在《中国校园文学》《湖南文学》《散文百家》《张家界日报》等国家、省、市级报纸杂志上发表。

（三）深化办学改革

1. 改进管理方法是切入点

学校管理的核心是调动教师的积极性，其根本是经营人心。因此，学校管理的有序性固然重要，但更重要的是学校管理的人本性、人文性。学校要着眼于为师生的终身发展和幸福奠基，以人本精神为出发点，运用人性化管理手段，将目标管理、情感管理、民主管理、制度管理有机结合，提高学校的管理水平。学校十分重视制度建设，教师需要的是明确的工作，公正的评价。为求公平公正，每期开学初学校都会针对教育教学中存在的一些问题，针对日常工作中的一些不足，本着人性化管理和严格管理相结合的原则，并结合上级有关精神，建立健全《教师考勤制度》《教师月常规教学检查制度》《班级量化考核办法》《绩效增量发放办法》等一系列管理制度和考核办法，为学校教育教学质量的提高，实现可持续发展提供了有力的保障，并严格按制度操作执行。设立"校长信箱""贺龙中学"公众号，对全校公开校长微信号、QQ邮箱，校长经常分享教育的感悟，教师可以随时与他私下交流，对教师们反映的问题或困难，校长必定千方百计解决。遇上教师家里婚丧嫁娶红白喜事、病痛灾难，身为校长必定亲自到场。刚性的管理与人文关怀相结合，严肃与温情结合，极大提高了校长的威信，提升了校长在师资队伍中的领头羊作用。

2. 优化师资队伍是关键点

建立一支稳定的教师队伍，是提升农村薄弱高中质量的保证。

一是关心教师生活。加强教师食堂建设，为教师免费提供三餐，让教师的教学无后顾之忧；关注教师身心健康，成立心理咨询室，对教师及时进行心理疏导，定期体检；关注退休教师生活，重大节日慰问，生病住院探望；添加办公桌椅、安装多媒体教学设备，让教师工作称心，极大地调动了教师的积极性、主动性，提高了教学效率。

二是关心教师成长。学校采用集体备课、师徒结对、上示范课、听课评课、课题研究、专家讲座、外出学习等多种途径让教师接受再教育，提高教学能力与业务水平，让教师"中转站"始终保持动态平衡。

三是精心培育名师。山不在高，有仙则名；水不在深，有龙则灵。一所学校，有了名师，就有了社会的影响力，家长就愿意把孩子送来接受教育。农村薄弱高中，外面的名师不愿来，本校成长起来的名师又留不住，基本上是成熟一个调走一个，成熟一批调走一批，称得上人才极其贫乏之地。针对此现状，学校要采取相应的对策：加强党的领导，落实政治学习，提高教师担当意识；加强业务研修，上公开课、集体备课、听课评课、学生评教等，促使教师专业成长；寻找机会让教师们走出去，能够欣赏到外面亮丽的风景，促使其自觉地快乐地虚心向外面的名师学习并成长；创造机会把外面的名师请进学校来，为全体教职员工分享自己名师成长道路上的经历与快乐，并为教师进行教育教学方法的指导；组织教师加强校本课程的开发与课题研究；对名师给予一定的物质奖励与政策支持，让其工作舒心、生活安心。抓住教师的师德就是抓住了根本，抓住教师的业务能力就是抓住了关键。学校开展以提高教师综合素质为主要内容的业务提高工作，倡导做学习型、研究型教师。鼓励教师们积极参加全方位、多层次、互补性的培训，通过校本培训和校本教研来提高教师的业务能力和理论水平，促其成长为学校"自己"的名师。

四是精心打造团队。人心齐，泰山移。为了凝聚人心，首先，应把学校党总支委和校委两套班子抱成核心团，学校事务无论大小均召开会议商讨决定；其次，把各支部、各处室、年级组负责人抱成仅次于核心团外围的次核心团，党总支、校长室对其工作既指导又大胆放权，让其具有创新的空间；再次，把全体教职员工抱成分别以年级组、教研组、备课组为小集体的分团。丰富教职员工业余文化生活，每学期都举行大合唱比赛、篮球比赛、岗位大练兵、五好家庭评选等教职员工人人参加的大型集体活动。通过形式多样、丰富多彩的活动，增强教师的团队意识，凝心聚力，共谋发展。

3. 强化教学科研是突破点

有效的教研活动是提高教学质量的重要保障，通过有效的教研活动来促进教师专业化成长和解决课堂教学中的实际问题是提高教学质量的关键。因此，建立一支素质高、科研能力强的教师队伍，是学校教科研工作的关键。成立学校教研室，对教师进行教科研培训，建立教育教学科研奖励制度，鼓励教师进行解决教育教学过程中问题的研究。

4. 改进招生制度是转折点

民族地区农村薄弱高中多为完全中学，可利用完中的学制和师资优势，实行六年连续培养。办好自己的初中，改进高中招生制度，就能留住自己培养的优秀初中毕业生，从而改善高一生源结构，形成良好的学生生态，也利于形成良好的班风学风。2020年贺龙中学的高考成绩的取得就是最好的证明。

5. 提升办学品位是落脚点

民族地区薄弱高中的改善关键还是教育教学质量的提升、办学水平的提高。学校有了吸引力,就有了社会影响力。贺龙中学2016学年开始,学生综合素质稳步提升,学业水平考试合格率从2016年的50%上升到2020年的99.95%,高考本科录取率从2016年的26.9%上升到2020年的44.4%,录取人数从2016年的100人,上升到2020年的176人。教育教学质量逐年提升,教育办学水平逐年提高,生源状况也在逐渐改善,从2016年的1900人,上升到2020年的2800人。

(四)突破办学困境

1. 争取政策支持,鼓足发展动力

国务院办公厅关于新时代推进普通高中育人方式改革的指导意见指出:办好普通高中教育,对于巩固义务教育普及成果、增强高等教育发展后劲,进一步提高国民整体素质具有重要意义。国家"十四五"规划明确提出,启动高中阶段教育全面普及计划,使绝大多数城乡新增劳动力接受高中阶段教育,不折不扣地实行国家关于教育均衡发展的政策,地方政府加大对农村薄弱高中的资金投入,这是薄弱高中走上可持续发展之路的保证。高中教育阶段的投入长期不足,与相关的政策法规欠缺和滞后是密切相关的,过去"普九"化债也只是化解了义务教育的一些债务,但农村薄弱高中的债务问题始终没有得到解决,目前农村普通高中财力缺乏,大部分学校负债累累,校长的工作大部分的精力放在协调外部关系,东奔西跑找钱维持学校的正常运转,投入教育教学、学校管理、学生发展、师资队伍建设等方面的精力大大减少。鉴于上述情况,农村普通高中多年来用于教育教学基础设施所形成的债务,应当引起国家和当地党委、政府的重视,应当仿效义务教育阶段化解"普九"债务的做法,剔除农村普通高中的债务,由政府统筹解决,让农村薄弱高中集中力量落实立德树人根本任务。政府教育投入的分配,有必要向薄弱农村高中倾斜。特别是争取将"改善普通高中办学条件的中央补助资金"真正能用到农村薄弱高中。学校应牢牢抓住校安工程,以影响师生安全为由,向当地党委政府汇报争取更多学校改造资金。政府加大对农村普通高中的资金投入,不仅可以改善其办学条件,稳定其师资队伍,更重要的是可以加速缩短城乡教育的差距,实现教育均衡发展的目标,意义重大。

2. 争取社会力量,凝聚发展合力

要提升发展农村高中,政府固然是主要依靠,但也不可忽视社会的力量。一方面争取政府划拨资金改善办学条件,另一方面也争取社会公益资金助力办学。贺龙中学通过向社会贤达引进公益资金,增添了饮用水系统,解决了师生饮水难问题;扩充了教师办公室和学生宿舍,解决了学生住宿难问题;每间教室都增添了教学一体机设备,实现了现代化教学,有效提高了课堂教学效率,大力提升了教育教学质量;校门口加装了红外线测温仪,进出人员都必须接受温度检测,从而保证了进入校园人员都是健康人员,师生健康生活的环境得到了有效保障。学校的"康茜贺龙班""扬帆班""思源班"等都是社会贤达资助办学的班级,学生实行伙食、学杂费全免。如此一来,也吸引了部分优生来校就读,提升了学校的竞争力。

青春逢盛世,奋进正当时。国家政通人和,全民重视教育,正是少数民族地区农村薄弱高中发展的大好时机,只要我们砥砺奋进,努力工作,一定会缩短与城区高中的差距,实现教育均衡发展的目标。

高考改革背景下高中学校管理的困惑及其解决

魏就元

湖南省东安县第一中学

摘要：新高考改革是一场前所未有的改革，农村高中学校从高考理念、师资队伍、学生管理、教学模式等方面都将面临许多挑战。因此，必须统一思想认识，加强教师培训，指导学生学习，强化保障措施，化被动为主动，变挑战为机遇，顺势而为，促进学校尽快适应新高考改革。

关键词：高考改革；学校管理；机遇；挑战

2014年9月，国务院印发《关于深化考试招生制度改革的实施意见》标志着新高考改革大幕拉开。2019年2月26日，教育部确定包括湖南省在内的8省市作为第三批高考综合改革省份，明确从2018年入学的高中一年级学生开始实施高考综合改革，我们已冲到了新高考改革的前沿阵地。2019年4月23日《湖南省高考综合改革实施方案》正式出台，明确了我省新高考改革的方向和行动"纲领"。两年时间过去了，新高考改革给高中学校管理带来了前所未有的发展机遇与挑战，改革中遇到的新问题与困惑成为学校必须研究解决的新课题。高中学校能否顺利从管理的困惑中走出来，化被动为主动，变挑战为机遇，顺势而为，突破难点，解决问题，抓出成效，已成为新高考改革的关键所在。

一、新高考改革高中学校管理面临的主要问题

新高考改革对所有高中学校来说都是一场前所未有的改革，从过去的文理分科到选科走班，从过去的分批次划线录取到现在的多元录取，高考指挥棒的大改革，直接冲击了普通高中学校原有的管理模式。新高考改革必然牵一发而动全身，这是对高中学校管理能力的大考验。对学校管理者而言，新高考改革存在以下困惑：

（一）管理理念相对滞后

新高考改革一大特点就是相对旧高考学生选择权更大，突出了学生的主观能动性。学生选科实际上也是在选教师，这是对学生学习观、教师教学观、教育评价观的一个挑战，也是对传统学校管理观的一个挑战。

传统的文理分科制度下，只有两种学生，即"文科生"和"理科生"，班级分类上也只有"文科班"和"理科班"。学校在管理中操作起来相对简单，更容易分班。这种模式下，学生只需要二选一即可确定下来，教学管理和学生管理也更好操作。但是，现在按照湖南省新高考方案，实施"3+1+2"模式，有12种选科组合，这无疑增加了学校管理的复杂性。过去文科生主要学习社会科学课程，理科生主要学习自然科学课程，现在选科走班把这一模式彻底推翻了。对学生而言，选科组合直接影响学生的学习观，他们不再是简单的"文科生"或"理科生"了，可能"文理兼有"，同时对在选科目按等级赋分也让学生的学习与过去不同了。对教师而言，也会相应地影响教师的教学观，教师可能教自己所学专业的选考科目，也有可能教非专业的选考科目。对教育评价而言，等级赋分和非选考科目的评价是新问题，如何在考试后科学赋分，如何科学评价非选考科目是摆在教育管理者面前的一大困惑。对新高考改革中出现的这些问题，传统的管理理念难以应对，因此摆在学校管理者面前的第一大困惑就是管理理念难以适应新高考改革的进程。

（二）教学模式比较固化

从实践中得知，过去的教学模式比较固化。新高考虽然已经实施两

年，但是在管理过程中很多学校囿于过去的教学模式，把"选科走班"与传统教学模式嫁接，结果是学生假走班，走班教学没有真正得到实施。

实施"选科走班"是为了让学生能充分发挥自己的特长，使个性得到张扬，实现充分而自由的发展。但在实施中，学校管理者往往局限于过去的管理模式，不愿意对原有教学模式进行改革。采用过去的教学模式，教师们不需要做多大转变，管理者不需要做多少工作，何乐而不为？本来教学模式要顺应"选科走班"而变化，可是实施中变成了"选科分班"，要么是人为减少学生可选的科目组合，要么是继续按照原有分班模式编班不允许学生走班。这样虽然方便了教学管理，方便了教师教学，但是跟不上时代、守旧的教学模式必然影响学校高考质量，影响整个新高考改革的进程。过去的教学模式到底该不该舍弃已经成为学校管理者面前的一大困惑，制约着新高考的推进。

（三）师资结构严重失衡

新高考改革带来学生选择权的扩大，必然影响学校师资配置。因为选科实际上就是在选教师，某个科目选择人数多那么这个科目需要的教师就增多，反之则减少。12种选科组合，就有12种师资结构相对应。受各种因素影响，主要是学科的社会评价度和易学学科选择的影响，地理、生物成了再选科目中的香饽饽，而政治、化学成了再选科目中的"稀有物种"。这就自然而然地带来了师资结构严重失衡的问题。

师资结构失衡的背后是学科结构以及教学方式、学法指导、学生职业生涯指导等方面的变化。选科组合是自由的，甚至外语也有多种小语种可供选择，日语成了外语的热门选项，小语种教师在各个学校都很抢手。地理、生物从过去的冷门科目，现在也变得火爆起来，带来的结果是学校的学科结构失衡。由于选考科目和非选考科目的区别，在教学方式和学法指导上也随之出现不同。如果让学生盲目随大流选科，管理者只能被动地适应，当然处处为难。这种情况下，学生职业生涯指导就显得尤为重要，它能帮助学生理性择科。

(四)学生管理面临挑战

传统的高考模式对学生进行了简单的分类，学校划分班级简单方便，管理过程中有的放矢。但是新高考改革，让传统的文理分班变得不可能。12种选科组合还有小语种的选择，让管理者对学生的管理变得相当棘手。

一是走班学生如何管理。走班学生因为选科组合的原因需要去不同的教室上课，这让建立在固定教室基础上的班级管理难以开展，学生去了不同教室，一个教室有不同选科组合的学生，这本身就增加了管理者的工作难度。

二是学生对非选考科目学习积极性减弱。根据相关文件，湖南省学业水平合格性考试通过率一般会控制在98%左右，非选考科目考试压力大大减弱，教学实践中直接导致学生没有学习的激情，教师布置的任务学生往往难以完成或者是应付了事，很少主动学习。学生学习动力不足是非选科目学生普遍存在的一个突出问题。

三是学生职业生涯规划难以制定。新高考选科扩大了学生的选择权，这就需要学生做好职业生涯规划，而职业生涯规划对目前的高中学校而言是新事物，更是一个新挑战。

四是综合素质评价如何有效进行。新高考改革未来的方向是要对学生进行综合素质评价。现在这套评价系统在湖南省已经建立起来，但学校如何有效利用这套评价系统，把综合素质评价与高考有机配合起来，这对改革后的学校管理也是个不容忽视的挑战。

二、制约学校高考改革的主要因素

对普通高中学校而言，新高考改革是一场躲不过去的自我革命，每所学校都有着自身的改革使命。要完成改革使命，就要对改革带来的管理难题进行分析，找出这些难题背后共性的问题。只有找出这些问题产生的原因，才能为管理者带来有益的启示，为问题的解决提供有益思路和策略。

(一)改革适应能力

任何改革都伴随着阵痛，新高考改革也是如此。对学校而言，这场阵痛可能来得更激烈些，因为学校向来是安稳之地。新高考改革在中学的推行是否顺利，一个主要影响因素就是学校改革适应能力的强弱。学校对改革的适应能力主要牵扯三个方面：一是管理者管理方式的应变能力；二是教育者教育方式的调整能力；三是学习者学习方式的转变能力。这三个方面无不牵涉到人的因素，而人是主观因素，难免有惯性思维。所以，改革对象对改革的适应能力因人而异、因校而异，主要看思想认识的调整是否到位。改革的阵痛主要就是人们原有惯性思维难以转变所带来的，原有惯性思维影响改革的适应能力，而改革适应能力则影响新高考在学校的有效推进。

（二）师资队伍质量

新高考对教师提出了更高的要求，需要教师在传授知识的同时，做学生职业生涯规划的引路人。立德树人，培育学生核心素养不是一句空话，体现在新教材的设计当中，教师作为教育教学的主导者，对其要求自然也更高了。现在是新高考、新教材、新目标，能否顺利完成新高考改革的目标，关键还要看学校师资队伍质量。师资队伍质量包括师资结构、教师教学水平、教师教研能力等，这些无不影响着学校新高考改革的进程。很多时候改革困难的出现就是师资队伍质量方面不高导致的。

（三）传统教学模式

新高考在湖南省已经推行有两年多了，第一届学生即将参加高考，但是对一些学校的学生而言，新高考只是可选科目增多了，在教学模式上并没有带来什么不同。传统高考影响下传统教学模式影响了几代人，因此传统教学模式带来的影响是根深蒂固的，在很大程度上影响新高考改革的推进。传统教学模式虽然易于操作但是对学生吸引力不足，很难达到新高考"一核四层四翼"的新要求。新高考不仅仅是"服务选才"，更重要的是要引导教学，要转变传统的教学模式，打造高效课堂。所以传统教学模式必须打破，必须构建新型教学模式。

（四）农村学校基础

新高考采用新的选科走班制，学生的选择更多了，学校的操作难度也更大了。新高考是牵一发而动全身的全面改变，需要学校做大量工作，很多工作的开展对学校提出了更高的要求。比如，要有足够多的教室，要有足够的师资配备，要有开展综合素质培养和评价的条件。这些要求对很多城市学校而言都是需要增加投入才能满足的，对于农村高中学校就更难满足新高考所需条件。在广大农村地区，由于各方面条件的限制，农村学校大都基础薄弱，一些特殊教学活动的开展受到制约，新高考提出的一系列的新要求在农村高中学校实行起来更是困难重重。

三、应对新高考改革的解决策略

新高考改革任何学校都不能独善其身，面对改革带来的管理困惑，学校管理者要理性分析，积极思变，从多个维度去思考应对策略。只有化被动为主动，才能变挑战为机遇，顺势而为，迎难而上，使学校管理更上一层楼。

（一）统一思想认识，迎接高考改革挑战

新高考改革带来的一系列变化，让学校传统的管理方式应对失衡。那么要破解新高考改革带来的管理难题，就必须更新管理理念，统一思想认识。

统一思想认识就是要上下同心，齐心协力。管理者必须带领全校教师充分认识新高考带来的挑战。要认识到高考是一场全面的改革，要拿出足够的勇气改变过去的惯性思维。一是要充分认识新高考改革的重大意义。新高考改革是党中央对我国教育制度的顶层设计，是国家战略，全校师生要积极配合，全力支持。二是要充分认识新高考改革的目的。此次高考改革是恢复高考制度以来最全面、最系统、最深刻的一次，其目的是要通过高考指挥棒引领育人模式和评价方式的改革。三是要主动出击适时应变。学校要把高考改革带来的挑战变为发展机遇，要立足本校实际，主动适应新高考要求，更新管理理念，发挥教师和学生的积极性、主动性和创造性，重构学校管理体系、教学体系。

新高考改革着眼长远，学校管理者要做好长远谋划，要坚定信念，上下同心，及时改变不合时宜的管理理念。要主动走出思维定式，化被动为主动，努力实现新高考目标，谋求学校长远发展。

(二) 加强教师培训，提高教师适应能力

新高考改革带来诸多困惑，其困惑产生的主要原因是教师准备不充分，对新高考了解不足。新高考不仅对招生制度进行了改革，而且对教师提出了新要求。选科制表面是选择高考科目，实则是选择学科师资，这就对教师提出了一系列新的要求。所以从师资层面分析就是要加强教师培训，提高教师应对新高考的适应能力。

在过去的高考模式背景下，教师是学科本位，每个教师都能分到若干个班级，只要按学科要求开展好教学就可以了。"选科走班"后学生可以根据自身喜好选择教师，选择学科组合。所以对学校而言，要适应新高考的变化：一是要强化教师培训，提升教师专业素养。过去新课程改革，可以边改边培训教师，现在新高考改革不能再这样被动适应。而要主动强化教师培训，帮助教师尽快转变传统教学观念，做到内部培训和外部培训相结合。一方面可以通过"引进来"的方式邀请高考改革专家对校内教师进行培训，普及新高考改革相关知识；另一方面可以通过"走出去"的方式组织教师去改革名校学习取经，实地感受新高考带来的各种变化，促使教师更新教学理念，推动教师教学观与时俱进，不断提升教师专业素养。二是要主动搭建平台，重视教师专业发展。过去教师主要是教授学科知识，抓实考点。现在教师不仅需要给学生传授知识，更重要的是培养学生能力，促进学生核心素养的形成。教师要坚持立德树人，做学生健康成长的引路人。为此，学校要给教师提供多方面发展的平台，促进教师学习、研讨、交流，让教师各方面的素质都得到发展。

学校只有注重教师培训，既关注教师的专业成长，又关注教师多方面素质的提高，这样才能让学校在面临新高考改革时能有坚强的师资队伍作为支撑，为取胜新高考提供坚强有力的师资保障。

(三) 指导学生学习，帮助学生做好规划

新高考12种选科组合，如此多的选择对学生也是一种挑战。选科走班，学生是主体参与者，所以从学生层面思考，教师需要指导学生积极应对，帮助学生做好学习发展规划。

通过制定清晰的学习规划，帮助学生树立起正确的学习观。传统高考模式下，学生不需要对未来做太多设想，只需要考出好成绩即可。现在新高考制度下，选科组合直接影响学生未来的专业选择，甚至影响学生未来的人生走向，学生本身难以意识到选科重要性，这一变化需要学校帮助学生提前做好规划。教师要帮助学生明确学习目标，端正学习态度，讲究学习方法，掌握核心要素，提高综合素质。帮助学生正确认识自我，结合兴趣爱好、性格特征和能力倾向，指导学生明确未来人生发展的方向，并教会学生做好职业生涯规划。只有这样才能让学生正确对待高考改革后的选考和非选考科目，真正达到立德树人提高学生综合素质的目的。新高考改革对学生提出了一系列新的要求，这就需要学生做好应对准备，冲破信息掌握不足的限制，做出正确的选择。

（四）强化保障措施，促进高考改革落地

新高考改革是党中央对我国教育制度的顶层设计，从上到下要齐心协力，共同推进。学校作为新高考改革的主体力量，不能因为有困惑就停滞不前，而要分析困惑，解决困惑，所以学校管理者必须强化保障措施，促进高考改革落实落地。

一是强化组织保障。学校要成立新高考改革领导小组和工作小组，建立完善各项规章制度，为新高考改革提供坚强有力的组织保障。学校管理层要深入学习《新高考改革实施方案》及上级相关文件，正确领会高考改革的精神，确保管理层学懂悟透。学校要出台相应措施，从教务管理、教师管理、学生管理等多个层面做出调整，让新高考改革落到实处。

二是强化师资保障。配齐、配足、配强"学生选科、走班教学"所需师资。

三是强化财力保障。完善应对新高考教育教学所需的设备设施，保障教学教研活动经费及时到位。

四是强化宣传保障。要开好学生选科走班动员会，在学生层面广泛开展动员，让学生及家长参与进来，多方面了解信息，做出正确选择。

总之，新高考牵涉方方面面，学校面临着种种管理难题，关键看学校能否破解难题从管理困境中走出来。这就需要学校管理者对新高考改革进行通盘考虑，多措并举，积极思变，灵活应对。从理念层面、师资层面、学生层面、管理层面等多方面去分析问题、研究困惑、解决问题，化困境为机遇，顺应改革大势，实现学校高质量发展。

基于国有民办学校管理创新的探索与实践

——以常德芷兰实验学校为例

周相兵

常德芷兰实验学校

摘要：国有民办学校是政府"多元化"办学体制的有益探索，办学自主、经费自筹等特点既让学校有灵活的办学机制，又让学校办学充满挑战。常德芷兰实验学校针对学校发展瓶颈，充分挖掘国有民办学校办学自主的体制优势，强化价值引领，激活管理机制，优化结构性功能，做了积极探索与实践。研究表明，国有民办要持续健康发展，必须管理创新，以人为本是学校发展的核心，依法治校是学校发展的保障，激活机制是学校发展的动力，开拓创新是学校发展的源泉。

关键词：学校体制；管理机制；国有民办

湖南省常德芷兰实验学校是常德市政府于1998年创办的国有民办体制的12年一贯制学校。学校实行"资产国有、经费自筹、办学自主、滚动发展"的运行机制，即所有资产由国家所有，办学经费自筹解决，办学运行自主管理，通过自身教育教学管理和质量建设实现学校滚动、可持续发展。常德市政府常政办函〔1998〕28号文件明确："湖南省常德芷兰实验学校作为我市办学体制改革的试点，实行董事会领导下的校长负责制，实行全员聘任制和结构工资制为核心的内部管理体制。"学校在以市教育局班子为董事会（2013年改为局长办公会）领导下开展办学，与公办学校同等接受市教育局管理、考核。在人员管理方面，学校班子由市教育局进行考核和任命；中层干部任免由学校民主集中决策后向市教育局报备；教师招聘由学校向市教育局申请并得到批准后执行，招聘结果要向市教育局报备。目前学校共有本部、芷兰嘉树校区、芷兰白云校区三个校区，共有教学班172个，学生9257名，教职工916人。学校创办23年来，经过了办学规模由少到多，办学质量由弱到强，办学特色从无到有的艰苦和曲折历程。

一、芷兰实验学校管理创新的背景分析

应该说，办学的第一个十年，教职工团队富有朝气，充满活力，人心齐整，校长一呼百应，敢干敢闯，学校发展迅猛，办学水平年年攀升。但是，在一心向前冲的过程中忽略了四个关键性的问题，为学校持续发展埋下了隐患。

（一）师资队伍结构不合理

十二年后教师的平均年龄结构超过了四十岁，所以在第二个十年发展中，中学部教师出现了老龄化现象，工作的内驱力、开创性思维已经不如当年；学习意识明显减弱，经验主义、惯性思维制约学校办学高质量发展，而这一批资深的教师工资在学校人员经费中占有相当大的比重。与此同时，学校人才梯度建设和学科结构的优化配置未纳入学校发展的深刻考量。学校发展的核心元素就是人的发展，让担负教育工作的这个群体的人发展好了，学生才能享受到优质的教育。在教职工团队的发展方面需要做好梯队建设工作，合理的梯队建设是解决年龄结构，价值引领和呈现，工作能动和个人发展等多个方面所凸显的问题的根本途径。

（二）制度体系建设不完善

学校发展初期，基于当时的教育生态和管理水平，"人治"成了办学之初的一种管理状态。在后来逐步发展过程中，虽然在制度建设上也做过

一定的努力，但没有形成健全的制度体系，加之在实际操作层面存在的不科学、不合理问题，导致学校发展中各项管理马尘不及，左支右绌。

（三）校园文化传承不持续

学校管理成果和优秀的经验没有得到很好的传承和沉淀。二十三年的办学历程，学校有很多管理举措取得了良好的效果，但遗憾的是没有很好地进行总结提炼和拔高。比如，我校是2000年年初第一批推进校园文化建设的学校，影响很大，每周来校参观的人络绎不绝，但是没有进一步深入构建校园文化建设，没有在传承的基础上进一步创新、完善和提升品质。学科组内的本位主义和个人主义导致教学资源未能完整系统且不断传承丰富。不断强化的年级组结构，使年级之间相互关联越来越少，每一个组都有自己的一套做法；因为高考奖励机制的评价导向，也进一步导致各年级组之间缺乏交流合作，各自为政，单打独斗，无法将每一届形成的宝贵经验进行总结、整理与分享，没有形成系统的管理成果。

（四）管理体制优势在削弱

学校去民办化导向不断严重，体制优势逐渐削弱。学校有相当一部分教师是从体制内招聘进来的，他们能够大胆放弃铁饭碗来寻求发展，说明他们有一个共同的愿望，那就是不吃大锅饭，一分耕耘一分收获，付出和回报对等。但是我们在工资结构、评价体系等方面又不自觉地参比公办学校，潜移默化之间，人的认知思维又回到了体制内。有领导在学校教职工大会上点评，说我们不能丢失我们的传家宝，我们的体制优势，不能比公办还要公办，这样是很危险的。

这些办学过程中出现过的一些问题，已经开始影响并制约学校的发展。比如2016年，学校在高中教育这一方面已经在全市取得了领先优势，高考成绩逐年攀升，生源不断优化，分数线不断提高，想进来读书的人趋之若鹜。这个时候学校却做出一个"取消分层教学，实施平行班"的不合理的决策，以至于我们连续三年在招生中失去优势，在高考中出现高分段滑坡，被清华北大录取的人数减少甚至没有。这个时候部分兄弟学校迅速抓住机会实行"分层教学",吸纳尖子学生,三年之后他们的高考就追平了我们,考上清北的人数超过我们。这种变化迅速在社会舆论上发酵,而且直接挫伤了教师的自信心和凝聚力,人心涣散,士气低落。痛定思痛,全校上下认识到只有改革创新,才能走出困境,才能让这块"常德市的金字招牌"依旧屹立在朗州大地。

二、芷兰实验学校管理创新的探索与实践

如何打好"办学自主"这一张原本极具办学优势的"牌"？面临学校发展诸多矛盾,学校经过认真思考,学校班子和教师代表再三商议,确立了"坚守立德树人总任务,理顺管理体制,科学设置组织机构,明晰管理责任,激活管理机制,调动学校员工积极性"的治理主张。

（一）理顺管理体制

1. 实行校长领导下的执行校长负责制

学校推行条块结合,包干治理,责任倒查。2019年下学期伊始,学校搭建了"五线五块,条块结合"的行政管理架构。这种线块结合的管理结构布局,形成了一个"以校长室为网带,分管校长所属部门和线条为网格,党委督察部门为网兜"的泾渭分明、线块清晰的网络体系,确保在"渔网中的鱼儿"不脱网漏网,克服了以往管理中线块脱节甚至相互抵消的问题。其扁平化、网格化特点,使得管理重心下移,管理责任清晰,执行效率提高。以执行校长为主导,所属部门定岗、定编、定量,清除冗杂人员,优化工作分配,鼓励"一肩多挑"。在教学层面,优化课程结构布局和课时安排,提高工作效率。在辅助服务人员方面,整合服务部门,优化岗位设置。

2. 推行首席教研员制度

改革优化新教学教研,推行"首席教研员制度",打造教学教研共同体,整合十二年办学优势,以研促教。现在高考评价体系核心是"立德树人,服务选拔,导向教学",围绕这一核心的教育教学活动既要立足于高考,也要向初中小学渗透。学校"十二年一贯制"特点恰好可以实现基于高考评价体系的小初高一体化研究实践，"首席教研员制度"就是在研究实践中走出的重要一步。学校在高中九大文字学科和美育课程教师中各遴选1名优秀骨干作为首席教研员，初中、小学配套设置"中心教研员"，打造十二年一体的教学教研共同体。同时采取以下措施：一是强化"教研员保障体系建设"，形成了"前有省市业务专家为特聘指导，中有首席教研员为业务中坚，后有校长、行政下组支撑督促"的保障体系。二是所有研究做到"研究目标项目化—研究项目思维导图化—思维导图任务化—项目任务责任包干化—责任包干督评一体化"。三是要求所有教学教研要整合学段学科特点，结合学校实际，立足局部（平时教研立足教研员所在学段），着眼全局（大型教研着眼于教师教学各阶段特点任务和学生学科发展的各阶段特点任务），对全校学科一体化教学教研和学生的系统培养做好实践和理论的支撑。比如，语文教研共同体根据当前国家对学生语文核心素养的要求，针对语文的功能特点，依托十二年一体化优势，确立了"学段各有侧重，特色创新培养学生语文阅读能力"的思路：小学强化"童心童谣度童年"童谣读写，初中强化"诗词浸润人生"经典诗词诵读和仿写，高中强化"诗意阅读"的"诗歌读写"特色课程与学科活动体系建设。不同阶段的不同诗歌学习任务，符合学生身心发展特点，顺应了学生童真、美好、浪漫、诗情的心理。更为重要的是，对古今中外的诗歌阅读赏析和自己尝试写诗的实践很好地体现了语文学科"语言构建与运用，思维提升与发展，审美鉴赏与创造，文化理解与传承"的核心素养。

3. 成立课程建设发展中心

课程建设是一所学校发展的灵魂，学校专门成立了"课程建设发展中心"，主导学校十二年一体化课程建设，改革优化课程，改革优化课堂，让"五育并举"成为点亮学生终身发展的导航灯。一是依据学段特点优化课程结构。小学部创建了"学科课程+四点半课程体系"建设思路，即依据课程标准丰富课程内涵，拓展课程外延。比如，小学数学就创建了"数学+科学""数学+模块游戏""数学+阅读"等，这些"+"法，既给教师们带来了研究挑战的乐趣，丰富了课程内容和课堂教学组织形式，又让孩子们学习数学的兴趣成倍增加，他们感叹道——原来数学也可以这样学，这样玩！二是坚持"五育并举"，打造德智体美劳课程生态圈。比如，"德育课程"建设，学校在"立德树人"总任务下，确立了基于大融合大支撑的"芷兰+体验式全课育人德育课程体系建设思路"，提出了围绕"三学会""四特质""五取向""九能力"培养7种人的育人目标——培养具有良好生活和行为习惯的人；培养具有文明素养的人；培养具有劳动自觉的人；培养身心健康和人格健全的人；培养具有自律精神的人；培养诚信感恩的人（讲求诚信，懂得感恩）；培养理想信念明确坚定的人。学校还依据学部特点分学部设立学部德育课程体系目标。小学部："养成"培养和形成良好习惯；初中部："巩固"形成和巩固良好习惯；高中部："升华"巩固习惯并形成健全人格。坚持组织、结构、方式、内容彼此独立而又相互渗透与连接。三是创新优化课堂。以课堂为主阵地，强化集体教研（入口），夯实教学实践过程（路径），提升教育教学质量（出口）。学校创新改革和优化以往集体教研模式，规范集体教研的目标、内容、路径，坚持"目标任务化，任务项目化，项目责任化，责任思维导图化"的操作流程。学校为寻求各学科高效课堂的最佳路径，研究完成了"以目标任务为导向，以教师引导为依托，以学生自主合作为主要，以问题发现和解决为驱动，以当堂训练为校验"的"基于学生核心素养形成的自然高效课堂"的打造。

（二）激活运行机制

1. 创新激活日常管理机制

改革创新行政日常管理，以"校长值日和校长日志"为抓手，坚持"每天值日有主题，每天总结有升华"，确保学校日常工作"日日新，又日新"。

以往的常规值日，往往停留在"走一走，看一看，值班结束画个圈"的浅层次，对运行中常规的执行，制度的体现，创新点的生发没有从管理学角度予以总结反馈和升华。基于此，学校提出了"校长值日和校长日志"的做法。所谓"校长值日"，就是在每天参与值班的执行校长之下，任命一位部室主任作为"值日校长",值日校长在执行校长统筹下联络各部室值班人员形成一个有机互通的值班共同体。早上6:50全体值班人员在学校门口集合,由执行校长部署当天值班任务和提出值班要求,晚上值班结束,全体值班人员在执行校长办公室汇总一天值班情况,并由"值日校长"将值班情况发布在全校行政管理群,要求相关部门认真审读,加以改进完善。最后,每位值班的部室负责人要撰写"值班日志","日志"是对管理的思考和完善,最后交由校长提出批阅意见并反馈各部门。这样,每位参与值班的行政做到了"日日新,又日新",管理水平和管理能力有效提升。

2. 创新丰富服务管理机制

改革创新服务体系建设,以"服务整合,服务前移,服务育人"为基本原则,坚持"服务一站式,服务育人"。

服务整合,就是将师生"衣食住行学研"所需的所有机构整合为"学校综合服务中心",包括"医务室""洗衣店""文印设计创造社""校园商务实践基地""糕点烘焙吧""鞋子美容室""形象设计中心"和"洗车服务部"等,整合优化各部门职工配置,实现了人员的综合利用,服务职能的综合提升。

服务前移,就是将涉及师生和家长对外联络的部门前移,确保外来访客和家长刚进校门就有周到体贴的服务,家长给孩子送物品只需要表明班级和孩子姓名,就有专人通知相关班级或亲自送达(因班主任上课导致家长久等的现象时有发生)。这样,既保证了校园安全秩序,又为家长访客节省了大量时间。

服务育人,就是学生综合服务中心所有机构都是学生"研学基地",在新高考、新课程强调学生综合素养的今天,这些机构无疑成了成本最低,效果最好的素养培养"宝地",深受学生欢迎。

3. 完善教师发展服务机制

改革创新教师发展和服务制度,确保教师的终身发展,消除教师的后顾之忧。在教师发展上积极推动落实"四驱"机制。一是以构建学科教师发展共同体为驱向。学校以学科、部门为单位，在相关执行校建立了若干学科共同体和快学科共同体，以确保学校"十二年一体化学科建设"和"学科融合建设"有足够的团队力量支撑，形成合力。二是以"培训—实践—激励—评价—升华"为驱动，打造教师业务发展螺旋提升圈。三是以教师过程性评价和阶段性评价为驱策。四是以教师价值引导和职业规划为驱力。"四驱"机制都实行制度配套，确保"分时驱动""适时驱动""全时驱动"彼此结合，相得益彰。

在教师服务上，积极推动绿色通道和暖心工程。学校工会积极联络医院、交警、社区和相关职能部门，为教师的就医、车检、户口办证、优惠购房等开通绿色通道，专人负责对接。教师既节约了大量时间，又享受到"VIP"待遇，增强了教师对学校的归属感和自豪感。学校还推出了"困难教师专项扶助基金""教师生日食堂配餐制度""教师荣退仪式""芷兰教师金质勋章、银质勋章奖励"等一系列"暖心"工程。

在教师培养上，在现有教师中形成人才培养的梯度建设体系，即"重用一批人，培养一批人，发展一批人，储备一批人"。"重用一批"是指在中层和一线骨干中提拔一批人作为学校管理的中坚力量；"培养一批"是指强化一线学科教师的培养与发展，打造一支业务精湛，能力出众，育人效果明显的业务团队，通过学科业务标杆带领全体教师比学赶拼，实现教学一线人员的整体精进；"发展一批"是指在一线教师中挖掘优秀人员参与年级、学科的协同管理，为管理人才的可持续发展和梯度建设做好支撑；"储备一批"是指和相关大学、机构建立关系，健全人才引进机制，确保学校引进的"新鲜血液"德才兼备。

4. 高位推动学生自治机制

成立"学生代表大会"。该会由校长支撑，每学期召开一到两次。学生代表大会有明确的《章程》，所有活动都严格按照《章程》执行。

改革创新学生参与民主决策与发展创建机制，以"芷兰学生代表大会"为支撑，引导学生有强烈的主人翁意识和责任感、担当感、使命感，让学生从灵魂深处感受到学校的荣辱兴衰与自己紧紧联系在一起，真真切切地做到让学生与学校"休戚与共"。

建立"学生校长"制。每天选举一名学生担任学校校长,参与学校值班,带领学生会干部商议学校发展的有关决策,研究部署学校学生活动方案及落实。

构建庞大的"学生志愿服务系统"。该系统由学生代表大会主导,学生总会、学生分会、志愿服务团队等组成。比如,志愿者服务社团在结构上涵盖小学、初中、高中;在志愿功能内容上涵盖常规值班、师生服务、家长服务、社会实践、职业规划、学科活动等。

5. 改革创新家校共育机制

改革创新家校协同,以"家长学校线上线下培训,打卡积分"为支撑,确保家校连心,涵养家庭,赋能教育。

搭建"班子",完善机构。2019年下学期以来,学校先后成立了"芷兰实验学校家长委员会和各学部年级分会""芷兰实验学校膳食委员会""芷兰实验学校家长志愿者协会""芷兰实验学校心理教育与家庭教育协会"等组织机构。

集中力量,整合资源精心打造"家长学校"。家长学校以家长课堂为平台,采取线上讲座打卡和线下培训相结合的形式,精心设计家长课堂课程,做到序列化、系统化、层级化、多元化。课程内容涉及家风家训、心理健康、家庭成员关系处理、个性心理辅导矫正、优秀家庭教育案例分享、励志拓展等多方面。为确保家长课堂组织管理,由学校课程建设与发展中心主导,建立健全了家长学校组织机构,包括学校校长、各班班长、学习委员等。为确保家长课堂效度,学校安排了学习打卡任务,搭建了学习交流线上平台和线下平台。每期分部分年级对优秀家长颁发证书,出专刊推介家教经验。

建立"心理健康问题专项预警机制"。由学校心理健康教育室主导,在全校遴选57名取得心理咨询二级证书的教师组成"芷兰实验学校心理健康导师"团队,以网格化形式对全校四年级以上班级进行拉网式排查,并对心理预警学生建立档案,明确导师跟踪。此举极大地提高了学校心理健康教育的效度，消除了安全隐患。

（三）强化激励机制

曾经，芷兰经历了一个快速发展和短时辉煌期，在这种光环的笼罩之下，芷兰人呈现了一种"暴发户"心态，自视功高者有之，盲目自大者有之，目光短浅者有之，不具忧患者有之，斤斤计较者有之，这种心态导致的直接结果是学校文化生态的损坏和办学优势的丧失。为此，学校采取了以"引领，竞争，激励，约束"为关键词的改革与优化。

1. 党建引领

首先是在全校三个校区、六个支部中开展"回望芷兰二十载，献礼我党一百年"的"初心使命"教育活动。让全校教师深刻感受芷兰学校"从无到有，筚路蓝缕，创造辉煌，饱受困扰，励精图治"的艰苦创业历程，牢固树立"皮之不存，毛将焉附"的忧患意识和"校兴我荣，校衰我耻"的家校情怀，强化"立德树人"，做"四有好老师"的使命担当。

2. 大会激励

以往的会议，通常是小学、初中、高中教师一起，总结本周工作，安排下周工作，牵涉到全校教师共同关注的问题少之又少。自2019年下学期开始，学校明确了教师会议布局，全校性教职员工会议一月一次，要开成"价值引领会，典型推介会，业务培训会，作风整顿会"。常规工作推进由各执行校长负责，每周举行一次，主要是安排部署和督促评价阶段性工作。

3. 定岗定责

首先是强化"条块结合"管理框架下的岗位责任，定岗，定标，确保"事事有人管，人人会管事，人人做好事，事事有成效"，确保不出现"懒政，庸政"。为支撑责任归属明晰，责任目标到位，近两年来，学校先后出台、完善了《部室标准化建设指导意见》《教学教研一体化实施办法》《年级长负责制》《安全责任十要》《师生服务指导意见》《学校中层考核方案》《班级量化考核评比》等多项制度方案。

4. 竞争合作

学校一度出现了学部内、学科内教师教学资源不愿意分享传承的本位主义。为此，我们将竞争评价由以往的过分重视个人到学科之间的竞争，让学科组教师牢固树立"一损俱损，一荣俱荣"的思想。为此，学校出台专门的"教学资源管理建设办法"，以首席教研员为主导，鼓励和要求教师将自己的教学资源上传至规定平台，并由教研团队共同研究，优化，重构，升华，学校再聘请专家对各学科综合评比。各组教师为了自己团队的荣誉，积极奉献自己的教学资源，既加大了与其他学科组比较的资本，又强化了本组的教学资源库建设。

比如，充分挖掘"合同聘任制"的教师招聘优势，构建了教师是否继续任用的"试用期—评价期—发展期"。新任教师的危机意识和进取意识十分强烈，成长也十分迅速，为学校的人才建设和可持续发展提供了十分有利的机制保障。

5. 优化分配

2019年下学期，学校克服重重困难，实行了工资结构改革，取消"岗位工资"，实行"按件计费"办法，及时制止了"平均主义"带来的公办化危险。因为各种原因，许多教师把"年终绩效"理解为"年终福利"，认为人人都可均等享有，工作积极、成效突出的教师对此意见很大，学校的人文生态也因此出现一定的问题。我们分割"年终绩效"，采取部分浮动发放和部分年终人均兑现的方式，解决了"不患寡而患不公"的问题。

6. 评价激励

优化各类评优评先的评价机制。比如，"优秀教研组"评选，以往就是由校长办公会说了算，既没有制度支撑，也没有量化评价的刚性指标。改革后，一个优秀教研组的产生，要经过教研部门依据相关制度项目综合打分，执行校长打分，学术委员会打分，教学质量打分，资源建设打分等多个内容和多个程序，确保公平公正。

（四）创新民主监督

"一切以人为本，以学校、师生的利益和发展为出发点和归结点。"这是自2019年下半年以来深入人心的观念。

1. 完善民主监督结构布局

学校先后成立、完善了"芷兰学术委员会""芷兰教学指导专家委员会""芷兰家长委员会监督执行委员会""学生代表大会""教师职称评定委员会""芷兰安全顾问指导委员会"等监督执行机构，从组织架构上丰富了学校监督管理体系，一定程度上迈向了"抵心办学，忠诚办学，透明办学"。比如，"芷兰学术委员会"，担负着学校教师职称评定的监督，重大学术项目的组织实施与监督评价等多重职能，实现了学校行政权力的有效分割，增加了学校执行的公信力。为确保各个监督机构职能明确，过程清晰，学校由"芷兰学校督察办公室"直接统筹、协调、督促，确保管理归属明晰。

2. 鼓励师生"参政议政"

学校搭建师生"谏言"通道，受到"大禹治水"的启发，与其堵塞言路，不如疏通渠道。学校公开所有校级班子成员电话邮箱，设置专门的校长热线，随时欢迎教师、学生、家长来电举报投诉和提出建议。这既畅通了渠道，又彰显了办学的自信与勇气。

定期召开"学生恳谈会""教师恳谈会"，虚心诚恳地听取他们对管理和学校发展的意见，学校还确立了"金点子"奖，以奖励那些为学校发展提出真知灼见的师生。

评教议教，也是我们革利除弊的有效法宝。每学期开展两次以上网上评教和随机座谈，评教对象涉及在校的每一名员工，评教内容涵盖德能勤绩等各个方面，为学校改进教育教学、调整人员结构提供了十分宝贵的借鉴。

（五）建立健全制度约束

健全制度体系，确保事事"有法可依，过程相依，评价配套"。结合学校发展，创新修改完善了各项制度，建立了"芷兰实验学校制度体系"，该体系包括学生培养与发展体系、教育教学制度体系、教师发展与评价体系、后勤服务保障体系、行政和纪检督察体系五大体系130多个门类，每个制度都以"思维导图和标准化操作"形式简明呈现，确保了各项工作

"要做什么、如何执行；依靠什么、如何评价"。制度执行评价不是孤立的，而是辅车相依、支撑前行的。比如，教师的"志愿者服务、心理导师服务"制度与评优晋级制度、绩效考核制度绑定在一起。教育教学质量评价和教师培养发展制度关联在一起。

通过以上组织、结构、内容、方式的改革创新与优化改良，学校发生了重大变化。短短一年，学校组织管理更加务实创新；课程结构得到优化，课程资源的广度、深度和效度得到有效开发与激活；民主管理、决策监督等机制更加通畅；学校全体教职员工的向心力、凝聚力、战斗力得到了有效增强。2020年高考，学校扭转了自2017年以来的低迷局面，文理科前十名在常德市市直学校处于绝对优势，高分比例和一、二本升学率创历史新高，清华北大6人上线；中考成绩也以绝对优势居市直第一；小学课程建设的优化融合让学生更加热爱学习，热爱学校，人人以"身在芷兰读书"为骄傲；家校协同和家长课堂建设让广大家长对学校的认同感空前增强，导致有意愿就读学生和实际学额比例达到了10∶1，个别年级甚至超过15∶1的情况，可谓一位难求。

三、国有民办学校管理创新的几点思考

（一）以人为本是学校发展的核心

通过将近两年的探索，我深刻感受到，作为校长，一定要"眼中有人，心有所向"。我深刻感受到习近平主席提出的"我是谁，依靠谁，为了谁"的思想内涵；更深刻感受到办好一所学校，必须时刻坚持"立德树人"总目标，坚持"五育并举"总任务，牢牢记住"为谁培养人，如何培养人，培养怎样的人"，这样才能真正地把"人"放在心里，将所有工作的出发点和归结点都统一到"为了师生的发展上来"。如果忽略了人的发展，忽略家校情怀、家国情怀教育培养，无论其管理上冠以多少的名词和所谓的做法，都不会让学校"行稳致远，担当有为"。

（二）依法治校是学校发展的保障

制度不仅仅是一种约束，更是一种释放和激励。规章制度的建立和完

善，对学校"事事有规可依，人人有章可循"起到十分重要的保障作用。而"标准建设"，不失为制度实施的最佳方式之一，它将原本机械、呆板的制度以思维导图的形式清晰简明地呈现操作步骤，将制度的功能价值发挥到最大。

（三）激活机制是学校发展的动力

一要结合学校实际情况，正确定位自我。充分认识"学校姓什么，能够利用什么，必须革除什么，可以创新什么"。在"国有民办，办学自主"这道题上做加法，并追求最大值。

二要敏锐发现，科学稳妥处理好结构性矛盾。若把学校比作一座建筑，如果结构布局不科学，这座建筑可能发生倾斜，久而久之，就可能导致坍塌。学校要结合实际和特点，顺势而动、依势而行、借势而为，适时适度调整管理结构、人事结构、课程结构等，确保学校运行中有稳固强大的结构整体作为支撑，确保体系科学，结构功能最大化，发挥育人价值。

三要科学理顺机制，确保运行高效。要依据科学的结构布局统筹协调各个部分之间的关系，确保运行主体明确，运行路径清晰，运行价值最优；要在导向机制、人事机制、分配机制、激励机制、育人机制等方面做到指向明确，价值统一，条理清晰，方法科学，执行有效。

四要紧紧抓住课程优化融合不放松。在育人目标、育人方式、评价方式发生重大变革的今天，学校若不能科学处理好国家课程、地方课程、校本课程之间的关系，不能实现课程目标、课程内容、课程结构、课程功能的优化，势必导致课程功能和价值的丧失，导致课程体系混乱，育人质量低劣。

（四）开拓创新是学校发展的源泉

首先，全校教职员工尤其是管理者要牢固树立"删除、清空"陈旧观念的意识。学校管理者和年纪稍大的教师，普遍存在"我一直都这么做，也很好"的思想。有时经验既是一种财富，也是一道枷锁，容易让人陷入经验主义、教条主义的境地，严重阻碍集体的发展。学校要采取多种方式让教师们充分认识到其危害，并通过新思想、新做法、新目标、新制度的确立引导他们除旧立新。

　　同时，要通过顶层设计创建创新管理、育人、评价等方面的机制，通过机制激励，释放广大教职员工的创造热情、创新能力，要让开拓创新成为学校持续健康发展的源头活水。

基于党组织书记党建工作的履职思考

谭春宇

湖南省茶陵县第二中学

摘要：加强中小学党建工作，对于全面贯彻党的教育方针、保证社会主义办学方向、落实立德树人根本任务、办好人民满意的教育，具有重要意义。作为基层学校党组织书记，在党的思想建设、组织建设、作风建设、制度建设、阵地建设和文化建设等方面，应充分发挥主导作用、引领作用、指挥协调作用。因此，党组织书记要从政治思想上、纪律作风上、行为规范上积极履职、大胆作为，践行为党育人、为国育才的伟大使命。努力提高学校广大党员及教师的政治素质、道德素质、业务技能和身心健康素质，为进一步加强学校精神文明建设，深化教育教学改革，提高学校教育质量提供优质服务与可靠保障。

关键词：党组织书记；党建工作；履行职责

一、中小学党组织书记在学校党建中的地位和作用

中小学校党组织是党在学校中全部工作战斗力的基础，发挥政治核心作用，全面负责学校党的思想、组织、作风、反腐倡廉和制度建设，把握学校发展方向，参与决定重大问题并监督实施，支持和保证校长依法行使职权，领导学校德育和思想政治工作，培育和践行社会主义核心价值观，维护各方合法权益，推动学校健康发展。因此，党组织书记在学校工作中

发挥着不可替代的积极作用。

（一）党建主导作用

全面贯彻执行党的理论和路线方针政策，贯彻执行党的教育方针，组织学习习近平新时代中国特色社会主义思想及习近平总书记关于教育的重要论述，引导监督学校遵守国家法律法规、依法治校、规范管理，确保正确办学方向。参与讨论决定学校战略发展规划、重大改革、财务预决算和教育教学研究、基本建设等方面的重大事项和涉及师生员工切身利益的民生问题。坚持党管干部原则，在学校选人用人中、在学校师资队伍建设上发挥主导作用。

（二）引领教师成长

党组织书记应引领学校中层干部与教师发展与成长。负责学校处室行政、年级负责人等的选拔任用与考核培养，做到选人不避贤、任人不为亲，公开透明；协助上级党委做好学校领导人员的教育、管理、监督等工作。坚持党管人才原则，参与讨论决定人才工作政策措施，会同处室做好学科带头人、教坛新秀、骨干教师等人才培养、管理、服务工作，做好教师的高校招录、社会招录、选调、考核等工作，对教职工年度考核、职称评定、晋级等提出意见。

（三）指挥协调作用

领导工会、共青团等群团组织和教职工大会（代表大会），做好统一战线工作，对学校"三重一大"要充分酝酿、广泛征求意见、个别谈话、民主集中、集体决策。做好思想政治工作和意识形态工作，开展社会主义核心价值观教育，加强学校文化和精神文明建设，推动形成良好校风、教风、学风。指导工会开展有益于师生身心健康的活动，按规定落实教职工的福利和健康待遇。领导学校党的纪律检查工作，落实党风廉政建设责任制，对教师的教育教学等重要工作，加强巡查，实行通报制和年度考核奖励等级制。

二、党组织书记党建履职的作为

习近平总书记提出好教师标准坚持"四个相统一",即教书和育人相统一、言传和身教相统一、潜心问道和关注社会相统一、学术自由和学术规范相统一;做"四有"好老师,即有理想信念、有道德情操、有扎实学识、有仁爱之心;做"四个引路人",即做学生锤炼品格的引路人,做学生学习知识的引路人,做学生创新思维的引路人,做学生奉献祖国的引路人。作为学校党组织书记,必须将习近平总书记对教师的要求与期望落实到党建工作之中。

(一)提高政治站位抓落实

不忘教育初心,牢记育人使命,党建工作站位要高,自觉牢固树立"四个意识",坚定"四个自信",坚决做到"两个维护"。县委下达的脱贫攻坚巩固、人居环境整治、城乡统筹、"不忘初心、牢记使命"主题教育等,能按照上级要求如期开展,承担界首镇上联村27户贫困户的结对帮扶工作,学校做到情况熟悉、每月走访、宣传政策、电话沟通、帮扶解决实际困难;全校376个建档立卡户学生,学校教师建立教育帮扶结对制度,坚决落实教育帮扶政策,扶智扶志,学考100%合格、高考人人升学;主题教育在县委指导组的指导下,有序开展,规定内容和自定内容活动的开展都得到指导组的表扬。

(二)围绕时代主题抓培训

人的问题,关键在思想,强化党员的理论学习是党建工作的有力保障。学校选派书记、党员行政、党员学科组长等参加了市"教育家型校长高级研修""推进教育现代化管理人才高级研修""湖南省高中优秀党组书记高端研修""中小学网络党校""支部书记业务培训"、市级教育教学等活动研修,提升党员干部的理论水平。按照县委主题教育学习安排,结合学校实际,在参加县委组织的集中学习的同时,采取学校班子集中学习,自学《十九大报告》《新党章》《习近平对湖南工作的指示》《中国共产党纪律处分条例》等相关知识，重点领会把握习近平总书记关于加强党的政治建设，做到忠诚干净担当，坚决贯彻落实党中央决策部署，全面推进新时代改革开放，防止和克服形式主义、官僚主义。对全体行政人员两周一次进行政治专题学习、对党员进行多方面的教育，利用固定党日的学习时间，组织各支部成员认真学习党的基本理论、方针、政策，组织全校140位教师登录"学习强国"进行学习，做到每天每周向三个年级组报告学习积分。每月组织全校进行政治、业务学习，学习师德师风建设文件，宣讲《十九届四中全会报告精神》《2020年全国两会精神》《新中国成立71周年来的成就》等。

（三）完善组织机制抓监督

认真贯彻执行党的民主集中制，健全完善党内监督制度，强化民主决策，防范决策风险，增强决策科学性，提高决策水平。依据《中国共产党章程》《中国共产党党内监督条例（试行）》，坚持按照集体领导、民主集中、个别酝酿、会议决定的原则议事决策，在班子会上，班子成员能为校长决策出点子、出主意；坚持以习近平新时代中国特色社会主义思想为统领，把握和尊重客观规律，充分发挥党内民主，广泛听取群众意见，切实完善公众参与、合法性评估和集体讨论研究相结合的决策机制，在教学教研管理工作中，能做到从群众中来、到群众中去，提高办事效率，增加工作透明度。

同时，总支部成员能正确处理民主与集中的关系，廉洁从教，保证权力正确行使，对不按程序办事、不按规章办事、不按法纪办事及以权谋私等行为，按照制度予以追责。2020年对常规管理、常规教学进行定期、不定期检查，每周进行书面通报，对个别教师进行了约谈。坚持"三会一课"，定期召开民主生活会，积极开展批评与自我批评，主动查找党建方面存在的问题，及时调整工作思路，稳步推动党建工作健康发展。

（四）落实主体责任抓示范

按照学校班子成员的调整，明确职责分工，摆正自身位置。一是积极开展"不忘初心、牢记使命"主题教育，认真对照党章规定、对照群众意见检视问题，开展教学、党建调研工作，撰写调研报告《以党建为抓手，促进学校教学质量的提升》，落实整改工作，做有成就的平民书记。二是抓好"五化支部"建设，在学校文化上下功夫，宣传习近平新时代新思想、社会主义核心价值观、做"四有"教师、做学生的"四个引路人"、教师做到"四个相统一"等。在教学上带头上党员示范课，做师德师风表率，做"师德讲堂"的宣讲人。三是落实教育局"2020年师德师风建设年""2021年教学质量提升年"行动，开展理想信念教育、法纪教育、社会主义荣辱观教育、廉洁自律教育，学习《教师职业道德》《茶陵县中小学职业道德规范》，筑牢廉洁从教的思想道德基础，从思想上提高教师防腐拒变的自觉性。四是落实党风廉政建设责任制。实行谁主管、谁负责，签订《党风廉政建设责任书》，堵塞腐败行为发生的各种渠道，查找腐败风险点，从源头上预防腐败行为的发生。五是组织教职工关注"学习强国""茶陵党员教育网""共产党员""红星云""魅力株洲""三湘风纪""清风茶陵""茶陵二中"等微信公众号，让新时代依法治国、从严治党深入人心，让廉洁之风随时吹到教职工手中，让茶陵教育的正能量传遍全县师生、家长。

而且，担任行政工作的党员同志一定要处理好行政与教育教学工作的关系，带头参加行政、年级、学科组各项活动。作为行政，值班不走样，合理安排每天值班行政岗位并督促完成护校、巡课、陪餐等工作；能带头上党课，积极组织"不忘初心、牢记使命""党史学习教育"主题教育，认真开展理论学习、调查研究、检视问题、落实整改活动，组织支部开展形式多样的主题党日活动，有集中学习、赴工农兵政府和茶陵革命展览馆进行现场教学等；从不摆行政架子，从不因为行政工作耽误课堂教学，做到以行政引领教学、辐射教师。

（五）凸显党建重点抓实绩

一是学校党建工作有突破。三个支部全部按"五化支部"标准建成；"不忘初心、牢记使命""党史学习教育"主题教育文化建设有进展；支部

"三会一课"得到了强化，党员积分管理办法得到了完善与落实；举办了学生、教师"学习新思想，做好接班人"演讲比赛。

二是师德师风建设工作开局好。完成了动员、签订责任书、对照"九查九看"检视问题、教育法律法规学习，启动了"不忘初心、牢记使命，争做最美教师"师德师风建设宣传活动方案，在全校开展学习先进、树立典型、争做模范系列活动，2020年我校被教育局党委评为"师德师风建设先进单位"。

三是以党建引领教学，教学质量稳步提升。2020年高考本科二批上线达180人。

四是组织丰富多彩的活动，增强教职工的归属感、幸福感。积极组织全校师生庆祝中华人民共和国成立71周年、建党99周年系列活动；组织党员到茶陵工农兵政府、茶陵革命展览馆体会老一辈无产阶级革命家的艰辛，更加珍惜我们现在的美好生活；按时依规向会员收取工会费，保障教职工福利；开展了茶陵二中第四届师生艺术节系列活动；组织教师参加教育系统教师篮球赛，在队员平均年龄45岁的情况下，夺得了第三名的好成绩；指导工会开展教师气排球、定点足球射门等趣味活动。

三、提高党组织书记党建能力的思考

新时代中国共产党面临执政考验、改革开放考验、市场经济考验、外部环境考验等四大考验，是长期的、复杂的、严峻的；精神懈怠的危险、能力不足的危险、脱离群众的危险、消极腐败的危险等四大危险，也更加尖锐地摆在全党面前。落实党要管党、全面从严治党的任务比以往任何时候都更为繁重、更为紧迫。党建能力就是要将职责要求变为现实能力，努力提高岗位认知能力、政策领悟能力、计划统筹能力、组织实施能力、沟通协调能力、大胆创新能力。

（一）意识形态为本

加强师生意识形态领域引导，树立宽广视野，强化战略思维，强化担当意识。严格按照党的十九大提出的新要求新任务，落实党中央关于意识

形态工作责任制要求。夯实主流意识形态工作话语权，不断增强党的领导力、号召力、创造力、凝聚力、战斗力。推进师德师风建设，强化社会公德、职业道德、家庭美德、个人品德教育，注重培育宣传师德标兵、教学骨干和优秀班主任、德育工作者等先进典型，引导教师争做有理想信念、有道德情操、有扎实学识、有仁爱之心的好教师。

坚持课堂讲授有纪律，严禁在教育教学活动中有反对党的领导、反对中国特色社会主义制度、有损国家利益和不利于学生健康成长的言行。实行师德"一票否决制"，把师德表现作为年度考核、职称评审、岗位聘用、评优奖励的首要标准。对教师体罚学生、收受礼品礼金等行为，要批评教育、责令改正；道德败坏、造成不良影响的，按照有关规定严肃处理。

（二）主体整改为基

抓好"不忘初心、牢记使命"主题教育落实整改、整章建制等工作，提高学校办学质量。学校党建工作贯穿学校教学、德育、后勤工作，主动联系湖南师范大学实习队、湖南工业大学实习队来校实习；争取株洲市教师培训中心"教师素养、课堂教学能力提升"活动项目、株洲市名优教师送培到县茶陵活动现场；开辟教师培训新路径，与株洲市二中结为合作单位，建立教师培训基地。关爱教师，经常与教师谈心、谈话，慰问生病教职员工，为教师服务解难题，与兄弟学校联系，解决教师子女就近就读中小学等问题。

同时，把学校的各工会小组、工会委员充分调动起来，在教职工遇到困难时，能及时主动站出来，解决教职工的实际问题；确保工会会员的待遇按文件落实；搭建舞台、平台，让更多的教师人尽其才，使学校充满生机和活力。

（三）完善机制为主

进一步完善支部、党员积分考核工作，使支部阵地建设的作用、党员的先进性作用得到更好的发挥。建立党总支班子成员和党员联系服务师生员工制度，组织党员老教师、教学骨干与年轻教师结对子。实施党员名师工程，组织党员承诺践诺，开展岗位建功、教学竞赛、建言献策等活动。积极运用现代信息技术手段开展党组织活动，增强活动影响力、吸引力。

发挥团委会、学生会作用，让其成为学生管理的主力军。抓好教室、寝室、图书馆、食堂和网络等思想文化阵地建设与管理，及时解决学生实际困难和苗头性问题，使德育工作融入学生日常学习生活，促进全员、全过程、全方位育人。

新时代、新思想，党建工作永远在路上，以十九届二中、三中、四中、五中全会精神为指导，高举习近平新时代中国特色社会主义思想伟大旗帜，努力践行基层党建工作，站在更高的角度看问题，有大局意识，不忘教育初心，牢记育人使命，开好"十四五"规划的局，为党的教育事业奉献热量和激情。

第二部分 02
校园文化

基于人文气息的校园文化建设的思考

贺朝晖

湖南省衡南县第一中学

摘要：为落实立德树人根本目标，校园文化建设需要始终秉持"以人为本"的理念，彰显人文气息。调查表明，高中学校在校园文化建设中存在重物质轻精神、重大气轻人气、重形式轻内容、重打造轻维护等方面的问题。因此，校园文化建设要打造人文气息、凸显学校亮点、人人参与建设，且不断拓展服务功能，才能发挥校园文化的引领功能。

关键词：高中学校；校园文化；人文气息

党的十八大以来，以习近平同志为核心的党中央高度重视教育，对新时代校园文化建设提出了明确目标和要求，习近平总书记强调"要注重文化浸润、感染、熏陶，既要重视显性教育，也要重视潜移默化的隐性教育，实现入芝兰之室久而自芳的效果"。新时代校园文化建设应深入贯彻落实习近平总书记关于教育的重要论述，围绕"培养什么人、怎样培养人、为谁培养人"这一根本问题，以落实立德树人根本任务为目标，优化育人环境，在学校建设中凸显人文气息，使学校成为环境优美、教育理念先进、文化氛围浓厚的立德树人主阵地。

一、校园文化建设彰显人文气息的现实意义

校园文化主要分为三大方面：一是物质文化，即有形的校园建设，包括文化设施、校园绿化、环境美化等；二是精神文化，即校风建设，包括群体精神、人文氛围、师生凝聚力等，是无形的文化；三是制度文化，即学校制定的有组织的规范体系，包括行政管理制度、行为规范等内容。校园文化是学校这个群体全部存在方式的总和，它影响和制约着校园中人的活动和人的发展。没有"人"哪有"文"，"文"是为"人"服务的，忽略"人"而进行的校园建设，对学生的成长与发展所产生的积极影响非常有限。因此，笔者认为当前的校园文化建设应该从治理走向善治，围绕"人"做文章，坚持"以人为本"，营造积极向上的人文气息，构建师生快乐工作学习、携手共进的精神家园。

（一）以人为本，实现管理思想的转变

新时期，中学阶段传统教育管理模式由于在实践的过程中会限制学生个性、个人素质等方面的发展，已无法适用于当下的教学管理，且与立德树人根本目标不相适应。因此，学校管理者应坚持"以人为本"，从学生成长阶段的特点出发，将"以人为本"理念渗透到学校工作各个方面、各个环节，变以物为中心为以人为中心，变独断式、监督式为参与式、激励式。"以人为本"的管理思想，既是对学生与教师自身主体地位的肯定，同时也是一种人性化的管理方式。在实践的过程中，主要是从学生的视角出发开展各项工作，各种管理制度、设计理念、管理模式等，都是基于学生核心主体而建立起来的，在一定程度上为学生的个性化发展创造有利条件。

（二）以人为本，理顺学校管理关系

1. 处理好领导和群众的关系，树立尊重群众的观念

传统的教学管理，学校始终处于一种优势地位，一般情况下是由学校领导来进行统一管理，这就在一定程度上忽视了教师与学生的个人感受，

不利于提高教学管理质量。基于"以人为本"理念的教育教学管理模式，需要处理好领导和群众的关系，树立尊重群众的观念，实践这一观念最直接有效的方式就是实现全员参与的民主化管理，为教师与学生的个性化发展创造有利条件。因此，学校应该加大对人本管理理念的宣传，鼓励所有在校教师、员工都积极参与到学校的日常管理中来，使得人本理念深入人心，从而促进学校民主管理的有效实施。

2. 处理好培养和使用的关系，重视学校人才战略

学校以人才培养为根本，以教学工作为中心，人才培养的质量由教育工作者的水平决定。因此，学校要将人才培养与教育教学结合，不仅要向学生传授现有的知识，实现知识的传承和积累，更重要的是在知识创造过程中培养学生的创新精神和实践能力。教师通过自身的影响力，可以激发学生的求知欲和创新精神。因此，学校要注重结合国家和社会发展对创新人才培养的需要，鼓励教师创新教育教学方法，采取系列措施提升教师的能力水平，做到知人善用，让更多的学科带头人和高水平管理者承担起培养拔尖创新人才的重任，从而建立起人才培养的有效机制，充分发挥学校巨大的人才优势和创新潜力。

3. **处理好管理和教育的关系，坚持教育为先**

目前的学生工作偏重管理，观念上也仅仅将学生视为教育的对象，以学生不出问题或少出问题为原则，没有做到学生工作是为学生的成长和发展创造条件，没有认清自己对学生进行管理的同时还担负着育人的职责，不善于做深入细致的思想教育工作，只照搬学校的规章制度，没有做到深入学生内心，入情入理地教育学生，致使部分学生管理者自身与学生关系紧张，不利于学生工作的开展。因此，作为教育管理者和实施者，应始终坚持教育为先，以教育带动管理。比如，在学生行为管理方面，可以通过班会、座谈、个别谈话、个别咨询、读书活动、电视教育等形式潜移默化地对学生进行正确观念的灌输，进行行为习惯、情感、兴趣的培养，进行爱国主义、价值观念的培养，这些方面培养好了，管理的难题也就迎刃而解了。

（三）以人为本，注重学校管理的激励功能

加强人本管理，为广大教师创造一种充分发挥才能和创造力的学校组织氛围和文化氛围，是"以人为本"的基本思想。其中，激励功能是最基本的功能。它能充分发挥教师的积极性，使每个人都切实感受到力有所用，才有所展，劳有所得，功有所奖，勤奋努力地工作。

1. 目标激励

目标激励是根据工作目标来引导、激励和规范员工行为的一种动力，是教职工们能主动、出色地完成教育、教学任务的重要保证。随着创新教育的全面推行与新高考的实施，对教师的目标激励也不能只停留在过去上好课、完成教学任务的传统做法上，而是要充分调动教师参与管理的积极性，树立主体意识，增强自我教育、自我评价、自我提高的意识，真正成为学校的主人，学习的主人。作为学校管理者，在组织制订学校近、远期规划上就要按照教育教学规律，从教师的日常工作起，再回到教师工作中去，把教师的个人发展和学校的发展紧紧联系在一起，将治校的良好意图转化为每个教职工的意愿，使每个教师得到发展的同时，又能意识到自己身上的重担，增强他们的事业心和进取心。

2. 关怀激励

"人非草木，孰能无情"，激励、尊重、肯定，以人为本，尊重个人的发展，在学校管理中起着举足轻重的作用。要体现"以人为本"，学校管理者就要深入细致地研究、探讨教育教学规律，从多方面多渠道发掘促进教师做好工作的因素，让教师们愉快、创造性地开展工作。给予普通教师微笑问候，关心他们的工作和生活，鼓励他们、关心他们、感谢他们。同时，对每一位教师取得的一点成绩或进步都及时给予肯定和表扬。威廉·詹姆斯说过："人类本质中最殷切的需求就是渴望被肯定。"在工作中，学校给予教师最真诚的认同和肯定，可让他们感受到自己被学校领导重视，被重视和被认同的感觉一定会给教师带来更多的工作激情，激发他们的工作积极性和主观能动性，为学校的发展做出更大的贡献。

3. 责任激励

强化每一位教师的岗位责任意识，可使工作积极性和效果明显改善。责任意识深入人心，教师就会始终以最饱满的工作热情投入工作中，提高教育教学与管理水平。因此，学校管理者应根据教师职业的特点，在全校范围内创造一种竞争奉献的氛围，强化教师对自己职责的意识，激励和鞭策教师敬业乐业。如开展"师徒结对"的岗位责任培训，要求刚参加工作的青年教师和优秀教师"结对子、拜师傅"，用优秀教师的高尚师德、对事业的执着和奉献精神来感染新教师；用年轻教师的大胆开拓进取精神来激发老教师，促进老少共进，加快青年教师的成长。

二、校园文化建设存在的问题分析

校园文化建设是一项复杂的系统工程，所包含的内容之广、渗透力之强是一般教育因素难以企及的。因此，深层次地研究本校实际，动态地构建校园文化脉络，提升、规范校园文化，必将增强学校教育的实效。但是，由于缺乏科学的领导，发展的眼光，再加上资金匮乏、认同不够、功能忽视等，当前校园文化建设存在着不少问题。

（一）重物质，轻精神

当前一些学校的校园文化建设，过分偏重于物质文化建设，津津乐道于物质文化建设，起塑造灵魂作用的精神文化则考虑得比较少，以为文化就是学校的雕塑和写写画画，很多学校认为校园文化就是校园物质文化，就是"建筑文化+走廊过道文化+雕塑文化"，认为有了这些东西，学校就有文化了。这是一种非常片面的看法。校园物质文化只是校园文化的一部分，只有将物质文化落实到学校师生的日常生活、学习和工作中，转化为师生的精神力量，才能称得上校园文化。校园文化建设既要重视物质文化建设，还要重视精神文化这个"本"的建设，在校园物质环境的营造中应做到校园建筑的使用和审美的有机结合，兼顾校园环境中软、硬件工程的共同发展，融实用性、艺术性和教育性于一体，使人从中受到感染和熏陶，得到启迪。

(二) 重大气，轻人气

有的学校管理者认为，华丽的装潢修饰、宾馆式的豪华气派以及高大上剧场式的演出、精美漂亮的各种文本，就是好的校园文化，认为文化即装饰，目的是好看，或是应对各级检查。于是乎，花了很多钱，投入所谓的"文化"建设上，看上去高、大、上，很有气派，实则是"烟"多而"焰"少，空而无物，最多不过是应对检查，什么都"有"而已。这是缺乏人文精神，把大气与浮华当作校园文化的体现。校园文化既包括校园建筑景观设计、绿化美化这种物化形态的硬件建设内容，也包括学校校风学风、人际关系、心理氛围、规章制度等特定的精神环境和文化气氛的软件建设。如果学校习惯于把大气的校园硬件环境建设等同于校园文化建设的全部内容，这样"轻人气"的校园文化就只有躯壳而没有生命。

(三) 重形式，轻内容

一提到校园文化建设，一些学校管理者考虑设置什么景观给师生看、什么时候开个会搞搞宣传的多，而在怎样让学生去体验去感悟方面考虑得很少。优秀的校园文化有着丰富的内涵，追求深厚的校园文化内在魅力，才是校园文化焕发生命力的根本。但在校园文化建设中，只注重表象而忽视内涵的现象屡见不鲜，如校园文化中的精神文化追求口号式，制度文化追求条文式，行为文化追求运动式，物质文化追求投入式，没有形成机制，没有深刻内涵。校园文化建设，必须做到知、情、意、行相结合，让学生去讨论，并按照文化的要求去亲历，在亲历中去体验，这样，校园文化才会入师生之心，入师生之脑，才能内化为师生的一种自觉。

(四) 重打造，轻维护

"打天下容易，守天下难。"校园文化建设亦是如此，打造校园文化相对容易，但是维护校园文化的功能的确更难。一些学校的校园文化年年建设，又年年更改，这便是对校园文化缺少有效维护而造成的后果。校园文化建设需有连贯性和继承性，要在继承中完善，在维护中提升，做到久久为功，教育效果才会明显。因此，学校管理者要注重常规维护，即从学校日常教育教学管理中、从参与社会活动中、从学校的宣传中来维护校园文化。还要做到形象维护，特别是对于有损学校形象的诸如危机事件处理，要有一套系统完备的方案和机制，既能做到及时果断、公开透明，又能体现良好的素养和形象，赢得各方的敬佩和尊重。再者，学校还要主动将自己的品牌打出去，通过各种渠道将学校科学先进的教育理念宣传出去，赢得社会和家长的青睐。

三、打造浓厚人文气息的校园文化思考

校园文化具有激励精神、凝聚力量、正确价值导向等功能，对于陶冶师生情操，构建师生的精神世界、完善师生的人格具有独特作用，是学校的核心竞争力所在，更是学校发展的灵魂。笔者认为，要营造一所学校的浓郁的人文气息，应从以下几个方面开展校园文化建设。

（一）塑造润物无声的文化理念

《普通高中课程方案》指出，"普通高中教育是在九年义务教育基础上进一步提高国民素质、面向大众的基础教育，它为学生的终身发展奠定基础"，那么，学校作为终身发展的起点，是承载学生一生中最美好、最重要的成长记忆的地方，优秀的校园文化环境是他们健康成长、成才的沃土和摇篮。因此，学校首先要以先进的办学理念为指导，积极塑造鲜明的办学理念文化，在以先进的理念统筹和合理规划的前提下，彰显润物无声的文化氛围。

塑造润物无声的理念文化，就是要顺应新时代发展要求，始终坚持教育学生树立中国特色社会主义共同理想，立成人之志、成才之志、为民之志、报国之志，教育学生要胸怀祖国，放眼世界，让学生有现代化的思想、世界的眼光和追求未来的理想。学校确定的一切教育内容和方式，应该都要围绕这一理念进行，从而形成校园文化的大格局、高境界。同时，学校围绕学校文化理念的相关要求，制定校训和班训，促进良好班风和校风的形成。校风对学生的影响是潜移默化、深远而持久的，中学生在校学习、生活几年，身上必然会被打上这所学校的烙印，尤其是校风的烙印，

所谓"与善人居,如入兰芷之室,久而不闻其香,则与之化矣",说的就是这个意思。

此外,中小学教育是基础教育,不是精英教育,因此,先进的育人理念应该摒弃精英教育,走向大众教育,要坚持面向全体学生,有教无类,因材施教,使每一个学生的素质和个性都能得到充分自由的发展,成为身心健康、人格健全、可持续发展的"通才"。学校管理者要深深思考并且坚持践行这一理念,时刻聚焦如何让学生"成人""成才",将强调社会责任的"成人"与注重个体发展的"成才"有机结合起来,并将这一理念渗透到每一个学生身上,给他们打下伴随终身的精神底色。

(二) 开展凸显亮点的文化建设

校园文化不仅要有共同的一面,更要有鲜明的特色,这是校园文化无限生命力的根源,也是校园文化对学校成员的巨大影响和感染力。因此,各学校在推进校园文化建设的过程中,必须根据学校的实际情况,结合自身特点、历史渊源和发展趋势,形成特色鲜明的校园文化。作为学校校长,应高度重视在校园环境建设中凸显文化亮点,使校园内一草一木、一砖一石都体现和发挥育人功能。

首先是在文化建设中要充分利用自然条件,突出天然之美,以舒适优雅的环境陶冶人,让学生热爱校园,亲近自然,愉悦身心。同时,在校内建设文化墙、雕塑、场馆等文化设施,每一个设施皆有不同的主题,如心怀感恩、立志报国、健康运动、实践探索等,让学生充分感受学校薪火相传的文化底蕴和优良传统,达到"润物无声"的教育目的。如在教学楼、实验楼和图书馆内,张挂学校的办学理念、发展目标、圣贤名言以及教育家、政治家等画像,突出社会主义核心价值观、安全文明、红色精神等内容。食堂内张挂名言、标语,突出"勤俭节约、安全卫生、健康饮食"的理念。宿舍张挂文明公约、温馨提示,突出营造"整洁有序、健康高雅"的寝室文化氛围。体育运动场所突出"健康第一"的理念,弘扬体育精神,培养学生体育文化素养。还可以在学校醒目合适的地方,篆刻校训和校赋,来提升学校历史文化内涵。在校园建设中,我们可以尝试为环境设施命名，让全校师生广泛参与，在活动中培养学生对中华民族文化的认同感和归属感。在每届新生入学时，学校可以围绕办学思想、学校历史、师生规范、校园标识等方面展开大型讨论，对制定的校训、校标、校歌、校风、校规等提出意见，形成特色鲜明、统一和谐的校园和师生形象。这些工作开展之前，档案室和校史馆须向师生提供一些图文资料，让活动开展得更有深度，更有文化味。

（三）丰富人人参与的文化活动

校园文化建设应该利用好课外这个大空间，以学生为主体，开展多学科、多层次、多内容的校园文化活动，这不仅有利于拓宽学生知识面，改善知识结构，培养学生的表达能力、交际协调能力、组织管理能力，而且还有利于培养学生的参与意识、竞争意识和成才意识，促进学生个性的发展，增强学生的自尊心、自信心和社会责任感、历史使命感，促进素质的全面提高。

因此，学校要在拓展文化活动方面下功夫，将社会主义先进文化、中华优秀传统文化、革命文化与校园文化活动相结合。比如，可以利用清明、端午等中华传统节日，利用青年节、国庆节、植树节、建党纪念日、学雷锋纪念日等，围绕理想信念、爱国主义、道德法治、生态文明等内容，开展内涵丰富、形式多样而又喜闻乐见的主题教育。举办校运会、元旦文艺会演、演讲比赛、主题征文、手工制作、歌咏比赛、情景剧演出、手抄报展览等活动，把德、智、体、美、劳教育渗透在活动之中，在促进学生全面个性发展的同时，不断增强学生的社会责任感、创新精神和实践能力。在德育工作方面，可创新开展系列活动，如学生社团定期开展"招新""成果展示"等活动，鼓励学生积极参与；高三年级举行"成人礼"活动，让学生知晓肩负的责任，感受成长的快乐；各年级开展"远足"活动，让学生亲近大自然，磨砺坚强的意志；组织社会实践和社区服务活动，如"七一"学习党章，向党开齐，"八一"参观红色景点，重温革命先烈的不屈奋斗史，"十一"组织"向红旗致敬"活动，强化爱党爱国教育。此外，学校还可以开展形式多样的评选活动，通过学生票选"道德模范"，大力宣传学生身边的好人好事，让他们感受崇高道德的魅力，开展"书香班级""文明教室""文明寝室"评选，激励学生积极美化教室、寝室，营造舒心的学习和生活环境，提高主人翁意识。期末开展优秀学生评选活动，发挥品学兼优的学生榜样示范作用。

(四) 拓展人文的服务途径

如果把学校的办学思想比作雄鹰的身体，那么校园文化就是雄鹰的翅膀。有了强劲的翅膀，我们才能飞得更高，飞得更远。随着时代的发展，各种文化思潮也在相应地丰富起来，因此，在校园文化建设中，应坚持校园文化为学生终身发展服务的意识，不断探索新的渠道、新的路径，完善各种育人制度，实施全员育人、全过程育人、全方位育人，将工作做到学生的心灵深处，用良好的人文氛围来塑造精神，培养人格。

全员育人，即发挥每个人、每个岗位的育人功能。学校管理者要率先垂范，每一周都要深入学生宿舍、教室、食堂，与学生面对面交流，了解学情，倾听心声，为全校教工积极参与德育工作做出表率，从而营造学校"教师人人是导师，学生个个受关爱"的良好人文氛围。

全过程育人即各阶段教育各有侧重、有机衔接，形成一个整体，贯穿全过程。如对于高一新生，可以养成教育为主题，组织新生军训、落实新生仪表检查、举行寝室内务整理比赛，引导新生培养良好的学习与生活习惯；对于高二学生，则以动力教育为重点，通过励志班会、演讲和社会实践活动，提高学习的信心和动力；对于高三学生，则以成才教育为主题，举行"高三成人礼""高考百日宣誓""高三毕业典礼"等活动，引导学生深刻认识个人理想与祖国需要之间的关系。全过程育人的人文氛围，能为学生成才奠定坚实的基础。

全方位育人是指在常规育人方式之外，要有所拓展，力求全面覆盖，建立健全各项管理规章制度，保证校园文化建设有章可循。比如，制定完善师德规范，明确各个岗位教职员工的育人责任；建立健全教职工深入基层联系学生制度，让教工深入课堂、班级、宿舍和食堂体察生情，答疑解惑，解决问题，推动形成育人合力；注重完善民主管理制度，为教师搭建参与学校管理的平台,营造民主、平等、和谐的人文氛围。

二十一世纪是网络技术飞速发展的时代,互联网也越来越深刻地影响着人的思维方式和行为方式,校园文化建设要主动运用互联网背景下的新媒介新形式,营造出贴近学生生活、富有青春气息的校园文化形态。如学校可倡导各班利用班级微信群创建"家校共育"模式,邀请广大家长共同携手创建文明校园,献计献策献力,以实际行动参与到班级文化建设中来。学校可组织召开全员家长会和家校恳谈会,开展"大家访"活动,倾听家长意见,畅通家校之间沟通渠道,营造家校共育的人文氛围。

总之,厚植校园文化,打造人文校园,是一项长期的系统的工程,也是学校持续高质量发展不可或缺的重要工作,良好的校园文化,可以春风化雨般影响和启迪师生追求人生的真谛,完善美好的人格。作为学校管理者,我们应高度重视校园文化建设,以学生的人格形成和个性发展为目的,为师生创造美好和谐的人文环境。

山品文化：引领绥宁一中校园文化建设探索与实践[1]

唐立新

绥宁县第一中学

摘要：绥宁一中立足独特的地域环境，充分挖掘和利用山地文化内涵，以"博大、坚实、仁爱、灵动"的山之品格，凝练办学理念，通过培养全面发展的"山之子"、锻造厚德博学的"山之师"、塑造格高境阔的"山之美"，引领校园文化建设，并传承特色鲜明的山品校园文化，促进学校持续发展。

关键词：校园文化；山品文化；文化建设

绥宁一中坐落在群山环绕的绥宁县县城长铺镇西面，依山就势而建。绥宁县地处云贵高原东麓，雪峰山脉与八十里大南山南北对峙，境内海拔在1000米以上的山峰有348座，其中主峰牛坡头海拔高达1913米。这里被誉为"中国竹子之乡"，是国家级生态示范县和"三湘林业第一县"。大量原始次生林在青山翠谷间摇曳。其中源头山的长苞铁杉驰名中外，神坡山的穗花杉、坪溪冲的楠木林远近闻名。1982年5月，因为生态优异，绥宁县被联合国教科文组织命名为一块没有污染的"神奇的绿洲"。绥宁县

---

[1] 【基金项目】湖南省电化教育馆课题《微课在课堂教学中的应用研究》（课题编号：HNETR 16114）阶段性成果。

独特的地域环境孕育了厚重的山地文化。在长期的办学过程中，绥宁一中充分挖掘和利用山地文化内涵，以"博大、坚实、仁爱、灵动"的山之品格，凝练办学理念，以山品文化引领校园文化建设，构建了特色鲜明的山品校园文化，取得了显著成效。

一、山品文化在校园文化中的形成

（一）如山之博的传统文化孕育了山品文化

在博大精深的中华传统文化中，山，无疑是一个重要的文化意象。它承载着千百年来人们对于美好精神品格的期待和向往——"地势坤，君子以厚德载物"，彰显着山的载物之厚德；"高山仰止，景行行止"，弘扬着山的高洁之品行；"智者乐水，仁者乐山"，体现着山的仁爱之胸怀；"积土成山，风雨兴焉"，寓示着山的踏实之品质；"壁立千仞，无欲则刚"，展现着山的坚韧之风骨；"会当凌绝顶，一览众山小"，焕发着山的攀登之豪迈……山的精神品格激励着人们不断提升精神境界和人生层次，让人敬畏和感恩。坐落在氤氲着博大精深之传统文化的山地环境中，绥宁一中师生深受传统文化中"山"之精神风骨的塑造，继承和发展了传统文化对于"山"的美好期许，让师生都能以山的美德激励自己去不断攀登、不断进步，从而在校园文化建设中形成了独特的山品文化。

（二）如山之葳的地域文化催生了山品文化

绥宁县总面积 2927 平方千米，总人口 39 万，少数民族人口占 63%。千百年来，汉、苗、侗、瑶等 20 多个民族在群山万壑之中休养生息，创造了如山之葳的地域文化，葳蕤的地域文化反过来又环绕并丰富着大山的品格精神，使莽莽大山焕发出更为蓬勃的文化景象。绥宁一中置身于这一蓬勃的文化景象中，被环绕、被熏陶、被启迪，因而沉淀出坚实的山品文化底蕴，形成了生动的山品校园文化。

（三）如山之仁的师生品质奠定了山品文化

绥宁一中一代代师生在山地环境中成长，大山的品格潜移默化地塑造着人的品格，山品在无形之中成了人品的基石，成了人品的重要构成。建校以来，绥宁一中一代代师生学习山的仁爱、仁厚、仁和等优秀品质，脚踏实地地去工作学习，虚怀若谷地去见贤思齐，遇到困难不屈不挠，以刚毅坚卓的姿态主动发展，以勤奋不辍的精神付诸行动，通过自我的不屈奋斗，不断磨砺生命的韧性，不断丰厚智慧的积累，不断超越自我，从而奠定了如山之仁的山品校园文化。

（四）如山之坚的学校愿景构建了山品文化

绥宁一中立足山地，放眼世界，以如山之坚的品格，做富有责任感的学校，立"得天下英才而教育之"的高远志向，做有信念、有追求、有理想的教育，在办学路上不断攀登、不断超越，引导人、发展人、成就人，追求卓越的教育品质，承担更多的社会责任，并立志以教育质量和教育成果为追求，在校园文化建设中着力营造和构建山品校园文化，使学校成为湘西南教育界一面独特的旗帜。

二、山品文化对校园文化建设的引领

（一）山品文化的内涵

绥宁一中山品校园文化以"厚德如山、博学广才"作为育人的价值追求，是学校在办学过程中形成的具有"山"之坚韧风骨、师生之优良品性，以及共同的价值观、精神、行为准则及其在规章制度、行为方式、物质设施中的外在表现。其概念有四层含义：

第一，山品文化以湘西南边陲为地理环境圈，以区域少数民族文化为背景。

第二，山品文化建设的主体是由学校全体师生员工组成的校园人。

第三，山品文化是学校在长期的教育实践中积淀和创造出来的，并为学校成员所认同和遵循的价值观体系、教育教学管理行为规范及准则和物化环境风貌的一种整合和结晶，表现为学校的综合个性或特色。

第四，山品文化的本质意义在于培养学生坚韧不拔的精神和优良的民族品质，其最高价值在于促进学校师生的发展。

绥宁一中着力使"山品文化"在校园文化建设中成为引领，结合"中国学生发展核心素养"，按照"基础性课程校本化、拓展性课程特色化、研究性课程卓越化"的方向，开发构建了极具特色的山品课程体系，促进了学校的特色教育，形成了鲜明的办学特色。

（二）培养全面发展的"山之子"

绥宁一中在教育教学工作实践中，要求学生既要勇攀知识高峰，又要沉淀自身道德修为，以丰富自身体验，达到山川高度，使学生拥山之德、怀山之智、育山之健、蕴山之美、学山之勤、立山之志，培养全面发展的"山之子"。学校以山品文化内涵为主线，结合国家教育教学要求，建立了客观实际的评价体系，从学生的思想素质、文化素质、身体状况、艺术素质、劳动素质、个性发展水平等各个方面进行考量，取得了很好的效果。2012年，学校成立了PEER空间项目课外活动小组，开展空间探索活动，拓宽了学生的视野，培养了学生的能力。2017年，学校立足山区少数民族体育特色，成立了高脚马队、陀螺队、板鞋队、秋千队、射弩队、舞龙队等，在省、市少数民族传统体育项目比赛中获得金牌21枚、银牌36枚、铜牌33枚，被评为全省少数民族传统体育项目特色学校。2019年，学校创建了2个国防班，通过开展军事技能训练、内务管理培训、法纪校规教育、消防安全演习、军事知识讲座等，使学生深刻体验军营集体生活，增强集体主义观念，养成了吃苦耐劳的精神和坚韧不拔的顽强作风。这一年，学校还申报了湖南省"中华诗词文化教育基地"，获批了"全国青少年足球特色学校"。2020年，学校加入了春禾社团，参加了上海春禾青少年发展中心组织的全国第五届ETS大赛。与此同时，学校周密策划、精心组织了一年一度的"校园艺术节""运动会""远足活动""中华经典诵读"等大型主题活动，让学生在参与活动中受启迪、受感染、受教育，培养坚毅品质、丰富德育内涵。在"山品文化"的激荡下，学生自发成立了文学、书法、动漫、足球、篮球、排球、舞蹈等13个课外活动社团，自身的个性和特长得到了充分发展和展现，同时也改善了师生的教育、学习方式，培养了学生良好的素养和能力。

(三) 锻造厚德博学的"山之师"

教师作为学校的主导力量，是学校文化的建设者。教师文化作为学校文化的重要组成部分，影响着学校文化的价值取向。为锻造厚德博学的"山之师"，绥宁一中制订了"山之师"职业行为十项准则，启动了"山之师"发展工程，让每一位教师都能"进德修业、辉光日新"，成为学生的榜样，使学生"亲其师，信其道"，以提升教育教学水平。学校积极搭建教师发展平台，创造教师外出培训、参观、交流学习的机会；定期开展教育教学竞赛，打造校园名师，使一批教师进入省、市级教学新秀、教学能手、骨干教师、学科带头人行列。学校充分发挥名师效应，对获得"学科带头人""骨干教师""教学能手""教学新秀"和"优秀班主任"称号的名师，在师德师风建设、教学成绩提高、教育教学科研、帮带青年教师等方面所起的表率作用纳入考核范围，以求"名"实相符，并将教师专业化发展目标与绩效考核相结合，促进教育教学质量的提高，实现在教师专业化发展道路上成就教师、成就学生、成就学校的目标。全体教师在"山品文化"的引领下，主动学习山的沉稳、包容、坚韧、高远等优秀品质，自强不息、攀登不止，涌现出了正高级教师4人、特级教师3人、高级教师73人，省级骨干教师5人、市级骨干教师6人，市级学科带头人5人、县级学科带头人10人，县名师21人，形成了一支师德高尚、业务精湛、充满活力的教师队伍。教师潜心教研，不断提升自己，先后获得各类奖项的全国一等奖12人次，省一等奖39人次，省二等奖88人次。

(四) 塑造格高境阔的"山之美"

学校将山品文化全面渗透到教育教学中去，引导学生"常仰山之高，知不足而好学，见贤思齐，见不贤而内自省"，让学生充分汲取山品文化的精神养分。同时学校把弘扬和培育民族精神，作为培养学生远大志向，树立正确的人生观、价值观和世界观的重要内容，深入持久地抓在手上，努力在学生身上塑造"格高境阔"的山之美。学校每年植树节开展绿化活动、劳动节开展爱劳动活动、中秋节开展迎祝福活动、重阳节开展敬老爱老活动、国庆节开展爱国主义教育活动……注重加强对学生的传统美德、公民意识的培养，着重于自强不息、集体意识、进取精神的培养，致力于勤奋简朴、诚实守信、孝敬父母品格的培养。通过教育，学生树立少年智则国智、少年强则国强的家国意识，把"为中华之崛起而读书"的远大抱负根植于心田，在物欲和浮躁的社会环境中保持宁静的读书情怀，让远大理想为他们的人生插上奋飞的翅膀。

三、山品文化在校园文化中的传承

（一）在校长精神引领中传承"山品文化"

我从教三十三年，当中学校长二十一年，每当茫然时，我就追问自己，"教育是什么？""教育为什么？""教育怎样做？"每一次追问都会有新的感悟。教育要尊重人的身心成长规律，以学生不同的禀赋为起点，以培养学生纯净美好的心灵、健全高尚的人格、良好规范的行为习惯、自主能动的能力为追求，为党育人，为国家育才。行走在神奇的绿洲，从中华传统文化对山的品质、山的智慧的解读中，心中油然升起了对山品文化的崇拜和敬畏。山品如人品。山品文化是一种以山的优美品质为喻的依照人的身心发展规律和教育教学规律的文化引领，相对于功利教育而言，教育应当从功利浮躁中超脱出来，回归教育本真。尊重孩子的一切原创性思维，尊重孩子的兴趣爱好，尊重孩子的好奇心。

（二）在办学理念提升中传承"山品文化"

山蕴含着水，水滋润着山，大山是真正的储水库、蓄水池。它就像一位饱读诗书的学者，厚积薄发，源远流长。教育应该固本清源，底蕴丰厚，不浮躁，持久稳定。教师教给学生一滴水，自己必须是一汪源源不断的泉。教育主张耐心、细心、悉心，循循善诱、沁人心脾，不强制、不灌输，适合的才是最好的，倡导人们学会等待，等待花开、等待果熟，力戒急功近利，力戒揠苗助长。教育滋润心灵，唤醒潜能，激活人的创新创造思维，人格为之塑造，精神为之振奋。一个民族要有教育理想，一个学校要有教育追求，一个人要有成才目标。教育是包容的、合作的，包容、宽容、兼容，联合、融合、契合，志向高远、士气高昂、志趣高雅。教育主张扬长容短，以长促短；主张凝聚各方力量，"教育合作、教学合作、学习合作"；主张在"变"与"不变"的辩证思维中推进教育内涵发展，在"坚守"与"创新"的思维变式中守正出新，探索教育发展规律。

（三）在课程体系设计中传承"山品文化"

我校通过鲜明个性特征的校本课程凸显"山品文化"。学校重视山品特色课程的设置，让学生从中受益，获得成长。学校现有新竹文学社和新竹散曲社两个社团，是学生课余文学创作和中华优秀传统文化诗词教学的重要基地。社团配有专门的指导教师，主编校刊《新竹》，开发散曲校本教材《诗词曲联入门知识》，建有诗词散曲文化墙。2020年5月学校被评为湖南省首个高中学校"中华诗词教育先进单位"。学生习作多次在《语文报》作文大赛、"叶圣陶杯"作文竞赛中获奖。学生所作的诗词散曲在《湖南诗词》上发表。学校开设了足球课程，编写了《足球》样本教材，并以足球社团为依托，组建学校足球队，每年定期举办学校足球联赛。近几年来，我校参加市足球赛均获较好名次，并于2019年10月被评为"全国青少年足球特色学校"。2019年我校组建了春禾社团（系上海春禾青少年发展中心"春禾启梦计划"公益项目的组成部分），以研究性学习课程为核心开展社团实践、课题研究等活动，注重培养学生自我学习的主动性，提升学生的归纳、理解和创造能力，陪伴学生去发现开放、独立、自信的自己。2019年，我校5名学生参加"ETS"省级赛，全部晋级全国赛并取得优异成绩；2020年春禾社团4名同学参加"ETS"省级赛，3名同学晋级全国赛。

（四）在规章制度完善中传承"山品文化"

学校制度文化是学校在日常管理要求或规范中逐步形成的，是在长期积淀中成为全体校园人认同和遵循的物质和精神成果，体现着学校每个个体特有的价值观念和行为方式。在我校制度文化建设过程中,"山品文化"得到了很好的彰显和传承。学校先后制订完善了《绥宁一中班主任条例》《绥宁一中后勤管理条例》《绥宁一中教学工作管理条例》《绥宁一中年级组工作规范》《绥宁一中教师手册》等,学校教代会通过了《绥宁一中强化校内督导,提升办学水平方案》《绥宁一中迎接新高考实施方案》《绥宁一中教职工师德师风考评细则》《绥宁一中教职工绩效考核办法》《绥宁一中年级组目标管理评价细则》等,从德、勤、绩、能等方面综合考评教师,引导教师真诚合作和良性竞争。学校有微课制作、新竹文学等工作团队,有散曲、微信制作、自主招生指导、名师工作室,鼓励教师开展教研教改,提高业务水平。学校有年度考核工作小组,按学校《考核条例》,每年按教师自评、教研组核分、学校考核工作小组审核的程序评选学校先进工作者和优秀人员,并在校内公示一周,教师无异议后再进行通报奖励,树立了重德才、重实干、重业绩的良好导向。

(五)在外在形象建设中传承"山品文化"

我校注重在学校校容、校貌等外在形象上彰显和传承"山品文化"。整洁如新的花园式环境、师生的文明气质、富有特色的校园建筑、浓厚的文化氛围等构成了"山品文化"亮丽的风景线。我校校园依山就势,布局合理,教学区、运动区、生活区错落有致,"动""静"相宜。各类建筑既符合安全标准,又富有个性特征。学校建有山品文化墙、诗词散曲文化墙、"希望的风帆"雕塑、宣传窗、报廊、公益广告牌等宣传设施。学校努力办好校刊《新竹》、校园广播站、宣传栏,组织好校本读物开发、各类兴趣小组、社团等活动。学校有独立的图书馆,藏书12万余册,图书资料充分开放,每学期学生借书、阅览达2万多人次。学校加快校园文化、艺术、体育建设,创建富有人文气息的校园文化环境,让学生在浓郁的文化环境中提升素质,修炼品格。学校整体规划、精心设计、因地制宜地做好校园绿化美化工作,对现有树木、花草种类、结构进行合理布局和调整,坚持平面绿化和立体绿化相结合,使校园的环境达到绿化、美化、净化的要求,让师生接受环境美的熏陶和感染,增强欣赏美、享受美、创造美的能力。学校获得了市级"花园式"单位、省级"绿色学校"、省级"园林式单位"等荣誉称号。

(六) 在学校个性彰显中传承"山品文化"

"山品文化"包含着一个特质,那就是个性。这一个性烙印在我校的文化里,使我校彰显出与众不同的文化印记。

一是学校设计了以"山品文化"为主题的校徽和以"山品文化"为主题的资料封面,积极宣传学校的"山品文化"。学校的宣传团队、官方网站和微信公众平台等,紧紧围绕学校的中心工作和重点工作,与"湖南基础教育网""新绥宁""绥宁政府公务网""绥宁在线""绥宁教育信息网"《德育报》《科教新报》《邵阳日报》《法制周报》等宣传媒体加强联系,及时报道、推介"山品文化"。

二是在"山品文化"的引领下,学校德育工作特色明显,效果显著。学校深入实践"明德树人,好学力行"的核心理念,不断完善以"做一个有道德的人"主题实践活动为主线的德育工作机制,充分发挥未成年人思想道德建设主课堂、主渠道、主阵地作用,全面提升我校德育工作的科学性、实效性,彰显我校以德立校的办学特色,实现培养品德良好、身心健康、责任心强、表里如一的合格公民的目标。

三是在山品文化的指引下,学校始终坚持开展"帮困助学、献爱心"活动。我校开展了建档立卡"三免一助"、建档立卡"二免一助"、非建档立卡、校友蒙昌敏助学金、省"育才行动"助学、学校特困助学金、县教育基金会助学、大学生路费资助、省关工委资助、上海明垣合伙企业资助、省芒果TV基金助学、爱心捐赠、爱烛行动、衣恋阳光等一系列爱心助学活动。全体教师带头示范,学生也纷纷加入了帮困助学行列,帮助贫困生渡过暂时难关,完成学业,让他们感受到学校这个大家庭的温暖。学校高度重视教育精准扶贫工作,建有高中助学金学生申请制度及名册库,及时公示受助名单,并保证按时足额发放到位,不截留不挪用。2020年,学校共资助建档立卡贫困学生406人,非建档立卡贫困学生463人,资助金额共计341.8万元。

(七) 在学生社团活动中传承"山品文化"

学生社团活动是学校文化中除班级文化之外，另一个具有重要影响力的文化范畴。学生社团活动可以通过多项协作活动，构建被社团成员所共同理解和遵守的价值观，是形成"山品文化"之学生表现的最佳平台，更是山品文化在校园文化中有效传承的重要途径。在学生社团活动中传承"山品文化"，可进一步丰富学生的文化底蕴，为培养具有远大理想、爱国热情和世界眼光的社会主义建设者和接班人奠定坚实的基础。

基于"诗圣文化"的学校特色创建与思考

——以湖南省耒阳市第一中学为例

曹飞跃

耒阳市第一中学

摘要：校园文化建设是提升办学品位的重要举措。耒阳一中以"爱国、爱民、爱读书、有抱负、有担当、有涵养"为主要内容的诗圣文化为依托，以凝练"家国情怀、儒雅风范"的办学理念为指导，以开展诗圣文化传承为内容，以构建儒雅的诗圣文化氛围为手段，以打造诗圣文化景点为载体，积极创建学校特色，并取得了良好的效果。研究表明，创建学校特色，必须要用文化烙印学校特色、用个性凸显学校特色、用优秀彰显学校特色、用科研完善学校特色。

关键词：校园文化；诗圣文化；学校特色

"大学者，非谓有大楼之谓也。"中学亦如此。近些年来，耒阳一中充分挖掘学校悠久的历史文化基因，不断凝练办学理念，在内涵式发展的基础上，逐渐形成了以"诗圣文化"为内核的办学特色。

一、以诗圣文化为依托，建设特色学校

（一）诗圣文化的内涵

文化，是人类在社会历史发展过程中所创造的物质财富和精神财富的

总和。"诗圣",即唐代伟大诗人杜甫,后世称其杜拾遗、杜工部,也称他杜少陵、杜草堂。"诗圣"杜甫心怀天下,情系苍生,忧国忧民,儒家知识分子身上所具有的以天下为己任的社会责任感和忧患意识,在杜甫身上体现得尤为突出,并对后世产生了深远的影响,逐渐形成了以"爱国、爱民、爱读书、有抱负、有担当、有涵养"为主要内容的诗圣文化特质。

(二) 学校特色建设彰显诗圣文化

学校特色是一种独特的、优质的、稳定的办学风格,或者在各项工作中表现出的积极的与众不同之处,是学校积极的、进取的个性表现。每所学校都应该在遵循办学方针的前提下,主动选择适合本校实情的办学路径,逐渐形成较稳定、可辨识、接受度高的办学特征。学校特色既有学校自身相对稳定的个性,也有一定的时代共性。

耒阳一中学校特色建设依托于诗圣文化。史载杜甫为避战乱,携家人投奔郴州的舅舅崔伟,途径耒阳,不幸因故去世。当时的耒阳县令感念杜甫的才学和人品,为他修墓立祠(位于耒阳一中校内的省级保护文物——杜甫墓和杜工部祠)。唐朝末年(公元907年),在杜工部祠建杜陵书院。1902年创办新学,时名耒阳县立第一高等小学堂,即耒阳一中的前身。千年书院、百年新学的悠久历史,造就了一中特有的文脉和神韵。传承逾千年的诗圣文化,是学校丰厚独特的历史精神财富,影响着一代代的一中人,培养了一批批有深厚家国情怀和儒雅风范的杜陵学子。

二、诗圣文化引领下学校特色创建的探索与实践

在诗圣文化引领下,耒阳一中在特色创建方面做了一些有益的尝试。

(一) 凝练"家国情怀,儒雅风范"的办学理念

办学理念是办学的顶层设计,它诠释了全体师生对学校的理性认识与理想追求,是建立在对教育规律和时代特征深刻认识基础之上的哲学观念。先进的理念是学校办学的动力所在:对内是凝聚力、向心力;对外是竞争力和品牌。作为承载学校核心价值和精神追求的办学理念,应该要关

注学校的历史传统，敬重学校的文化积累，在学校的历史文化中重新发现、解读和构建学校思想和文化资源，使之符合时代精神和教育改革与发展的要求。

在充分挖掘学校诗圣文化的基础上，耒阳一中提出"家国情怀，儒雅风范"的办学理念。这一办学理念既与我国"以民为本""大济苍生""君子人格"的儒家思想一脉相承，也与时代需求相一致。

"家国情怀"是一个人对国家和人民的深情大爱，是对国家富强、人民幸福的理想追求。它体现为对自己国家高度的认同感、归属感、责任感，是一种深层次的文化心理密码。以带有鲜明诗圣文化精髓的"家国情怀"作为办学理念，目的就是希望能不断培养出像"诗圣"杜甫那样的，以百姓之心为心、以天下为己任的新时代建设者和接班人。

在诗圣文化的熏陶下，耒阳一中人都逐渐养成了"诗圣"杜甫那样的"儒雅风范"：既博览群书、学识渊博、治学严谨，又端庄大方、彬彬有礼、温文儒雅。

"家国情怀"侧重师生的道德素养和责任感；"儒雅风范"更多地注重师生的学识水平、科学素养。当然，这二者又密不可分，"家国情怀"是"儒雅风范"的内核与基石，"儒雅风范"是"家国情怀"的外现与升华。

（二）开展诗圣文化活动

1. 举办国学讲座，唤醒诗圣文化基因

为了弘扬传统文化精髓，激发师生的家国情怀，2012年以来，学校邀请包括央视"百家讲坛"知名主讲人康震在内的众多名师，不定期开办国学讲座，让师生了解诗圣文化基因在当下的正确表达形式。

2. 组织文艺活动，培育诗圣文化品质

以社团为依托，开展形式多样的课外活动，营造学校儒雅的软环境。学校社团众多，每年都会开展经典诵读比赛、国学知识比赛、书画创作比赛等文化教育活动。通过开展这些比赛活动推动校园文化建设，引导学生兴趣追求，从而逐步孕育学生内心世界的儒雅精神并外化为"儒雅风范"。

耒阳一中濒临耒水，耒水一年一度的龙舟赛在全体师生心中留下了深刻的印象。为了引导学生品出端午节背后的"家国情怀",学校每年都会组织相关的节日文化探究。每年清明节,组织学生祭扫杜甫墓,缅怀"诗圣"。一个节日,传承了优秀文化;一种习俗,浓郁了家国情怀;一次活动,芬芳了爱国精神。

3. 开展科研活动,探索诗圣文化真谛

杜甫具有忧国忧民的博大情怀、忠诚爱国的优秀品质。在课堂教学、德育教育中,积极弘扬"诗圣"的道德情操,展示"诗圣"的品格魅力,用"诗圣"的品格魅力去感染学生,教化学生,培养学生以民为本、忧国忧民的家国情怀和以德为先、温文尔雅的儒雅风范。

学校围绕诗圣文化,构建了"普通高中德育特色体系";为了探索诗圣文化的真谛,申报了湖南省规划课题《建设杜甫书香校园与学生儒雅性情的研究》,并取得了丰硕的研究成果。课题组编写了《诗圣的光辉》《诗圣杜甫与耒阳》《高一新生入学读本》等校本教材;发表论文数十篇,课题专著《教育,从"家国"出发》,已由湖南教育出版社出版。2017年,学校被教育部认定为"中华优秀文化艺术传承校";2019年,学校被评为"湖南省第七批生态文明示范学校"。

4. 多措并举,扩大诗圣文化的辐射范围

学校定期进行时事教育,让学生从宏观抽象层面,了解我们面对的是一个怎样的世界;有计划地开展社区活动,让学生从微观具体层面,体验我们置身其中的是怎样的一个社会;落实家校互联,努力通过家校共育对象——学生这座桥梁,把学校的文化建设成果辐射到每个学生的家庭。

同时,学校还把学校诗圣文化建设成果向其他学校辐射。耒阳一中教育集团所辖的杜甫学校、东江中学,均在大力弘扬诗圣文化方面做了大量的工作。杜甫学校把"秉杜甫爱国志,做最美读书人"作为办学理念。走进杜甫学校校园,和杜甫有关的文化设施如杜甫雕塑、诗作等随处可见。东江中学的办学理念为"家国情怀,厚德强能",同样植根于诗圣文化。

(三)构建儒雅的诗圣文化氛围

杜甫深受儒家传统思想影响,文学修养高,温文尔雅,具有推己及人的同胞情怀，儒雅风范气质突出。为构建儒雅的文化氛围，我们主要从以下几方面着力。

1. 建设儒雅的教师群体

儒雅的教师首先要为教以"德"。学校倡导教师耐得住寂寞，守得住清贫，在物欲横流的时代坚守自己纯洁的精神家园。倡导教师们要有终身学习的意识，争做书香型教师、学者型教师，不断探索教研、教改，从而使自己能力提高，教艺精湛。学校坚持采用"请进来、走出去，鼓励自学、鼓励进修"的办法，来推动教师为教以"学"的进程。儒雅的教师要为教以"礼"。子曰："不学礼，无以立。"儒雅气度的产生和传统的礼仪有着密切的关系，合乎礼仪标准的行为才能被称为儒雅。作为人类文明的继承者与传播者，我们要求教师对待学生要文明礼貌、平等和悦。

2. 培育儒雅的学生群体

以文明礼仪，塑学生儒雅之言行。学校把文明礼仪教育作为培育儒雅学生工作的首要环节，具体有以下做法：第一，打好基础、形成氛围。新学期开始，即对学生进行文明礼仪教育，上好第一次礼仪课，打好基础、形成氛围。第二，树立榜样、激励同学。在文明礼仪养成教育中，开展"校园美德好少年"等评选活动，展示"美德少年"风采，表扬相应班级，激励其他同学向"美德少年"学习。第三，持之以恒、一抓到底。文明礼仪教育，是一种养成教育。通过教育训练，持之以恒，学生逐步形成文明识礼的好习惯，提高讲文明、懂礼貌的自觉性和主动性。第四，以文化经典、铸学生儒雅之心性。以知识涵养人性，用经典润泽人生，使自然人走向文化人，是教育的使命。在日常教学过程中，学校要求教师在课堂内外，引导学生鉴赏文化经典，追求以经典浸润人生、以诗文陶冶情志、以心灵传承文明。

3. 构建儒雅的人际关系

建立儒雅的师生关系。在这方面学校提出了三个要求。首先，儒雅的师生关系必须以爱为先导，教师疼爱学生，学生亲近教师。其次，儒雅的师生关系必须是相互尊重的：教师要尊重学生，小心维护学生的自尊心；

学生也要从内心尊重教师，师生相处要庄重得体。最后，儒雅的师生关系必须是高尚雅致的。它不含利益交换，它在浓浓温情中砥砺人的意志，它在师生互动中追求真理。亚里士多德曾说："吾爱吾师，吾更爱真理。"这是对高尚雅致师生关系的最好注脚。

建立儒雅的同学关系。教育学生相处待人以善、以诚。人人为我，我为人人，善待他人也就是善待自己。诚信待人不仅能让自己在与人交往时正气凛然，也能够让他人更好地接受自己、信任自己。同时，还教育学生相处时学会换位思考。学校经常采用办辩论会、排小戏剧等方式，让同学们体验角色变换带来的感受，让他们明白换位思考的道理。

构建儒雅的同事关系。教师们长期在一个办公室工作，有时意见相左，有时利益相争，偶尔磕碰冲突在所难免，处理不好，儒雅瞬间就可能沦为庸俗。所以在构建儒雅的同事关系时，特别要关注办公室文化建设。倡导讨论学术只争对错，不争好坏；利益相争各退一步，"君子以义交，小人以利交"，同事之间的交往理应是君子之交，但不必淡如水。

（四）打造诗圣文化景点

耒阳一中注重继承和弘扬诗圣文化精髓，积极打造儒雅校园。在学校建设中，科学规划，合理布局。突出诗圣文化元素，将千年学府的古朴气韵与文化名人的卓越才情融为一体：着力打造以杜甫墓、杜工部祠、杜陵书院、诗圣阁、泰芒亭、杜甫诗墙、杜甫陈列室等为核心的诗圣文化景点，营造浓郁的校园文化氛围，涵养学生性情，丰富学生的精神家园。刚刚建成的校门，采用仿唐宋建筑的风格，古朴典雅；广场四周绿树掩映，文化灯柱错落有致，充满了诗情画意。从校门到围墙，从广场到小径，从灯柱到诗墙，从教学楼到体育馆，杜甫的诗词随处可见，既彰显了历史的长度，又蕴含文化的宽度。师生动脑动手，共同规划教室布局，教室正面黑板上方悬挂着国旗，国旗两边是"公、勇、勤、朴"四字校训，两边墙壁悬挂着杜甫诗词条幅；"班级图书角"，有关杜甫的书籍是各班的标配。

三、学校特色创建的思考

（一）用文化烙印学校特色

"人本是散落的珠子，随地乱滚，文化就是那根柔弱又强韧的细丝，将珠子串起来成为社会。"我国台湾著名学者龙应台关于文化的精辟描述，或许可以用于学校。学校文化就是能够把散落的师生个体串成整体的那一根"柔弱又强韧的细丝"，是一个学校发展进程中逐步积淀下来的一种聚合力，是一所学校特有的精神烙印。

耒阳一中文化底蕴深厚，精神传承有序。这些文物既体现着学校的文化传承，也是串起学校师生员工的文化丝线。再加上耒阳市素有"荆楚名区""三湘古邑"的美誉，是炎帝神农创"耒"之地、"纸圣"蔡伦诞生之地。以诗圣文化为内核的办学特色既彰显了中华民族精神，又有鲜明的地域文化烙印。

（二）用个性凸显学校特色

苏霍姆林斯基说，个人的全面和谐发展就是道德的、智力的、劳动的、审美的、身体的几个方面的和谐发展。他认为："最主要是在每个孩子身上发现他最强的一面，找出他作为人的发展根源的机灵点，做到使孩子在他能够充分地显示和发展他的天赋素质的事情上，达到他的年龄可能达到的最卓越成绩。"

以地域文化为基础的学校文化特征，是办学特色的具体体现。学校的办学特色，从文化学的意义上讲，主要涵盖三个方面：一是学校在思想观念、价值规范上的特色。二是学校在制度、模式、结构等行为方式上的特色。三是学校在物质环境、校园建设等方面的特征。诗圣的诗歌、诗圣的精神影响了一代又一代一中人。诗圣文化渗透到学校的办学理念、教学科研等方方面面，深入一中人的骨髓。文化个性又凸显了以诗圣文化为内核的办学特色。

（三）用优秀彰显学校特色

以"家国情怀"为内核，"儒雅风范"为外化，耒阳一中师生员工尽情展示着自己的才情风华。"勠力而为,不负家国,倾才情智慧,育天下桃李"这些都成了一中多年来特色办学的具体体现。学校特色创建是一项系统的工程,也是一个长期的不断建设的发展的过程,它需要校长的智慧行动,更需要教师的共同智慧。只有尽心尽力,顺势而为,才能办成优秀的学校,才能培养出优秀的学生,才能辐射到社会的方方面面,从而以优秀固化学校,以优秀彰显特色。

(四)用科研完善学校特色

文化立校,科研兴校。科研,是学校焕发蓬勃生命力和可持续发展的保障;没有科研,就没有学校发展的根基。为了让"家国情怀,儒雅风范"这一彰显诗圣文化内核的办学理念更好地发挥育人效果,学校应该溯本探源,在厚植家国情怀传统精神的基础上,再挖掘其在新时代的红色精神内涵。而红色革命和抗战爱国等耒阳一中特有的精神文化瑰宝,为学校育人提供了源源不断的精神动力。为了不负时代使命,引领时代精神,学校要顺应时代潮流,立足育人根本,对诗圣文化不断进行溯源及传承研究,以丰富其内涵,为国家培养更多德智体美劳全面发展的社会主义建设者和接班人。

教育传递文化,文化孕育情怀。当家国情怀携带着中华民族古老的文化基因融入校园,根植于这片充盈着诗圣灵气的教育厚土,生活在校园中的人渐渐被文化打磨出了一种令人心动的光,变得智慧、真诚、大气、自信。随着"家国情怀,儒雅风范"办学理念的进一步落实、深入人心,耒阳一中将在文化特色发展之路上走向新的辉煌。

创建农村高中特色学校的实践与探索[①]

——以湖南省汝城二中为例

黄亿文

湖南省汝城县第二中学

摘要：创建特色学校是顺应教育改革发展的必然趋势，更是农村学校发展走出困境的必由之路。为此，学校立足农村高中实际，通过文化立校、科研兴校，形成具有一定特色的办学成果。实践证明，只有因地制宜、因校施策、因人而异，才能走出一条适合农村高中学校办学特色之路。

关键词：农村高中；学校特色；特色创建

一、创建农村高中特色学校的意义

在当前新的教育形势下，随着教育现代化进程的逐步加快、素质教育和课程改革的不断深入，走特色化办学之路已成为广大教育工作者的共识。

（一）创建特色学校是社会发展的必然要求

随着社会的进步和时代的发展，社会对人才的需求是多样化的。一个

---

① 【基金项目】湖南省教育学会《新高考背景下体艺生文化科目教学策略研究》（课题编号：L-30）成果之一。

人只要能充分发挥自己的长处，就有可能成为社会发展的有用之才。人才也不是孤立的存在，不同学校的人文环境、办学条件、生源状况等各有差异，为此教育者要立足校情去创建适应社会发展需要的教育，这才符合以学生为中心的教育理念。学校特色建设事关素质教育的落实与推进，不仅是社会发展的客观要求，更是学校自身生存和发展的切实需要。

（二）创建特色学校有利于学校内涵的发展

《国家中长期教育改革和发展规划纲要》中明确指出：树立科学的质量观，把促进人的全面发展、适应社会需要作为衡量教育质量的根本标准。树立以提高质量为核心的教育发展观，注重教育内涵发展，鼓励学校办出特色。经过一段时间的实践，我校在农村高中特色学校的创建中将书法、体育、音乐、美术等艺体教育贯穿于全面发展教育中，在一定程度上实现了学校发展方式和育人模式的转型，逐步走出了一条农村普通高中教育错位发展、特色发展和可持续发展之路。

（三）创建特色学校有利于农村学校走出困境

与城区学校相比，制约农村学校发展的因素有很多，尤其是生源质量。以近三年为例，我校高一新生录取分数达500分以上的实属凤毛麟角，而在350分以下的占半数之多，更有甚者不超过200分，这样的生源素质严重制约学校的发展。在办学竞争日益激烈的形势下，学校的发展面临着严峻的挑战，促使学校面对现实，寻求新的突破以求新的发展。农村普通高中只有打破传统的办学育人模式，尊重学生个性发展，发挥学生特长，激发学生潜能，在先进教育思想的引领下，与时俱进，开拓创新，才能探索出特色育人的新途径。这既是学校发展的必然选择，也是学校现实生存的迫切需要，更是促进学校内涵发展的重要途径。

二、创建农村高中特色学校的实践探索

（一）文化立校

校园文化是一种氛围，更是一种精神，它从方方面面渗透到师生的言

行和思想中，从而陶冶师生情操，构建健康人格，充分彰显教育的功能。在特色学校创建中，要牢固树立文化立校的意识，不断探索文化立校的有效途径。

1. 建设高尚的精神文化，为师生注入精神动力

精神文化是校园文化的核心，是学校发展的灵魂，是学校育人目标的高度概括。它表现为师生共同的价值取向、行为方式和为学品质，是学校在校风、教风和学风建设过程中历经长久积淀而内化了的精神支柱。我校努力营造团结和谐、开拓进取、求实创新的校园精神文化。

（1）突出教师精神文化建设

学校一直以来注重教师业务素质的提高，创造各种机会让每位教师在校本研修中提升自我，在外出考察学习中开阔视野。为促进教师的成长，学校创设了一种教师相互学习、相互帮助、相互切磋的成长环境，搭建教育沙龙、读书分享等平台，营造出和谐共享的人际沟通氛围，同伴间真诚相助，坦诚交流，兼容并蓄，做到经验共享、智慧共享、人生的意义与价值共享，在互学互动中共同成长。"校本研修"不仅仅是一种制度、一种方法，更是一种人与人之间平等合作和精神交流的一种方式，教师们通过真诚的"对话文化""合作文化"，使自己的教学行为走向规范，专业水平得到提高。同时扎实开展"青蓝工程"师徒结对活动，建立以老带新的培训机制，引导青年教师深入学习现代教育教学理论，开展各种教学研讨和评比活动，使他们迅速成长并胜任教育教学工作。就这样在无数次学习与思想的交流碰撞中，教师的专业有了发展，思想境界得到提升，迸发出巨大的教育能量，学校成为一个促进教师不断提高与成长的学习共同体。另外，学校还注重凝聚教师的特色共识，让特色学校建设和教师自身的成长紧密联系起来，让教师发展成为学校发展的重要部分，引导教师不断总结反思，提高特色学校的建设成效。

（2）狠抓学生精神文化建设

我校坚持以学生发展为中心的办学思想，秉持"让每个孩子及家庭找到希望与梦想"的教育初心，怀揣"让文化基础异常薄弱的家庭困难学子

也能有书读、读好书"的教育愿景，让"学生道德品质的成长、身体素质的增强、身心健康的发展、学习成绩的提高四个方面都要让家长看得见"的育人理念落地生根，着力发展体艺特长教育，促进文化和特长共同发展。近年来，学校为丰富学生精神文化多方构建平台，成立了民乐队、合唱队、舞蹈队、腰鼓队、舞狮舞龙队等兴趣小组，让学生在潜移默化中由对艺术的兴趣转为对艺术的追求，实现了从"要我学"到"我要学""我乐学"的蜕变。目前学校小专业做成了大文章，专业生由过去几十人发展到现在的1000多人，约占全校学生的一半。随着专业队伍的不断发展壮大，学校已逐步走出了一条以书法、美术、体育、声乐、器乐和舞蹈为主要专业的特色兴校之路。把班级精神文化建设作为校园精神文化建设的重要组成部分，注重培养班级的凝聚力和集体荣誉感，培养学生的积极创新精神，引导班级形成正确的价值观和道德标准，为学生提供丰厚的成长土壤。

2. 建设雅致的物质文化，打造良好的育人环境

学校十分重视校园文化环境对学生潜移默化的影响，以县委、县政府对教育的扩容提质为契机，抢抓发展机遇，对各类场馆设施进行换代升级，新建体艺馆和艺术大楼，配备标准的美术室、舞蹈室、音乐室、体艺器材室和教育成果展览室等。添置必要的器材，各类体艺器材基本达到国家中小学标准，极大地改善了师生体艺运动条件。为充分彰显整个校园的主体文化元素，学校注重追求文化环境建设的艺术化。校园走道上有展示师生精美作品的"文化长廊"，各场馆走廊增设了尽情挥洒、放飞梦想的"艺术之墙"。适逢元旦、国庆等节日举办学生大型画展和书法展；每个教室的黑板报、宣传栏布置成了学生展示自己艺术才华的"艺术园地"。功能室的布置很有特色：音乐舞蹈室有乐器、音乐家、著名乐曲的介绍，以渗透音乐文化教育为主要内容；美术室有古今中外名画名家的简介，主要对学生进行绘画文化教育。同时，开展"学习之星""艺术之星"和"体育之星"等星级学生的评比，并将他们的照片展示在校园文化长廊，让学生在文化的海洋里尽情畅游，让学生个性在丰富多彩的活动中得到发展。

另外，我校苍松翠柏拔地倚天、傲然挺立，古楼沉静、翰墨飘香，香樟掩映、花香四溢，可谓古老与现代集于一体，自然与人文交相辉映，宛若一座精巧别致的花园镶嵌在雄奇壮美的天柱山麓，这得天独厚的自然环境和其所蕴含的精神实质滋养着一代又一代的二中学子。

（二）科研兴校

不断深化教育改革，积极推进素质教育，进一步落实"科研兴校"的发展战略，加强学校教育科研工作建设，提高学校教育科研的整体水平和能力。

1. 创新校本课程，丰富特色教育资源

我校从实际出发，充分挖掘利用校内外的课程资源，努力把蕴含在师生中的生活经验、特长爱好转化为与特色学校建设方向一致的校本课程资源，促进学生个性特长的发展、学习方式的转变和学习能力的提高，开发具有校本特色的学校课程体系，为特色学校的建设积蓄能量。在按照国家课程标准开足开齐课程的基础上，将一些特色项目纳入校本课程，如体育课程就专门开设了乒乓球课、排球课等，为学生今后的发展做铺垫。经过多年的不懈探索，我校已经形成一套适合校情的艺体专业生培养模式，特别是书法专业教学成果显著，获得了"郴州市教育科研基地建设学校"的称号。

在新高考背景下，艺体学生的文化成绩如何实现突破，显得尤为重要。通过对近五年艺体类考生学习情况的研究，我校组织文化课教师根据新高考的要求，结合学校学生实际，编辑整理了九门文化课校本教材《艺术生复习资料》，让学生在有限的时间里进行更有针对性的复习训练，极大地提高了学生的学习效率，明确了学生应具备的学科素养。

2. 开展课题研究，实现教师专业化成长

为保证学校教育科研工作的有效开展，学校完善了教育科研方面的管理制度，规范了科研课题的立项开题、过程研究、评价推广和奖惩细则。同时在物质上对科研工作给予强大的保障，尽量为教师开展科研工作创造条件。一直以来，学校竖起"课题引领谋发展，特色育人铸品牌"的发展大旗，以课堂教学改革为核心，开设情趣浓厚、丰富多彩的兴趣特长班，打造互动探究、幸福体验、个性发展的"快乐课堂"，开展趣味横生、活力四射的"阳光体育"等活动，促进了教师的专业成长，激发了学生的求知欲望。"十三五"期间我校共承担了省、市、县级教科研立项课题29项，尤其是在特色课题的研究上取得了阶段性成果。

三、创建农村高中特色学校的思考

（一）因地制宜，立足农村学校实际

我校是一所市级示范性农村普通高中，师资水平一般、办学条件略显滞后，再加上地方招生政策影响，全县优质生源大都涌入省级示范性高中或城市各类高中名校，农村普通高中的生源大都文化基础差、底子薄，学生厌学情绪严重，教师付出的劳动颇多，收获却甚少，难以走出"高耗低效"的尴尬境地。培养学生健康身心，促进学生成长成才，始终是教育不变的追求。作为市级示范性农村普通高中，要想在夹缝中求得生存，赢得自己的发展空间，就必须立足于学校实际和学生实际，制订合理的发展目标，建立相应的管理体系，挖掘自身潜能，增强内生动力，本着"发展学生、发展教师、发展学校"的理念，因地制宜地去探索创建特色学校的教育之路。

（二）因校施策，促进学校持续发展

农村普通高中在特色教育的创建中，要清楚自身特色，理清办学思路，明确战略定位，把握发展方向，坚持特色发展与社会发展相适应，全面发展与个性发展为一体。做到因校施策，力争在校园文化、课程建设、人才培养、师资队伍、管理模式等方面形成自己的特色，走特色办学之路，推动学校可持续发展、高质量发展。

（三）因人而异，彰显学生个性发展

《国务院办公厅关于新时代推进普通高中育人方式改革的指导意见》

明确指出：到2022年，适应学生全面而有个性发展的教育教学改革深入推进，普通高中多样化有特色发展的格局基本形成。学校的特色存在于学校每个个体中，学校特色不是没有生命力的框架和符号，创建特色学校，关键是让学生个性得到充分发展。

1. 实施分类教学，打造特色班级

在开设兴趣活动小组的基础上，学校根据学生实际，实行分类集中教学。这样就能够有针对性地对文化课基础较为薄弱的艺体特长生进行强化辅导，夯实文化基础知识，又便于有效利用时间，组织他们进行专业培训，不断提高专业素质，促进学生文化和专业的共同发展。创建特色学校，打造特色班级，让班级特色形成学校特色。比如，有些班级开展书法教学，学生的字写得漂亮，形成书法特色；有些班级是美术特色、体育特色或音乐舞蹈特色等，基本上达到一班一特色，让特色之班成就特色学校之"特"。

2. 开展体艺活动，搭建成长舞台

激活校园文化，丰富学生生活，积极开展多彩纷呈的体艺活动。坚持每学年举办一次大型艺术节、新生体艺基本技能赛、书画展览和体育文化节等，让学生全面参与，引导学生边学边练、以练促赛、以赛促练，培养学生审美能力，树立健体意识，提高学生的综合素质，为学生展示才华搭建舞台。以学生社团为突破口抓好学校特色创建工作，为满足学生的不同兴趣爱好，促进学生的个性发展，各类学生社团遍布校园，一个社团就是一个平台，一个平台就是一片天地，一片天地滋润着一地新苗。规范社团管理，要求社团活动做到有计划、有内容、有过程、有检查、有考评，努力做到管理有特色、活动有实效、学生有特长。学生因体育教育而变得更健康、更快乐，因艺术教育而变得更聪明、更儒雅。

百年大计，教育为本。走特色强校之路，是学校发展的终极追求和必然选择。在开展农村高中特色创建的过程中，一方面要根据每个学生不同的兴趣爱好，"无一例外"地对他们进行德、智、体、美、劳的教育；另一方面，在培养学生德、智、体、美、劳全面发展的过程中，也要"无一例外"地使他们每个人不同的兴趣爱好都得到最充分的发展。打造学校办学特色，是优化学校管理、丰富学校内涵、提升学校品位的重要举措。我们将发扬为民服务的孺子牛、创新发展的拓荒牛、艰苦奋斗的老黄牛精神，为创建农村高中特色学校而不懈努力。

中小学书香校园建设的实践探索与思考

张剑辉

湖南省邵东市第一中学

摘要：书香校园建设项目在各中小学如火如荼地展开，效果显著且成就突出，引发广泛关注。但书香校园建设尚处于初级摸索阶段，在理论与实践方面都存在较大不足，导致各地中小学书香校园建设水平参差不齐。为进一步提高书香校园建设水平，必须整合资源、充实内容、丰富形式、拓展途径、提高实效，才能促进书香校园健康持续发展。

关键词：中小学；校园文化；书香校园

为充分发挥学校文化育人的主阵地作用，引导师生形成爱读书、读好书的良好习惯，"书香校园"活动在各学校遍地生花，不仅为打造校园文化品牌，提高校园文化品位产生积极推动作用，而且对促进校园育人质量提升，推动校园文化持续发展也有积极影响。如今，在"书香校园"活动的推动下，各学校不仅取得扎实育人实效，在打造个性化阅读指导、拓展学生成长空间上更是效果显著。因此，新时期加强"书香校园"构建，全面践行育人教育势在必行。

一、书香校园建设的探索与实践

学校是育人的主阵地，质量是教学的生命线。在落实国家文化强国战略期间,必须坚持建设书香校园,唯有如此,才能打造全民阅读的良好氛围,打造书香校园文化[1],才能塑造文化核心,传播核心价值观,为优秀传统文化的传承与弘扬奠定根基。

(一)倡导教师"陪读",发挥教师榜样示范作用

面对建设书香校园的号召,教师要积极发挥榜样引领作用[2],以自身的素质来启迪和引导学生去主动接触阅读,并在不断接触与熏陶中养成良好的阅读习惯和意识。教师可以通过个人公众号或微信平台等方式来推送一些对学生有益的文学作品,带动更多学生去阅读写作,同时还可以将课程教材纳入阅读范围,陪学生阅读,指导其掌握正确的阅读方法,利用阅读课开展交流、评比、表彰活动,增强书香校园文化建设与新课改的融合,促使学生成为书香校园建设的"志愿者",增强学生的阅读素养。学校可以开设教师"读书研讨""推荐欣赏""各抒己见"等栏目来促进教师间的读书交流,营造教师阅读氛围,带动学生阅读积极性。同时,利用全员成长、骨干培养等方式来发挥教师的促进与导向作用,带动辐射全校师生共同参与。

(二)激活机制,健全组织机构完善读书制度

制度是确保书香校园建设顺利、提高学校书香校园文化层次的重要因素,也是书香校园建设活动有章可循、有规可依,避免其流于口头形式的重要保障。学校在建设"书香制度文化"之时,首先,要完善书香校园建设评价机制,并以资金投入、阅读活动管理效果作为评价标准,以此来增强全校师生对书香校园建设的重视。同时,学校还要加强对线上线下阅读平台的搭建、书籍的购买和存储、阅读活动资金投入的管理等,以此来确保活动的顺利进行。在师生共读方面,也要不断完善相关评价机制,大力支持师生"共读"活动开展,并通过相应措施推动全校师生共读活动走向

---

[1] 龚宝成,殷世东.书香校园:阅读的力量与教育价值期待[J].淮南师范学院学报,2019,21(6):132-137.
[2] 杨敏.全民阅读视野下校园阅读文化建设:以"校园书香阅读文库"为例[J].阜阳师范学院学报(社会科学版),2018(6):136-141.

规范化、制度化。其次，学校还应积极构建书香校园创建机制，制订适合全校师生共用的管理办法和条例，并对书香校园创建方案不断完善与升级，最终为提升书香校园建设效果奠定基础。此外，校领导还应组织相关人员成立以校长为组长的监督组织，以各班级班主任为负责人，由班主任、各科教师负责方案的实施，以班级为小组开展校园阅读活动，以此来确保书香校园创建机制的完善与发展。再次，学校可以通过"书香交流机制"的创建来拓展学校书香交流渠道和载体，提高书香校园影响力。例如，学校可以借助多样化阅读活动构建书香网络交流机制，通过读书漂流活动、阅读辅导、征文等来扩大影响力，使每一位师生都能感受到阅读的魅力。同时，学校还可以设立多类奖励机制，定期开展"阅读之星""阅读之师""书香班级""书香明星"等活动，以正面舆论引导师生共读。最后，学校还可以建立"书香节日"宣传机制，通过线上线下宣传来扩大书香校园的影响力，并构建良好的交流社区，为师生共读创造良好条件。

（三）发挥主题活动作用，强化书香校园建设

各校可以积极开展"名师荐读""十九大精神进校园"等主题活动，以阅读讲座、读书沙龙、读书笔记交流会等方式来为全校师生营造浓郁的阅读氛围。同时，组织师生开展课本剧表演、经典诵读、有奖征文等活动，进一步激发师生阅读、品悟经典的兴趣，使其在书香氛围的熏陶下不断提升文化素养，丰富文化与精神底蕴，感受书香阅读之美。例如，学校可以组织"阅读工坊"，邀请经验丰富、文化底蕴深厚的教师组成团队从中指导，并在每月定期发布一些读书清单，探讨中外古今文学名著，帮助学生有目的、有计划地培养阅读习惯，并带领学生深入研讨文学作品思想，指导其了解阅读技巧和作品核心，扎实其学业基础，厚实其文化底蕴。如此一来，学生在教师的指导下追求精细化、私人定制化指导和阅读，对其学习与拓展、创新与完善都大有好处。再比如学校开展的"经典诵读"活动，以促进师生身心健康发展、提升师生共读效果为准则，通过与教育教学的结合来推动校园阅读教学的发展。学校通过硬件建设、软件改造等手段来培养师生阅读兴趣和习惯，提高阅读方法和效率，继而丰富

师生精神世界和文化底蕴，为促进学生读写能力奠定基础，也为素质教育的完成提供有效载体。

(四) 多元评价，增强读书监督考核力度

为进一步确保书香校园建设效果，中小学可以通过"小组评价、师生评价、家长评价"等结合的方式来确保师生读书热情长盛不衰。①

在小组评价中，教师要引导学生去主动分享与交流读书数量与体验，以学生互评、师生共评来得出最终评价，并予以相应的奖励。如对"阅读之星"，教师可以将获奖师生的照片制成照片墙或易拉宝，通过阅读感言、经验、心得、座右铭分享来激励其他师生，共同打造和谐的读书环境。在师生评价方面，则根据制定的评选标准和师生读书记录来评选等级，予以相应的记录和奖励。在家长评价方面，教师要积极构建与家长沟通的桥梁，通过家长来获取学生日常读书表现，并为其校内评价提供参考。这样通过家校合作的方式多措并举来确保读书质量，为师生读书活动的开展提供有效监督和推动力量，让书香飘入每个家庭、班级，让每个学生都感受书香的熏陶。

二、书香校园建设的几点思考

(一) 整合资源

硬件设施是保证书香校园读书环境的根基，也是学校完善书香校园的保障，要整合资源②。各中小学可以通过加大对图书馆、阅览室的建设力度，改善相关硬件设施，建设多媒体阅览室、电子阅览室等多元化阅读模式，为广大师生提供宽泛的阅读空间与条件。室内方面，可以通过配置书架、书柜等方式来摆放图书，为学生课余时间自由读取提供便利。同时，学校还可以提升图书管理人员素养与沟通能力，为师生提供符合其需求的图书与服务。（注：这些内容只是资源利用，资源整合没有涉及）

---

① 刘秀红. 书香校园建设的实践与体会 [J]. 中国现代教育装备，2019 (4)：46-47.

② 徐维维，任强. 高校书香校园建设的问题及策略：以四川文理学院书香校园建设为例 [J]. 四川文理学院学报，2020，30 (3)：149-154.

(二) 充实读书内容

教师在每周的阅读课程指导中,要合理安排学生阅读的时间和内容,并辅助学生进行有效的读书交流。与此同时,学校可以根据学生的学级来推荐阅读素材,例如,低年级学生以通俗寓言、故事类为主,树立整体阅读意识;中高年级学生以经典诗文阅读积累、中外名著为主,培养创意、多角度阅读能力。这样有计划、有层次地划分阅读阶段与目标,不仅能提高学生的阅读思维和赏析能力,还能扩大其阅读范围,使其更好地领悟作品内涵,增强人生有益启示。

(三) 丰富读书形式

学校可以为学生提供相应的阅读指导服务,帮助其策划、组织各种不同层次与水平的阅读教学与研究活动,提高学生的参与度与活跃度。例如,学校以"如何培养书香少年"为专题,通过对此类书籍的推荐,鼓励每个学生自主阅读,如《唤醒心中的巨人》《不抱怨的世界》《梦在青春在》等。同时,通过读书交流会、好书推荐会、讲故事比赛等方式来展现学生的阅读成果,优化其阅读成长轨迹,使其能全面、正确评价自己的阅读情况,并以正能量为榜样积极进取。教师还可以鼓励学生以精读感悟的方式来写下读后感,与同学分享,共享阅读之乐。另外,学校还可以不定期举办校园文化节、课本剧比赛、辩论会、作文比赛等,以此来促进学生拓展读书时空,拓宽其知识面,使其博览群书,增强文化底蕴。如开展"我最喜欢的一本书"活动,为学生提供交流分享机会,使其能激发兴趣与热情,品味书香,静心阅读。

(四) 拓展读书途径

各中小学在建设书香校园之时不仅要注重对校园内环境的建设,更要积极拓展途径,延伸书香校园空间[1],为中小学生打造更广阔更宽泛的环境。例如,创新图书借阅模式,培养中小学生信息素养,结合校园文化积

---

[1] 林晓锋. 真实追求"阅读生态·经典阅读",稳健擎起"书香校园"全民阅读支柱建设的湛蓝天际 [J]. 齐齐哈尔师范高等专科学校学报,2019 (6):10-11.

极开展经常性读书活动。学校可以通过APP与定点阅读机的研发来完成对书香校园空间的拓展。首先，学校可以以云理念、二维码技术为基础，通过定制阅读APP终端将纸质化书籍资源转化为电子书籍，并通过与部分社会公共图书馆、网络图书馆互通的方式来拓展阅读空间，为师生提供更好的阅读体验。其次，学校还可以大力拓展网络资源，利用网络教育资源来发展校本化阅读机制。在阅读形式创新方面，学校可以通过阅读平台为师生推送个性化阅读服务和推荐，同时还可以依据大数据技术建立学生阅读需求模型，并以此为参考开展阅读活动。学校要加强对阅读内容与标题的新颖性、创新性把控，要以视频、图片、文字等多媒体资源来丰富和吸引全校师生，从而形成声色并茂、视听兼备的良好阅读氛围。

（五）强化效果评价

为进一步强化阅读效果，激发学生动力，学校可以构建完善的阅读评价策略，以此来推动全校师生"共阅"发展。例如，学校可以开设阅读测试评价系统，对所有师生进行阅读检查，或定期举办课外阅读知识竞赛，选拔"书香教师""书香少年"以及"书香班级"，对其进行表彰与奖励。通过多维度、立体化阅读评价机制的建立解决阅读碎片化、过程难监督、效果难评价的难题，提高师生整合力，调动大家的积极性，提高师生素养，促进师生共同进步。

教育是国之大计，育人是校之根本，书香校园的建设不仅利于师生成长，对国家发展也大有好处。学校要加强书香校园建设，以文化建设引领师生进步，以学生全面发展为育人目标，以文明传承为教学使命，将立德树人推向新高度，为校园文明建设与创新奠定厚实基础，在新时代新征程中营造书香氛围，培育百年栋梁。

第三部分 03

师资队伍建设

基于"五大工程"的教师队伍建设实践与思考

——以湖南省怀化市湖天中学为例

王长斌

湖南省怀化市湖天中学

摘要：教师是立校之本，兴校之源。特别是对于一所新建学校而言，教师队伍建设直接关乎学校的健康持续发展。为此，我校通过"德馨工程"铸品行、"阅读工程"提素养、"青蓝工程"练内功、"明星工程"树楷模、"温馨工程"添活力五大工程，增强了队伍的凝聚力、战斗力和创造力。实践证明，师德师风是加强教师队伍建设之本，注重研训是促进教师持续发展之策，人文关怀是提高教师幸福指数之源。

关键词：学校管理；师资队伍建设；五大工程

湖南省怀化市湖天中学是怀化市委、市政府推进教育强市战略，实施城区教育第一个五年行动计划，按照省示范性普通高级中学的标准设立的一所现代化学校。2012年秋季开校以来，学校领导班子不忘初心、牢记使命，为学校的发展谋篇布局，把教师队伍建设放在学校管理的首位，通过"德馨工程""阅读工程""青蓝工程""明星工程""温馨工程"的相继付诸实施，有效加强了学校教师队伍建设，促进了学校各项工作又好又快的发展。

一、湖天中学教师队伍建设"五大工程"实施的背景

怀化地处湖南省西部，位于雪峰山脉和武陵山之间，是一个欠发达地区。为贯彻落实省委、省政府教育强省战略，加快教育事业发展，怀化市委、市政府把教育摆在优先发展的地位，坚持"小财政办大教育"，湖天中学就是在这个背景下应运而生的，目标是要建成怀化市的优质高中，更好地服务当地经济社会发展。尽管学校的发展蓝图非常宏伟，但面临的困难却异常艰巨。为尽快走出困境，走上发展的快车道，通过精心研究，我们把队伍建设作为学校发展重中之重的工作常抓不懈。

（一）基于新建学校的师资优化

新办湖天中学，市委、市政府的定位是要办成怀化的优质高中。第一年招生只开设了高一年级，第一批到位的教师80余人由三部分组成：一是从另外两所市直高中选调了近20人，二是从市内外有多年高中教学经验的年轻骨干教师中公招了40余人，三是从全国重点师范院校应届毕业的本科生和硕士研究生中选招了近20人。此后两年，每年新增一个年级，每年面向社会公招一批教师。通过多年的发展，教师队伍基本成形，现在职教师已达到240人，整个队伍年富力强，平均年龄33岁，正是干事创业的黄金时期。因均是公开招考而来，整体素质很高，仅硕士研究生就有近80人。但由于这些教师来自全国各地，可以说都是"散兵游勇"，要打造成一支敢打硬仗、能打胜仗的教育"铁军"，必须花大力气加强教师队伍建设。

（二）基于学校发展的竞争压力

怀化市主城区只有60万人口，此前已有怀化市第一中学、怀化市第三中学、怀化市铁路第一中学等三所省级示范性普通高中，同行业竞争的强度和湖天中学办学的难度是可想而知的。开校之初，学校仅建成了一栋教学楼，其他建筑都还在施工甚至设计之中。加之湖天中学地处偏僻，周边都是待开发的新城区，几乎没有常住人口，连一条像样的路都没有，第一年计划招生600人，校领导使尽浑身解数，最后勉强招到了300人，生源

质量就更不用说了。在这种条件下，学校要生存和发展，打造一支强有力的教师队伍是唯一的出路。

（三）基于教育事业的发展所需

百年大计，教育为本，教育大计，教师为本。教师是影响学生健康成长的关键人物，是提高教育质量的能动因素，是学校发展的先决条件，打造一支师德高尚、作风过硬、业务精湛和充满活力的教师队伍是办学的根本大计，作为一所新办的学校，要想在激烈的竞争中脱颖而出，必须想方设法加强队伍的凝聚力、战斗力和创造力，让教师在岗位上有幸福感，事业上有成就感，社会上有荣誉感。

二、湖天中学教师队伍建设"五大工程"的实践与探索

（一）"德馨工程"铸品行

立德树人是教育工作的根本任务，师德是教师最重要的素质，是教师之灵魂。只有爱岗敬业、乐于奉献、处处以教师职业道德要求自己的教师队伍，才会带动学校的发展，取得社会的信任。我校把师德师风作为队伍建设的首要内容来抓，树立起教师队伍的良好形象。

1. 加强学习

学校坚持隔周组织一次政治学习，将师德师风相关的内容纳入学习计划，坚持理论学习和先进典型的"师德讲堂"相结合，提高教师的理性认识，增强遵德守纪的自觉性。

2. 明确底线

教师是人类灵魂的工程师，师德建设是提高民族道德素质、构建和谐社会的基础。教师的道德修养不仅要在示范引领上有所为，更要在坚守底线上有所不为，结合社会和学校实际，我校制订了《师德考核负面清单》，与每位教师签订了《师德师风承诺书》，要求全体教师严守纪律，时刻紧绷师德底线这根弦。

3. 强化监督

为确保师德师风持续向好，学校的监督管理必不可少。一方面，学校设立了师德师风热线电话和电子信箱，广泛接受社会监督；另一方面，在家长中聘请师德师风监督员，自觉接受家长监督；此外，学校纪委和督导室加强对教师日常行为的督促和检查，强化组织监督。

4. 注重评价

师德师风建设是学校必须常抓不懈的一项重要工作，为确保常态化实施，科学化管理，学校制订了《师德师风考核评价方案》，从遵纪守法、爱岗敬业、严谨治学、团结协作、热爱学生、尊重家长、廉洁从教、为人师表等方面，通过教师互评、学生、家长测评和学校评价等环节，每学期对教师进行一次师德师风考核评价，评价结果与教师的晋职晋级和评先评优挂钩，把师德师风这一软指标进一步"硬化"。结合上、下两个学期的评价结果，每年表彰一批"师德标兵"。通过"德馨工程"的有力实施，进一步提高了全体教职员工教书育人、服务育人、管理育人的自觉性和积极性，校内形成了爱岗敬业、奋发进取、团结拼搏、务实求新的良好氛围。

（二）"阅读工程"提素养

教师不仅是知识的传播者，更应该是终身的学习者。阅读是教师学习的基本途径，也是教师自身发展的重要方式。

1. 倡导全员读书

我校的办学思想即"湖天三问"："今天你微笑了吗？""今天你锻炼了吗？""今天你阅读了吗？"其中最后一问即指阅读，倡导全体教师树立"教书人首先是读书人"的意识，带领全体学生"多读书、读好书"，形成"师生乐阅读、书香满湖天"的文化氛围。

2. 搭建读书平台

一方面，学校广泛征集教师爱读的书报清单，由学校统一购置，存放在教师阅览室和图书馆，方便教师借阅，确保教师读书有针对性。另一方面，通过学校网站，发布教师个人读书计划和读书心得体会，营造教师自觉读书的良好氛围。此外,通过交流平台,开展阅读分享活动。每周在各备课组的集体备课会上,备课组内教师轮流进行读书分享。定期邀请校外专家给教师做阅读方面的专题讲座,进一步提升教师阅读的能力和品位。通过"阅读工程"的有效实施,广大教师不仅丰富了自己的学识,而且改变了精神状态,坚定了教育信仰,提升了人生境界。

3. 激活读书氛围

将教师读书纳入校本研修的内容,每学期开展一次"共读一本书"的分享活动,在读书分享会上,每个教研组选派代表从整体、细节等不同角度畅谈感想和体会,推动广大教师多读、精读教育经典作品,丰富教育思想。建立教师读书的激励机制,每年评选"读书标兵",适时给教师奖励书报。

(三)"青蓝工程"练内功

1. 双师带教

我校240名在职教师中,有近100人是逐年从高校应届毕业生中招聘而来的。青年教师是学校的未来和希望,青年教师的思想政治、业务素质如何决定学校的发展前途和命运。为盘活优质教师资源,促进青年教师快速、健康成长,学校发挥骨干教师传、帮、带的积极作用,全面实施"以老带新、以新促老、教学相长、共同提高"的"青蓝工程"。我校要求凡教龄不满三年的青年教师均需参加"青蓝工程",拜师学艺,实行"双师带教",为徒弟安排德育类指导教师及教学类指导教师各一名,促使青年教师在教育教学方面齐头并进,快速成长。

2. 明晰目标

"青蓝工程"指导期为三年,对青年教师提出了"一年要合格,三年能称职,五年成骨干"的成长目标。学校制订了切实可行的《青蓝工程实施方案》,就"青蓝工程"的参与对象、青蓝双方的职责与义务、"青蓝工程"的过程管理、考核评价与奖励、被指导教师出师办法等做出了具体规定。在"青蓝工程"实施过程中,师傅言传身教,倾囊相助,徒弟虚心好学,积极进取。通过"以老带新""精准帮扶"的帮教方式,青年教师树立了正确的教育观念，形成了良好的职业道德和合理的知识结构，具有了较强的教育教学和科研能力。"青蓝工程"的实施，不仅为青年教师的成长提供了良好的条件和机会，同时也为指导教师的进步增添了动力，整个教师队伍焕发出勃勃生机。

（四）"明星工程"树楷模

1. 明星人物评选对象多元化

为充分调动全体教职员工的工作积极性，培育学校的激励文化，引导正确的价值取向，提升教师工作的成就感、幸福感和使命感，学校开展了"月度明星人物"评选活动。月度明星人物评选的依据是人物当月的突出事实，且突出之点并不在多，一点即可。人物包含教职工个体和群体，广义地讲，学生家长、社会人士和校外团体都可参评，只要他们符合"体现学校文化价值取向，为学校做出突出贡献，为学校争得很大荣誉"的评选标准。

2. 明星人物评选过程规范化

月度明星人物的产生可以是自荐、他荐或组织推荐。学校成立评选活动领导小组，负责评选活动的统一策划、指导协调、评选表彰等工作，确保活动顺利开展；成立评选活动工作小组，负责对候选人推荐、遴选、审查工作，对候选人的事迹形成初步材料并组织上报；成立评选活动宣传小组，充分利用宣传栏、校园网等阵地对月度明星人物及时宣传表彰。对当选的"月度明星人物"在次月初的全校集会上进行隆重表彰，表彰仪式包括宣读推荐词、致颁奖词、颁发获奖证书、发表获奖感言等内容。

3. 明星人物评选方式多样化

学校还制订了《湖天中学"园丁奖"评选方案》，以学年为周期，每年评选一批德育明星、教学明星、教研明星、新锐明星、服务明星和优秀备课组、优秀教研组，每年从获评的各类明星中综合评定产生年度"感动湖天十大人物"。这套以时间为经，以专项为纬的纵横交织的激励体系，极大地激发了教师们的工作热情，展示了教师们的良好形象，充分发挥了榜样的模范带头作用，引领了学校的主流文化和核心价值观。

(五)"温馨工程"添活力

1. 丰富多彩的文体活动缓解教师工作压力

普通高中是连接义务教育和高等教育的桥梁和纽带,高中教师工作强度大,压力大。一张一弛,文武之道,为减缓教师的工作压力,学校积极组织教职工开展丰富多彩的工会活动,每月都有大型主题活动,如元月有"春满湖天"春节联欢会,二月有"博雅湖天"书画摄影比赛,三月有"快乐湖天"三八节活动,等等。每月组织开展一次"我爱我家"办公室建设评比活动,举办一期"我爱我校"教育沙龙。积极组织建立教师兴趣联盟,目前已组建了瑜伽、健身舞、篮球、足球、羽毛球、户外活动、茶艺等联盟,学校大力支持这些联盟积极开展活动。

2. 为青年教师排忧解难提高教师幸福感

针对我校教师队伍年轻、教职工学龄孩子多的特点,学校工会利用双休日每月组织一次"湖二代研学营"活动,组织教职工带着小孩开展野外拓展活动,让"湖天人"充分加强了亲情和友情的交流,深受教师和孩子们的欢迎。通过这些活动的开展,有效地增强了教师队伍的凝聚力,让学校真正成了"教工之家",增强了教师的归属感和幸福感。

三、湖天中学教师队伍建设的效应与思考

(一)湖天中学教师队伍建设产生的效应

随着"五大工程"的实施,湖天中学教师队伍建设得到了有效加强,教师们乐于学习、勤于实践、勇于创新、甘于奉献,在湖天这片沃土上茁壮成长。

1. 成就了一批优秀教师

2012年建校以来,63人晋升中小学高级教师,1人晋升中小学正高级教师;3人被聘任为市级学科讲师团专家,12人被怀化学院聘任为兼职教师;9人被聘任为市级命题专家,9人入选省级命题专家库成员;在市级教学比赛中有56人获奖,在省级教学比赛中有32人获奖,在全国教学比

赛中有 2 人获奖；有 45 人被评为市级先进个人，6 人被评为省级先进个人，1 人被评为全国教学能手，1 人被评为全国优秀教师。

2. 结出了丰硕的教研成果

学校坚持"教研兴校"的办学思路，以校本研修为抓手，以课题研究为牵引，组织教师精心研课磨课，鼓励教师积极撰写教学案例、德育案例、教育故事和教育教学论文，教师有 170 余篇论文在省级及以上刊物发表，有 25 个市级课题结题，11 个省级课题结题。27 人次参与了教育教学专著编写，30 人次参与了各类出版社的教学资料编写。学校还申报并成了"怀化市思政课建设基地校""怀化市教科研基地校""教育部中小学生阅读素养教育研究实验校""译林出版社高中英语整本书阅读示范校"及中华书局授予的"中华传统文化教育研究基地校"，教师们参与教研的热情空前高涨，在专业成长的道路上昂首挺进。

3. 扩大了学校的社会影响

在这支优秀队伍的打拼下，学校各项工作又好又快发展，教育教学质量和整体办学水平深受广大学生、家长和社会各界的一致好评，学校先后获得"湖南省安全文明校园""湖南省食品安全示范学校""湖南省防震减灾科普教育示范学校""湖南省心理健康教育特色学校""湖南省语言文字规范化示范学校""湖南省教学质量显著优秀学校""湖南省园林式单位""湖南省体育传统项目学校""湖南省文明校园""全国青少年校园足球特色学校""全国青少年校园篮球特色学校""全国国防教育特色学校""全国阳光排舞进校园示范学校"等荣誉称号。学校的发展目标是成为湖湘学子的教育圣地，怀化市著名、省内知名、国内有名的一流学校。

(二) 进一步加强教师队伍建设的思考

1. 师德师风是加强教师队伍建设之本

师德是教师执教之本，高尚的师德是对学生最生动、最具体、最深远的教育。师德建设是加强教师队伍建设的重中之重。要建立和完善教师师德评价、考核、监督、奖惩制度，形成师德师风建设的激励和约束机制，在教师中倡导教书育人、为人师表、严谨治学、甘于奉献的精神，不断提高教师的职业理想、职业道德和职业素质，不断增强教师忠诚党的教育事业的责任感和使命感。要充分发挥教师在教育教学工作中的主导地位，调动教师积极性、主动性和创造性，激发教师改革创新的活力，激励教师真情、真心、真诚地关爱学生、服务学生、教育学生，做青少年健康成长的指导者和引路人。要把师德建设置于学校教育教学管理的各个环节，引导教师树立正确的世界观、人生观和价值观，淡泊名利、志存高远，以人民教师特有的人格魅力、学识水平和卓有成效的工作赢得全社会的尊重。

2. 注重研训是促进教师持续发展之策

教师所从事的工作是一项专业性很强的创造性工作，尤其是在当前新课程、新教材、新高考背景下，教师的成长和发展承受着巨大的压力和挑战。一是要加强学习，建设学习型组织。身为人师，教师只有先学好才能教好，学校要积极创造条件，给教师提供学习机会，搭建学习平台，让他们充分掌握应有的知识和技能。二是要注重教育教学研讨。要抓实备课组的集体备课和教研组的专题教研活动，解决教育教学过程中出现的问题，探讨提高课堂教学的方法。三是要聚焦课堂教学。课堂是学校教育教学的主阵地，也是教师教育教学能力展示的舞台，要以课堂为教研重点，促进教师积极探求适合学情的课堂，注重课堂教学的实效性。同时要加强听课和评课机制建设，真正达到相互学习、相互交流、共同提高的目的。四是要注重课题研究。坚持"教研兴校"的原则，鼓励教师积极开展课题研究，在研究中推动教师的专业发展。五是加强校本课程的开发。教师不仅是课程的组织者和实施者，更是课程的设计者和开发者，要积极组织教师认真研究课程计划、课程标准和教材内容，根据学生的基本情况，进行国家课程的校本化实施，探索适合学生发展需要的课程体系，积极开发校本课程，促进学生的个性发展，同时也促进自身的专业发展。六是要加强教师自我反思。"反思三年成名师"，要积极引导教师进行自我反思，养成反思的习惯，增强反思的能力，在自我反思过程中，逐步形成自己的理性认识，促进自身的专业发展，同时要注重将反思的结果用于后续的教育教学活动中，不断改进实践状态，提升教育教学水平和能力。

3. 人文关怀是提高教师幸福指数之源

高中教师由于面临高考的巨大挑战，所承受的工作压力和心理压力是其他教师难以比拟的，有来自教学和高考的压力，有来自学生管理的压力，有来自学校层面的压力，有来自工作与家庭之间冲突的压力等，重压之下，教师的身心健康受到严重的挑战。然而，教师队伍是学校教育的第一资源，只有让教师真正工作顺心、在校安心、教学尽心、生活舒心，学校才能够稳定和发展。因此，学校要以科学发展观为指导，树立正确的评价观和质量观，确立以人为本的理念，全面关心教师，努力改善教师的工作方式和生活方式，切实帮助教师减轻工作和心理压力，加强对教师的人文关怀，尊重教师的民主权利，丰富教师的文体活动，关注教师的身心健康，增强教师的职业幸福感。

基于校本研修的教师专业成长实践探索与思考[①]

唐乐军

湘潭县云龙中学

摘要：校本研修对于提高教师的教育教学能力、实现学校可持续发展具有重要作用。为此，以校本研修为基本组织形式，通过青蓝工程与云龙论坛等，实行分层管理与研训，促进教师专业快速成长。研究表明，校本研修要把握重点、注重过程、问题导向、充实内容、丰富形式，才能凸显校本研修的教师专业发展功能。

关键词：校本研修；教师教育；教师专业成长

一、校本研修以及对教师专业成长的功能

（一）校本研修的内涵与特点

1. 什么是校本研修

校本研修也叫校本培训，是指基于综合教育改革背景下，为了学校、学生和人的终身的发展，以学校为单位，以教师为主体，以问题主导，以教师专业成长为主题，通过开展教育教学研究和教师培训，让教师在专家引领、同伴互助、个体反思实践中提高业务水平和教育教学能力，解决问

---

① 【基金项目】"十三五"规划全国重点课题"智慧德育管理"（互联网+教育）之《青少年心理成长路径的实践研究》（课题编号：HN20191203031）成果之一。

题，实现专业发展。

2. 校本研修的特点

第一，以学校为阵地。学校是校本研修的主阵地，它是根据学校的需求，以教育方针为中心，以解决学校的问题为目的，在学校开展的研修活动。

第二，以问题为导向。校本研修的内容有很强的针对性，重点针对学校教育教学过程中存在的问题及教师在教育教学过程中遇到的问题。

第三，以教师为主体。校本研修中，教师是参与的主体，学校要充分发挥教师的主观能动性，教师主动研修，实践反思，来解决自己教育教学中产生的问题，这样才能提升教师的素质，实现教师专业成长。

第四，以发展为目的。校本研修与师范院校的学历教育、教师培训机构的集中培训、学校的校本培训等教师教育方式一样，都是致力于促进教师的专业化发展。我们倡导组织教师开展校本研修，并不是要否定或取代其他教师教育方式，而是为教师专业发展开辟新的道路，促进学校可持续发展。

（二）校本研修对教师专业成长的促进作用

1. 有利于树立教师教育情怀

校本研修的首要任务是通过师德修养来提升教师的思想道德素质。一个优秀的教师一定是一位德艺双馨的教师。校本研修可以通过专项培训、榜样示范、警示教育、师德师风考核等举措，开展师德师风建设，引导教师树立教育情怀，立德树人、热爱教育事业、关爱学生、忠于自己的学校，引导教师爱岗敬业、无私奉献，主动培养合格的社会主义建设者和接班人。

2. 有利于提高教师专业技能

校本研修是以知识更新与拓展、教育教学原理、教学基本功、学科教学整合能力训练等方面来提高教师教育教学技能。校本研修，可以帮助教师深入理解新课程标准，把握学科核心素养，转变教学观念，从而提高教师的理论水平；也可以通过问题探讨、教学反思、专题研究、专家引领等措施来提高教师的教育教学能力，从而提高教师的专业技能。

3. 有利于促进教师可持续发展

学校的可持续发展离不开教师的可持续发展，校本研修是手段，促进教师发展是目的。校本研修需要建立一套教师终身学习和研修的机制，学校要通过各类研修，促使教师自觉、主动学习和研究，来提高教师专业素养和科研能力，促使教师具备专业的精神、专业的知识与技能、专业的自主权和专业的发展能力，促使教师成长为研究型、专家型、学者型教师。

二、基于校本研修的教师专业成长的实践探索

（一）增强教师职业幸福感

中小学教师特别是在乡村任教的教师，大部分年龄偏大、教学方法陈旧，随着城市化进程的加快，年轻、能力强的教师，一年年被抽调入城，给留守教师心理上造成了"优秀教师都进城了，我不优秀"的暗示，所以工作积极性、幸福感都很低。如果教师长期缺乏对职业的认同感、缺乏自我认同、没有获得教育的幸福感，那么学生也就不会幸福，教育也难以发展。所以，作为教育管理者，除了提高教师待遇外，还应该开设相关培训课程来培养专业精神，增强教师职业认同感、幸福感。近几年，我校通过开展师德师风建设和教师培训活动，修师德、提师能、树形象，使教师站在担当民族复兴重任、培养社会主义建设者和接班人的高度获得职业认同感和幸福感。同时学校通过问题探究、专题培训、主题研修来提高教师的专业知识和专业能力，以使教师不断提高教育教学能力从而适应社会发展需要。目前在教师流动较大的大环境下，我校教师潜心扎根基层，提升素养，提高教育教学能力，实现了学校跨越式发展。

（二）实行分层管理和分层施训

学校对青年教师、一般教师、骨干教师、优秀教师的校本研修，由于层次不同，研修的内容、方法、途径也不同。青年教师是芽，需和风细雨般温暖，学校侧重上岗培训的扶、帮，促其适应，通过"青蓝工程"让

"青蓝"同上一节课、共读一本书、各备详教案；一般教师是叶，需光合作用的调剂，学校通过教学督查，比武展个性，促进发展；骨干教师是花，需要阳光雨露的滋润，学校通过慧眼识英才塑能他们的内外力齐动，通过搭建多元舞台发挥他们的榜样作用；优秀教师是根，需要盘根错节的保护，他们是学校的宝，为其他教师示范，具有引领性作用。

分层施训指根据不同层次的教师实行不同层次的培训。我校在开展校本研修当中，学校统筹安排，开展多层次、全覆盖的分层培训，关注不同发展需求，优化培训效果。针对新进教师，开展入职培训，促使其明确岗位职责，掌握岗位技能，适应岗位角色；针对青年教师，开展技能培训，提升专业技能，优化教学方法，提高教学效果；针对骨干教师，开展骨干教师培训，提高教师实施素质教育和基础教育新课程改革的能力和水平，促使其由经验型教师向科研型教师转变，成为学科带头人和骨干教师。

（三）教学研究与培训一体化

教学研究是教师的职责，教师培训是学校的职能，为了使教师更好地履行职责，提高教学水平与能力，学校有责任进行教师培训，将两者有效整合，促使教学研究与培训一体化。

教学研究的关键在研，要想研究出成果，教师必须具备研究动力、研究能力和研究恒力。如何获得这三种力？除了教师自主学习获得外，还需要学校加强引导，开展培训，实现教学研究与培训一体化。多年来我校坚持"研"中带"培"，"培"中有"研"。教学研修，学校聘请校内外专家进行指导；教师培训，实行"一培""一研"；"研""培"结合。"研"中带"培"，"研"因有指导而更具成效；"培"中有"研"，"培"因有目标而更落实；"研""培"一体，相得益彰。

（四）丰富校本研修形式

1. 全员阅读

一所好的学校应该是一位爱阅读的校长，带着一群爱阅读的教师，陪着爱阅读的学生经常读书。我校坚持开展"校本微教研主题阅读"活动，学校为教师购买教育教学专业书籍，教师坚持阅读，认真做好读书笔记、撰写读书心得，先在备课组内分享交流，再推出优秀者参加教研组展示竞赛。教师分享读书心得，内容涵盖人生哲理、名家风范、教研教改、班级管理、学科教学、教育心理学等多个方面。教研组每周组织一次读书分享活动，教师发展中心每一学期进行一次总结，召开表彰大会，学校每一学期出版一本读书心得集。这些活动让教师体会到了阅读之美、阅读之乐！近几年，学校通过大力开展全员读书活动，极大地提升了教师的专业素养。

2. 青蓝工程

为加强新教师思想素质和业务能力培养，帮助其尽快适应工作岗位要求，充分发挥骨干教师在青年教师培养上的传、帮、带作用，学校为每一位新聘教师配备了德艺双馨的导师，师徒签订"结对协议"，师傅对徒弟进行教学计划、备课、上课、学生辅导、教研教改等方面全方位指导，跟踪督导。教研组每周督查，教师发展中心每月验收，学校每期开展教学大比武活动，切实开展"青蓝工程"，促进新教师成长。近几年，我校每年都有30多名青年教师参加县市"杏坛之星"等教学竞赛获一等奖。

3. 名师示范

教师培训，千培万培，根在校培。为充分发挥名师的专业引领、带动、辐射作用，加速教师专业化发展，培养造就更多的优秀教师，进一步推进初高中教育教学的深度融合，学校以教师发展中心牵头，成立了语文、数学、英语、物理、化学、政治、历史、地理、生物九个学科"名师工作室"，"名师工作室"定期开展工作，规划学科建设、组织学科研讨、开展课题研究、指导青年教师成长。近几年，学校名师工作室建设成绩显著，学校现有市级名师工作室1个，县级2个，有2人被湖南科技大学聘请为硕士生实践类导师，有市级名师工作室主持人1人，市县级导师6人，市县级学科带头人、骨干教师、"杏坛之星"100余人。

4. 云龙论坛

学校还设立了"云龙论坛"，聘请校内外名师作为论坛主持人，就

"时事政治""校园动态""文化现象""专题教育"等方面每月开展论坛活动。"云龙论坛"的设立,不仅是我校落实加强教师队伍建设的重要举措,也成了展示我校文化建设的又一张亮丽的名片,为我校教育教学长远发展提供了源源不竭的动力。

除此之外我们还通过聘请专家来校讲座、教师业务学习大研讨、外出考察学习等创新形式,提高教师参与研修的积极性,提高研修效果。

(五)建立健全校本研修保障机制

1. 组织保障

为推进研修工作,学校成立了以校长为组长、教师发展中心主管为领导、各教研组长和名师工作室主持人为成员的工作领导小组和工作小组。校长是校本研修项目的第一责任人,分管副校长具体负责落实各项工作,同时构建教师发展中心、教研组、教师三级校本研修制度建设网络,为校本研修有效开展把关定向。2019年8月,学校基于"发展学生、发展教师、发展学校"的理念,整合教科室和人事处,组建了"云龙中学教师发展中心",提供研修组织保障。教师发展中心的职责和功能为:着眼于服务教师,助力教师专业成长;服务教育,助力学生健康成长;服务教学,助力师生减负增效;服务于学校,促进学校可持续发展。学校构建了"教师发展中心(专职)—教研组(专题)—备课组(专任)—教师(专人)"的管理体系,教师发展中心牵头统筹进行过程监督和结果评价,教研组汇聚集体智慧,明确校本研修课题,备课组以微教研课题作为任务驱动,在日常教学中落地深耕,教师们分工合作,成绩显著。

2. 制度保障

目前学校初步建立了一套保障新课程实施的,适合本校教师发展,富有时代特征的校本研修制度。学校成立校本研修制度建设领导小组,负责校本研修发展规划,落实各项研修工作,提供财力物力保障;建立专业支持制度,对研修组织者进行指导和培训;建立合作研修制度,加强与兄弟学校合作研修;建立过程管理规范化制度,对校本研修活动开展、情况反馈、过程管理、激励评价、资料收集、项目申报进行规范管理。除此之外，学校还建立了理论学习和实践反思制度、案例研讨与对话交流制度、课题研究制度、教研成果奖励制度等保障校本研修有效开展。

3. 经费保障

学校每年为校本研修提供30多万元经费保障，其中为教师征订报纸杂志和购买书籍5万多元，为名师工作室提供项目经费10万余元，为教师参加各类培训的差旅费、培训费、资料费12万余元，保障校本研修先进集体个人年度奖励经费1万多元，聘请专家来校讲学和开展专项研修活动2万余元。研修经费实行主管负责、项目报批、专款专用、过程督查、期末审计的策略。

4. 督导评估保障

学校重视校本研修工作，每年将其纳入年度工作重点，做好发展规划，并将校本研修落实实际情况列入督导室督导项目检查，作为各处室、教研组和名师工作室年终考核依据。同时教师发展中心对全体教师在教学研究和教师培训方面进行年度考核，其考核结果作为教师职称评定、聘任、评优的重要依据。

校本研修平台的建立、各种管理体系和制度的完善、经费的保障，有效保障了研修的效果。

三、促进教师专业成长的对策思考

（一）注重整体，把握重点

学校的发展核心是人的发展，学生的发展核心是教师的发展，教师的发展是通过研修和培训得以实现的。校本研修的目的也是通过研修来提升教师教书育人的能力，从而实现学校办学质量提升，教师、学生、学校齐发展的格局。因此，我们在研修中不仅要重点培养名师，以名师为引领，还要注意面向全体教师，注重整体，不让一个教师掉队。教育教学质量的春天绝不是"一枝独秀"，它应该是"满园春色"。

校本研修涉及的面很广，事很杂，这就要求我们一定要把握重点，把握校本研修的重点就是把握主阵地——学校，学校要主导，因地制宜开展研修活动，引导教师自主研修，实践反思，同时坚持目标考核相结合；把握主体——教师，要想方设法提高教师研修的积极性，从而提高教书育人的水平；把握主题——课题，通过问题导向、课题研究，实现教师专业成长。

（二）注重过程，凸显实效

过程是保障，实效是目的。校本研修不是"舞台演戏"，而是为了解决实际问题而需要加强过程管理，注重实效。多年来，学校坚持对校本研修实行学校规划，教师发展中心组织，注重全过程跟踪管理。以教研组为单位，以名师工作室为指导，以问题为导向，以课题研究为突破口，优化课堂，解决问题，开发教学资源，培养人才，提升质量。目前我校有国家级立项课题1个、省级立项课题2个、市级立项课题6个、县级立项课题18个。学校也出版了自己的校本教材，建立了自己的教学资源库。教师发展中心在做好常规管理落实的基础上，主动适应学校发展新要求，力争科研工作重点化、精准化。结合课题研究，仅2020年上学期，就有教师62人次在湖南省中小学优秀教研成果评比活动中获奖，100余人次获市县教育教学论文奖。学校教育教学质量也明显提高，2020年我校获湘潭市教育教学质量提高奖一等奖。

（三）化"大"为"小"，问题导向

校本研修忌好高骛远，求大求全。如何处理"大"和"小"的关系？"大"是目标，"小"是途径；"大"是课题，"小"是教学中存在的具体问题。只有解决了教学中一个个具体的问题，才有质量上的大提高，才能实现由量变到质变。为使校本研修更具实效，多年以来，学校提出了"化大为小""问题导向""生动鲜活"的"微教研"策略，教研组从大课题出发，用"微教研"方式切入，遵循"从教学中来，回教学中去"的问题导向策略，用如切如磋、如琢如磨的研修方法推进学习与行动。用"微教研"的方式作为切入口，把大的课题研究化为来自教学一线的每一个亟待解决的问题的研究，这样更有针对性，使教师能够实实在在通过校本教研解决问题。教师教研的积极性也会更强,这样也能提高教师的研究能力,从而促进教师专业成长。

(四) 充实内容,形式丰富

校本研修效果如何,不可忽视的两个方面就是研修的内容与形式,内容是关键,形式为内容服务。研修的核心是要把握教师主体、发展主线、学校主导的原则,坚持问题导向、课题突破,实现解决教育教学中的问题,促进教师专业成长,实现学校可持续发展。为提高教师研修的积极性,学校要创新形式,丰富内容,坚持校内、校外相结合,走出去、请进来;坚持线上、线下相结合,集中培训、自主研修;坚持近期目标、长远规划相结合,建立长效机制,实现终身学习。

(五) 为了学校,为了教师,为了学生

于学校,校本研修是为了学校的持续发展;于教师,校本研修是为了教师的专业成长;于学生,校本研修是为了学生的终身发展。这样的研修针对性更强,主题性更明,主体性更清,实效性更高。

校本研修是为了学校、学生和人的终身的发展,在学校中通过开展教育教学研究和教师培训来解决教育教学中存在的问题,从而使教师不断地更新教育观念,提高教育教学能力。我们开展校本研修活动,其目的是促进教师专业成长,提高教育教学质量,实现学校可持续发展。

参考文献:

[1] 丁钢. 从国际教育发展看"创建以校为本的教师专业发展模式" [J]. 广西教育, 2004 (1): 18.

[2] 施莉, 郑东辉. 校本培训核心思想解读 [J]. 教育理论与实践, 2004 (24): 10-13.

[3] 中小学老师继续教育校本培训研究课题组. 中小学教师校本培训研究报告 [J]. 教育研究, 2002 (11): 85-90.

加强中小学师资队伍建设的对策思考

——以湖南省娄底市第三中学为例

阳璧晖

湖南省娄底市第三中学

摘要：师资是学校的核心竞争力。发展个性、正面激励和人文关怀是激发师资队伍活力的重要手段。但由于历史、体制以及区域经济发展等方面，中小学师资队伍也还存在结构不尽合理、身体健康堪忧、经济待遇偏低等问题。破解这些问题，要充分发挥师德建设的导向性、专业成长的引领性、常规管理的实效性和评价机制的激励性作用。

关键词：中小学；师资队伍；队伍建设

教师是立教之本，兴教之源，是教育发展的第一资源，也是学校的核心竞争力所在。近年来，娄底三中坚持人才强校战略，不断加大师资引进力度，加大人才培养力度，激发队伍创新活力，提升教师幸福指数，师资队伍实现了由"量"到"质"的转变和提升，也促进了学校教育教学质量的全面腾飞。

一、娄底三中师资队伍现状分析

娄底三中是娄底市一所办学规模较大的完全中学，现有教师559人。近年来，学校积极加强教师队伍建设，通过公开招考优秀教师，大力加强师能培训，狠抓师德师风建设，完善绩效管理考核等措施，建设了一支师德高尚、业务过硬、乐于奉献、勇于创新的教师队伍，为学校教育教学质量的发展打下了坚实的基础。

（一）师资结构优化的同时仍然不尽合理

学校的师资队伍建设，得到了区委区政府的高度重视和大力支持。2016年，区委为学校专门实施了一个"三年行动计划"，连续三年为学校公开招考100名优秀教师。实际上，近几年，学校每年还从全国不少"985""211"等重点高校引进了一大批优秀毕业生，这些人才全是学校所紧缺的人才、急需的人才，为学校的发展注入了活力、提升了竞争力。近五年来，学校师资队伍数量和质量都得到了明显改善，共引进优秀毕业生160多名，教师年龄结构、学科结构、学历结构都得到了极大的优化。

但是，自大学生实行自主择业以来，其间有十几年教师分配基本上处于停摆状态，后来虽通过招考引进，但每年引进的教师数量也非常有限，正因为历史欠债太多，所以我国教育行业师资队伍整体平均年龄偏大。娄底三中尤其突出，在籍教师559名，平均年龄43岁，其中30岁以下教师仅占17%，而50岁以上教师占到28%，某种程度上制约了学校持续健康发展。

（二）教师待遇明显改善的同时依然相对偏低

区委区政府对教育工作、对教师待遇愈加重视，在全市各县、市、区率先保障了教师的绩效工资奖，确保了教师同城同待遇。同时，学校每两年组织教师进行一次全面体检，每年生日赠送贺卡蛋糕、为生病住院或家境困难的教师提供真诚及时的帮助，让教师真切地感受到集体的力量，尽情享受"家"的温馨。

近年来，学校教师工资收入虽然比以前有了较大提高，相比娄底市其他兄弟县市区，还是相对较好的。但是相比长、株、潭等地，我区由于经济基础薄弱，地方财政困难，教师工资收入水平总体上并没有实现"教师法"所规定的不低于或略高于当地公务员工资水平标准。教师应得的绩效奖，直到近两年才与公务员持平，至于综治奖、文明奖、餐补和车补，这些待遇都不如当地公务员，这在一定程度上也挫伤了教师的工作积极性。这与地方政府对教育优先发展战略地位的认识不足、对有关教师待遇的政策未全面落实有关，也与地方财政相对困难、经济发展相对滞后有一定关系。

（三）师资水平得到提升的同时健康状况堪忧

近五年来，学校坚持内强管理、外树形象，着力提升教师师德师能。学校组织教师参加各级各类教育教学比赛活动，先后有8人次获得全国奖项，25人次获得省级奖项，126人次获得市区级以上奖项。130人被评为中学高级教师，2人被评为正高级教师；3人获评全国优秀教师，5人获评省级劳模，2人被评为特级教师，彰显学校教师的优质水平。

但是，教师身体健康状况普遍不容乐观，职业病突出，亚健康状态普遍。据体检反馈：90%以上教师患有一种疾病，50%以上教师患有两种及以上疾病。其中，颈椎病、腰椎病、咽喉病、心理疾病等成为侵害教师身体健康的常见职业病种。一些教师受重大疾病的折磨摧残，被迫长期病休，截至目前学校就有10余名教师病休在家，大多是恶性肿瘤等重症，更有个别教师重症不治，英年早逝。其主要原因是城区学校班额普遍偏大，教师工作负担沉重；各类教育评比、各项工作任务繁重，教师精神压力突出；大校额、大班额也造成人均体育设施相对不足，教师缺乏体育锻炼，身心长期得不到放松。

二、学校加强师资队伍建设的主要做法

（一）把好教师入职关

切实加强对新入职教师的培训和培养。学校每年都会举行新教师欢迎和培训活动，加强对新教师的爱岗爱校教育、职业道德教育和业务技能培训，加深对"团结协作、勇争一流"三中精神的学习和认识，让新教师尽快融入三中团队，增强归属感和荣誉感。开展"青蓝工程"师徒结对、青年教师教学比武、集体备课研课、新教师业务过关考试等教研教改活动，为青年教师搭建快速成长的平台，使青年教师来之能用、用之能战、战之能胜，力争让

他们做到一年站稳讲台、三年独当一面、五年勇挑大梁。

（二）合理安排教师

对老中青年教师，学校会根据工作的实际需要，教师的能力特长，实行双向选择，合理安排与之相适宜的岗位，以充分调动广大教师的工作积极性。同时，学校关注每一名教师的发展需求，尊重每一名教师的兴趣爱好。比如，鼓励声乐教师组建学生合唱团，在全省国学国艺大赛中获奖；鼓励信息技术教师组建机器人专业团队，辅导学生多次荣获全国、全省金牌；鼓励舞蹈教师与体育教师协作，科学创新大课间操，花式课间操《你笑起来真好看》一举成为全国"网红"；鼓励书法教师举办"个人书法展"，推荐他们参加全省"书法教学研讨"活动。让广大教师充分彰显个性，各尽其才，享受幸福教育人生。

（三）加强培训促成长

学校将培训作为教师最好的福利，采取"请进来、走出去"的方式，每年分批分年级组织教师到衡水、周南等学校学习考察；也多次邀请全国教育名师魏书生、李晓帆等走进校园，让教师与智者牵手，在文化盛宴的享受中开阔眼界，丰富内涵，提升境界。从培训的阶段看，青年教师侧重工作任务的专业要求，骨干教师侧重工作任务的改革创新，学科带头人侧重工作任务的经验推广；从培训的方式上看，有专家引领、师徒结对、专业培训、合作研究、自主学习等方式。

（三）科学评价促发展

创新教师评价机制，促进教师专业成长，通过教师自评、同事互评、学生和家长测评、学校综合考评等，探索教师评价主体多元化。考核评价坚持发展性原则，以促进教师发展为目的；适时运用奖惩性评价，以奖为主。绩效评价特别注重向一线教师倾斜，学校推荐"全国劳动模范""全国优秀教师"和"正高"教师，一律只考虑贡献突出的一线教师。通过待遇的激励、职称的激励、荣誉的奖励，真正让奉献者有荣誉感，让奋斗者有成就感，极大地激发教师队伍的活力。

三、加强师资队伍建设的对策思考

当前，我国的教育正由普及走向提高，教师队伍必然从数量走向质量；相应地，管理手段和成长环境也必须做出调整。如何进一步加强师资队伍建设，提高教师的工作积极性，全面提升教育教学质量，应该在以下几个方面加强努力。

（一）应充分发挥师德教育的导向性

1. 强化对教育强国的使命感

当前，教育强国已提到了前所未有的战略高度，教师队伍建设改革是建设教育强国的基础性工程，教育的地位、教师的地位都得到了进一步提高，教师在实现中国梦、强国梦中承担着重要的历史责任。因此，要切实加强对教师的政治思想教育，提高教师的眼界和格局。

2. 强化对办人民满意学校的认同感

办人民满意学校，既符合广大家长和学生的利益诉求，也是提升广大教师幸福感的现实需要。应充分发挥办人民满意学校对教师产生的凝聚力和向心力，使学校全体教师聚合在一起，为实现目标而同心聚力，形成"学校办学目标明确、教师奋斗目标明确、学生发展目标明确"的良好氛围，从而整体上提高教师的工作积极性。

3. 强化对做"四有"教师的荣誉感

要继续发挥优秀典型的示范引领作用，让"优秀教师""师德标兵"成为教师行进的标杆，切实增强教师教书育人的使命感和责任感。教育广大教师始终牢记习近平总书记的殷切嘱托，争做有理想信念、有道德情操、有扎实学识、有仁爱之心的"四有"教师。

（二）应重点突出专业成长的引领性

1. 打造一批名师

不断完善名师、名校长和骨干教师、学科带头人选拔和培养机制，加大培训、科研经费投入，在立足区内培训的基础上，通过跟岗学习、省内外研修等多种形式，培养一批在区内、市内、省内具有较高知名度、具有较大影响力和引领作用的名师、名校长，提高教师专业成长获得感，让教师对自身的职业成长有幸福感。

2. 着力培养青年教师

建立和完善青年教师导师制，对新招聘教师开展岗前培训，形成"专家引领、任务驱动、同伴互助、研训一体"的教师培养模式，培育"合格、优秀、骨干、引领"型教师梯队。

3. 优化用人机制

以人事制度改革为契机，优化教师队伍结构，建立科学的教师业绩评价机制，探索建立职务能上能下、工资能高能低、人员能进能出的用人机制，逐步破除教师职务聘任终身制。

（三）应大力增强常规管理的实效性

1. 狠抓课堂教学管理

充分发挥首席名师、省市级骨干教师和学科带头人的作用，积极推进集体备课、集体磨课和集体研课活动，实现教育教学资源共享、方法共享和成果共享，向课堂45分钟要效益。

2. 狠抓教研促教学

继续推进青年教师业务考试制度，让年轻人尽快成长起来；鼓励教师撰写教育教学论文，申报各级教育课题，参与各个领域的讲学，加强学术经验的交流和推广，争做科研型、专家型、学者型教师。

3. 加强对教师的人文关怀

进一步加大宣传力度，营造尊师重教的社会氛围。学校和教育主管部门要经常开展丰富多彩的群众性普惠性文体活动，不断改善和提高教师的政治经济待遇，努力为教师爱岗敬业创造更加宽松和谐的工作环境。

（四）应着力强化评价机制的激励性

1. 坚持发展性评价取向

要更新评价理念，将"简单鉴定、认可和判断、分等次、排排队"等奖惩性评价思维转化为"总结过去、评价现在、面向未来"的发展性评价思维。注重教师的专业发展和能力提升，以发展的眼光向每位教师提出个性化的建议和意见，通过评价增强教师的自我反思能力，由此激发教师的工作热情，帮助教师不断成长。

2. 坚持多元化评价体系

在评价实践中，要充分考虑教师间的角色、能力和经验等方面的差异，采取多元化评价体系。对教学一线教师和从事行政管理、教学服务以及后勤保障工作的教师实行不同的评价体系和评价方法，对不同学科的教师实行不同的考评标准，以全面衡量教师的工作业绩，增强教师对评价的认同感和归属感。

3. 坚持反馈式评价机制

建立教师评价的反馈机制，将评价结果通过适当的方式及时反馈给教师，打通评价"最后一公里"。同时，考核部门应开通反馈渠道，及时听取和把握教师对评价结果的反馈，调动教师参与评价的积极性，提高评价的信任度。

教育兴则国家兴，教师强则教育强，建设一支结构合理、政治合格、业务精干的新时代优秀教师队伍，是学校继续赢得未来的重中之重。教师是学生成长的领路人，也是学校发展的最终主角。因此，关怀教师、发现教师、培养教师、成就教师应该成为学校的中心任务。唯其如此，教育质量才能有效提升，学生才能有效成长，学校才能有效发展。

高考改革背景下高中教师专业素养提升策略

朱 斌

湖南省衡南县第二中学

摘要： 高考改革为高中教育带来严峻的挑战和重要的发展机遇，也给高中教师的教学理念、教学方式、学生管理、角色定位等方面带来新的要求。为此，学校与时俱进，在转变教师观念、加强教育科研、加大教师培训力度、强化教师角色定位等方面进行积极探索。实践表明，适应高考改革，教师是关键。学校要按照高考改革要求提升教师专业素养、促进教师个性发展、坚持教师发展性评价，以激励教师持续性发展。

关键词： 高考改革；教师教育；专业素养

高考改革主要通过不分文理、不分批次、"两依据一参考"、招考分离、多元录取等方式实行改革，它为深化教育改革提供了新方向，对学校和教师都提出了新要求。教师是践行高考改革的主力军，教师专业素养的高低影响改革的成败。作为学校管理者，要创新管理体系，提升教师专业素养。

一、高考改革对高中教师专业素养的新要求

教师是高考改革的实践者和探索者，新高考对一线高中教师的教学理念、教学方式、班级管理、角色定位等都提出了新的要求。

（一）更新教学理念

高考改革的核心目标是强化学生"核心素养"的培养，这就要求教师从应试教育的模式中走出来：从单一的关注分数转向关注学生的全面发展；从单纯的知识传授向知识合作探究转变；由传统的重结果、轻过程向结果、过程并重转变；由传统的唯师独尊向和谐融洽的师生关系转变；由传统"一刀切"的教学模式向个性化教学转变；由原有的从既定知识的展开到既定知识的总结的教学思路，向知识的各种生成、联系及拓展的教学思路转变。教师要积极推进素质教育，切实促进学生全面而有个性的发展。

（二）转变教学方式

教师要根据不同的教学内容、教学对象确定不同的教学方法，建构学习共同体，充当学生学习过程中的帮助者与促进者，而不是知识的传授者与灌输者。学生是信息加工的主体，是主动建构者而不是被动接受者和被灌输对象。充分挖掘整合网络资源，利用现代信息技术手段服务新课程。在可能的条件下，教师要多组织学生间的协作学习，激发学生学习的自主性和积极性，培养学生掌握和运用知识的能力，让"自主、合作、探究"的学习方式体现在课堂内外。

（三）改革班级管理

在综合评价体系下，教育是要培养德智体美劳全面发展的高素质人才。教师除了教书，更重要的是育人。班主任需突破传统管理模式，从实际出发积极探求适合学生个性化发展的空间。通过引领学生参与各项活动，增强学生主体意识。结合网络平台建立一整套管理学生的考核、评价机制，通过线上与线下互动增加与学生的相处时间，实现教师实时追踪。

（四）强化角色定位

新高考背景下，教师从"知识传授者"变为"人生引路人"。新高考方案赋予了学生前所未有的选择权，学生需要学会选择专业、规划人生。教师不仅要胜任学科教学工作，还要胜任学生成长导师工作。教师要丰富职业生涯教育知识与实践经验,提升生涯规划指导能力,助力学生在学习过程中培养兴趣、发现特长和优势,帮助学生尽早学会自我选择、自我规划。

二、为适应高考改革教师专业素养提升的学校作为

学校既是学生学习场所,也是教师发展场所。没有教师的发展,没有教师专业上的成长,教师的使命便无法完成,学校也必然会在新一轮竞争中处于劣势。为适应新高考改革的要求,学校管理者要做好顶层设计,从以下几个方面提升教师专业素养。

(一)转变教师陈旧观念,思想上紧跟高考改革

教育具有时代性,教育观念需要及时更新。旧的教育理念与新高考有很多冲突,学校要及时转变教师落后的教育理念,引导教师主动适应改革、参与改革。

学校要摆脱教育的应试模式,从单一的关注分数转向关注学生的全面发展;实现课堂学习主体转化,弘扬学生主体创新精神的教学模式;教学对象要体现差异化、个性化教学;教学方法要变过去"带着知识走向学生"的做法为"带着学生走向知识"的做法,还要"带着学生把知识转化为能力",切实促进学生全面而有个性的发展。

(二)加强教师教育科研,教学上紧贴高考改革

教育科研工作是促进教师专业化发展的有效途径。学校要重视教研工作,结合学校实际情况构建相应的教学科研体系,并将其与教师的日常教学行为紧密结合起来,使先进的理念与成果能够在教学实践中得到验证和发展,让教师在教研过程中,加强对教学的理解,提升教学能力。

组织教师开展个体化教研工作。为了体现教师在教研工作中的主体作用,加强教研活动的专题性与实践性,学校让教师从教学实践出发,确定研究的主题,通过精练、具体、细化的个体化方式,来增强教研工作的针对性与操作性,让教师在学习、探究与实践的过程中,不断获得专业上的

成长。

加强教师之间的交流学习。学校通过课题化的工作来引导教研活动，并鼓励一线教师充分地参与进来，发挥教师的智慧，把学校宏观的教育理念与发展思想转化、细分为具体的教研组问题，打造"研教一体"的教师群体。学校为教师构建网络研讨平台，定期组织教研教改座谈会，组织教师外出交流学习等。

大力推行校本研修。开发校本课程是教师成长的捷径，优秀的校本教材是学校发展的宝贵财富。青年教师可塑性强但经验欠缺，成熟型教师经验丰富但思维固化。通过开发切合校情、教情和学情的校本课程，能够有效突破制约教师发展的瓶颈，加速教师专业成长。

（三）加大教师培训力度，方法上紧扣高考改革

在新的高考制度改革下，教师充当着学生人生抉择的关键角色。学校应为教师搭建广阔的成长平台，加强教师心理学、管理学、职业生涯教育知识等方面的培训，为教师能够胜任学生的"导师"工作创设有利条件。

首先，要加强校内培训。校内培训实行全员培训的策略，保证教师充分地参与进来，以较少的投入、灵活的组织形式提升教师的专业水平。比如，鼓励教师积极参与新课程教研教改，通过教学研讨的实践活动来提升教师专业素质；鼓励教师积极参与生涯规划教学的学习与研讨；让教师在教学反思、教学模式、生涯教育、校本课程中发挥重要作用；邀请相关专家来学校讲学和交流，让教师们及时了解教育改革的动态与变化，学习最新的知识和技术。

其次，要加强继续教育培训。继续教育培训是对教师的知识和技能进行更新、补充、拓展和提高，能帮助教师进一步完善知识结构、提高专业技术水平。教师参加继续教育培训是现代教育必不可少的环节。教师必须不断更新教育理念和专业理论知识，不断充实和完善自我，以此避免掌握的知识与技能陈旧落后、与教学实际脱节的问题。这是教育发展的需要，更是教师自我价值的体现。

三、提升高中教师专业素养的几点思考

(一) 遵循高考改革原则，鼓励教师个性发展

每一位教师在教学方法、教学理念、语言风格以及性格特点上各有不同。在促进教师专业化发展的过程中，学校不能用统一化的标准来要求和管理教师，而是要倡导教师的个性化发展。在保证正确的宏观理念下，鼓励每位教师发挥自身的优势，展示个人魅力，打造富有特色的课堂，彰显高考改革。

作为教学管理者，要从本学校的现状出发，依据高考改革发展的趋势，制定具有前瞻性与科学性的教学管理策略，提供切实有效、观点鲜明的教学理念，并将其作为教师专业化发展的指导方向。在此基础上，教学管理者要鼓励教师依据自己对教学理念、专业课程以及自身特质的理解，明确自己在教学中的优势，形成自己的教学特色，并落实到教学中。这一过程既是教师自身发展的过程，也是推动专业素养发展的过程。由此可见，构建特色课堂，是提升教师专业素养的有效策略。

(二) 完善教师专业培训，促进教师快速成长

一是进一步增强培训内容的系统性和多样性。培训内容应根据国家、学校以及教师的实际需要设置，培训做到量体裁衣、因材施教。只有这样，培训活动才能具有针对性和有效性。除了理论内容还应不断增强教师实践能力的培训，理论与实践相结合的培训才能更吸引教师，更有利于教师素养的提升。

二是教师培训方式丰富、多样化。校本培训、现场培训、远程培训、网络培训等多种培训方式都可以促进教师综合素质的提升，学校还可以与兄弟学校建立相互学习的体系，使教师从多种渠道获得信息和体验，不断提高教学水平。

三是推动培训目标与时俱进。当前教师的培训不再只是注重教育教学能力的培训，培养全面发展、具有创造性和创新精神的教师是培训的重

点。同时也要重视高中教师的身体健康素质和心理健康素质，健康的身体素质是提升其他素质的基础和前提条件，是教师发展的基础保障。

（三）健全教师考评机制，改进教师评价取向

高考改革凸显出学生的主体性和差异性，对教师的考评机制也将区别于过去。学校要优化人事分配制度，建立"学校引导，学生选择"的全新教师聘用机制，健全教师考评机制，发挥教师评价体系对教师成长的激励作用和调适作用，充分调动广大教职工的积极性、主动性和创造性，为高考改革顺利实施做贡献。针对高中教师的评价，可从以下三方面进行改进。

一是评价内容多样化。提升学生分数固然重要，但除了学生分数，应看到教师自身的各种素质，例如，身体素质、人文素质、创新素质、心理素质等同样十分重要。同时还应看到教师在实际的教育教学中的表现，是否负责地承担起高中教师应做的教育教学工作，是否在学生的生活、学习、思想道德等方面起到了积极引导作用等。

二是评价方式多样化。量性与质性评价相结合的方法得到越来越广泛的使用，侧重评价的过程性，对教师课堂教学过程进行观察和描述，进而做出判断。

三是教师评价由"奖惩性"教师评价到"发展性"教师评价。在强调评价的科学性基础上，提出增强教师评价的人文性的要求。强调教师评价制定与实施的科学性和人文性，以及评价结果用途的公平与公正，达到让教师易于、乐于接受。

高中教师专业素养的提升，是新高考的时代要求，是教育发展的本质要求。只有将教师的专业素养提上去，才能将新高考改革的精神落实到教育教学的实践中。教师专业素养的培养，是一个系统工程，学校要从多个角度提出不同的解决策略，落实在日常教育活动中，形成长效发展机制，最终实现教师专业素养全方位发展。

党建引领下师德师风建设探索实践与思考

——以湘钢一中为例

卢学农

湖南省湘钢一中教育集团

摘要：党建引领师德师风建设，有利于巩固党建工作的指导地位，为教育发展提供根本的方向保证。湘钢一中党委结合自身办学特色和地方文化特色，坚持以文化立德为基础，课程融德为核心，实践行德为关键，考核评德为保障，构建了党建引领师德师风建设的长效机制。实践证明，坚持党建引领和业务提升相统一，坚持党员示范和全体动员相结合，坚持集团总校和集团分校相一致，必将促进集团学校各项工作的健康持续发展。

关键词：党建引领；师德师风；文化立德；课程融德；实践行德；考核评德

人无德不立，国无德不兴，育人的根本在于立德。教师作为教育活动的组织者与引导者，不仅扮演着知识传授者与问题解答者，还充当着德操遵守者、品行示范者和文明传承者；既承载着传播知识、传播思想、传播真理的教育重任，也肩负着塑造灵魂、塑造生命、塑造新人的时代使命。因此，师德便是教育立德的第一资源。湘钢一中党委始终围绕"为谁培养人、培养什么样的人、怎样培养人"这一根本性问题，依托60年钢中人务实创业的人文底蕴及湘钢一中良好的发展态势，凝聚人心、完善人格、开发人力、培育人才、造福人民，积极探索并努力实践党对师德师风工作的全程引领，引导广大教职员工以德立身、以德立学、以德施教、以德塑德。

一、党建引领师德师风建设的应有之义

师德，顾名思义乃为师之德，是教师开展教育教学工作，实现落实立德树人根本任务所需的必备品格、关键能力和核心价值的综合性称呼，它集社会公德、职业道德、个人品德于一体，是社会之良心，品行之典范，是师者"圣人之德"与常人"常人之德"的统一体。[①] 师风是教师群体在师德塑造的过程中所形成的道德风尚，是师德的外在表现。师德师风既包括道德认知的问题，也包括道德实践的问题。

（一）把师德师风融入党建是贯彻党的教育思想的必然要求

习近平总书记指出："培养什么人，是教育的首要问题。"我国是中国共产党领导的社会主义国家，这就决定了我们的教育必须把培养社会主义建设者和接班人作为根本任务，培养一代又一代拥护中国共产党领导和我国社会主义制度、立志为中国特色社会主义事业奋斗终身的有用人才。这是教育工作的根本任务，也是教育现代化的方向目标。党政军民学，东西南北中，党是领导一切的。把师德师风融入党建之中，有利于贯彻党的教育思想和教育方针，牢牢掌握意识形态的领导权，进一步巩固党建在教育工作中的指导地位。

（二）以党建引领师德师风建设是推动教育发展的现实需要

基础教育承载着党的教育方针和教育思想，是国家意志在教育领域的直接体现，党建引领师德师风建设的目的在于点燃教师的事业信仰，筑牢教师教育工作的理想信念，为实现教育发展提供根本的方向保证。然而，当前在师德师风建设过程中，还存在纪律红线模糊、理论学习缺乏、错误言论失察、政治观念淡薄、党建工作和业务能力脱节、对党建工作和业务

---

① 李晓东：理解师德的三种关系［J］．中国教师，2018（1）：84-87.

能力的关系认识不足等问题，这极大地影响教育事业的发展和教师师德的形象。因此，党建引领能够为师德师风建设提供根本的方向保证，确保教育和教材不走偏、不失察、不失言。

二、党建引领师德师风建设的实践探索

湘钢一中教育集团组建于 2015 年。现有在职教工 465 名（党员 255 名）。党委下设 1 个总支和 10 个支部。一直以来，学校党建工作朝着"严、实、新"方向发展，努力推进党建引领师德师风建设，探索出了一条符合地方特色和学校自身特色的党建融合路径，即文化立德、课程融德、实践行德和考核评德，取得了显著成效，学校集体曾被评为"省级文明卫生单位""省先进基层党组织""全省教育系统基层党建示范点"。这些荣誉的取得提高了教师工作的积极性和创造性，提升了学校教职员工的向心力。

（一）文化立德是学校师德师风建设的基础

育人者须以立德为先。湘钢一中地处伟人故里、红色胜地——湘潭，有着丰富的红色文化资源；原系湘钢子弟中学，2001 年挂牌为省重点中学，2006 年移交湘潭市政府，有着浓厚的文化底蕴；学校自身所塑造的"三园文化"即学习乐园、书香校园、精神家园，营造了良好的校园氛围。这些资源为湘钢一中开展党建引领师德师风建设提供了坚实支撑。

1. 红色文化引领教职工讲政治

红色文化具有革命性与先进性、历史性与时代性、阶级性和人民性、激励性和震撼性相统一的特点。传承红色文化，对于唤醒教师内心的政治认同、职业道德与敬业精神有着至关重要的意义。为此，学校党委进行了多种有益探索：其一，丰富学习形式，推动红色学习活动化。集团党委充分利用周边红色资源，借鉴研学实践模式，将参观红色故居、瞻仰革命遗迹、探访扶贫基地等贯穿专题学习始终，先后组织党员教师参观毛泽东、彭德怀、陈赓、胡耀邦、李立三等故居，赴十八洞村"精准扶贫之路"展厅、"半条被子"纪念馆、秋收起义纪念馆、韶山灌区陈列馆等地参访学习。开展"聆听一次革命故事""重温一次入党誓词""重走一遍红色道路""感受一次伟大成就""进行一次研讨交流"的"五个一"活动,让党员教师亲临现场感受奋斗历程、感悟奋斗初心、激励奋斗之志。其二,聚焦学习主题,推进红色学习主体化。近年来,全体党员教师以支部为单位,利用"主题党日"、参观党史馆等活动组织集中学习研讨。每月利用教职工集中政治学习时间,由校领导轮流讲党史,深入推进"两学一做""不忘初心、牢记使命"和党史学习教育等主题教育。

2. 企业文化引领教职工成大事

湘钢一中前身是湘钢企业子弟学校,湘钢是全球产能规模最大的宽厚板生产基地,始终坚持"说了算,定了办"的工作作风,秉承"善于学习,不断创新,争创一流"的企业精神,践行"以奋斗者为本"的核心价值观,坚持走高质量发展之路。湘钢企业文化对学校师德师风的形成产生了不可磨灭的影响。其一,讲求生产效率的企业作风,积极推进高效教学,引导教师立足课堂,提高效率,继续实践"低起点、细分析、小跳跃、多反复、勤反馈"的教学模式,精讲精练,帮助学生加快整合速度,提高迁移展开效率。进行针对性的训练和再训练,提高学生审题、读题、解题、提成答案和应试得分的能力。2020年,初、高中两个校区均荣获"湘潭市基础教育教学质量一等奖"。其二,追求创新创业的企业精神,推进教师适应教育发展步伐。学校在新课改新高考路上不断探索,"走出去、请进来",积极利用一切可以利用的资源,开放办学,互学互鉴,合作共赢。如全员分批次赴北京实验学校进行跟班学习;承接湖南省初中数学骨干教师培训;承办湘潭市"新视野"赛课生物、地理、心理学科市直片复赛和生物、政治科全市决赛;邀请北京大学、北京实验学校的专家学者开展专题讲座;承办湘潭市2021届高三语文教学研讨活动与山西省教育科学研究院考察团新高考改革考察活动;承办湖南省高中语文陈立军名师工作室展示活动;初中部承办了语文等五个学科的湘潭市教学视导工作。

3. 校园文化引领教职工讲表率

在"崇善向上，博学笃实"的校训引领下，全体钢中人守正创新，精心营造"三园文化"：学习乐园、书香校园、精神家园。所有党员干部将校训与"三园"文化精神内化于心，党建业务都要争表率。其一，制度文化的行为规范。丰实的校园文化依靠严明但又民主科学的制度文化。如坚持完善"三会一课"制度、党委委员联点支部制度，定期开展支部书记双述双评和民主评议党员工作等。又如始终贯彻执行民主集中制，听取教工对于重大事项的反馈意见，如绩效考核评价、职评岗级异动、表彰评优，都充分发挥广大教工民主治校职能。其二，勇于担当社会责任。湘钢一中人积极承担社会责任，践行"为人民服务"的理念。如为进一步实现教育公平，促进湘潭教育均衡发展，2019年初一年级招聘新生同比激增400余人，彰显了湘钢一中的社会责任担当。又如，参与对湘潭县排头乡松梓和严冲两村50余户的精准扶贫；对口帮扶永顺县二中；参与创文创卫志愿者活动、摸底排查帮扶本校贫困生、学困生，党员示范，教师广泛参与，进一步增强了队伍的荣誉感和集体感。

（二）课程融德是学校师德师风建设的核心

基础教育课程规定了教育目标和教育内容，是知识传递的主道场；基础教育课程是国家意志在教育领域的直接体现，在立德树人中发挥着关键作用，是师德建设的主阵地。因此，党建引领师德师风建设要紧紧抓住课程融德这一核心。

1. 党建引领思政课程建设

根据《普通高中思想政治课程标准》（2017年版2020年修订）要求，思想政治课是落实立德树人根本任务的关键课程，以培育社会主义核心价值观为目的，是帮助学生确立正确政治方向、提高思想政治学科核心素养、增强社会理解和参与能力的综合性、活动型学科课程。思想政治课的课程性质决定了思想政治课教师是推动师德师风建设的关键人物。集团党委高度重视思政课教师的引领作用，每期由党委书记亲自主持召开思政课教师座谈会，使思政课教师充分认识到思政课堂是传播主流意识形态的主阵地，思政教师是传播主流意识形态的主力军。集团党委还为思政课教师每人配备了《习近平新时代中国特色社会主义思想三十讲》和《习近平谈治国理政》第三卷，推进其理论知识水平提升。近年来，我校思政课教师为落实立德树人的根本任务也不断贡献自己的智慧和力量：一位教师获评市级"三八红旗手"；两位年轻教师被提拔为中层管理干部；多位教师在省市级赛课中脱颖而出。

2. 党课占领思政教育讲台

中国共产党是中国工人阶级的先锋队，同时是中国人民和中华民族的先锋队，这一性质决定了党员不仅仅是专业引领者，更应该是价值的引领者和行动的先行者。为进一步增强党员的先进性，我校组织了系列党课学习，党委书记每年至少为全体党员讲两次党课，蹲点年级支部的党委成员每年至少到支部上一次党课，另外，还多次邀请市委宣讲团成员到校宣讲。如通过《党的十九届五中全会精神》宣讲，进一步提高理论水平，提升大局意识；通过《从百年党史中汲取奋进力量》党史学习教育，进一步增强学好、用好党史的思想自觉、政治自觉和行动自觉；通过《不忘初心、牢记使命，做一名守初心、敢担当、勤作为的钢中教师》党课，全体教师进一步凝心聚力推动钢中"二次创业"高质量发展。

(三) 实践行德是学校师德师风建设的关键

孔子认为："始吾于人也，听其言而信其行；今吾于人也，听其言而观其行。"① 人的道德水平只有实际行动才能衡量，提倡"力行近乎仁"，即按道德规范实践的人接近于仁德。师德师风在建设过程中常常出现理论学习和教学实际相脱节，言行不一致的现象。因此，师德认知必须依靠师德实践来检验和证实。

充分发挥党员教师在团结群众中的凝聚作用，在专业发展中的引领作用，在脱贫攻坚中的帮扶作用。成立党员示范岗；设立网络教学先进个人、"学习强国"先进基层组织、学习标兵等奖项；采取"一对一"或

---

① 孙培青，杜成宪. 中国教育史 [M]. 上海：华东师范大学出版社，2018：43.

"多对一"的方式开展扶贫工作，党员教师每月轮流到指定乡村开展扶贫工作，其中2018年至2020年3月，帮扶对象达到了50人之多，2020年，全年累计为帮扶对象送去慰问金、物资、消费扶贫、产业扶贫等折合人民币共计69927元。系列举措充分发挥了基层党组织战斗堡垒作用和党员先锋模范作用。在湘潭市教育局关于市直事业单位脱贫攻坚嘉奖奖励的表彰中，我校荣获"市直事业单位脱贫攻坚专项奖励嘉奖集体"。

（四）考核评德是学校师德师风建设的保障

师德师风是评价教师队伍素质的第一标准，教师必须遵循为师之规范，恪守为师之纪律，履行为师之责任，以行动树立教师职业之规范。为全力打造有理想信念、有道德情操、有扎实学识、有仁爱之心的"四有教师"队伍，力争达到优化师德师风、优化行风教风的"两个优化"，努力实现提升教学水平、提升服务质量、提升学生满意度的"三个提升"目标，制订和完善了《湘钢一中教育集团师德师风考察方案》。该方案采取教师个人自评、家长和学生参与测评、考核工作小组综合评定相结合的方式操作，其结果分为优秀、合格、基本合格、不合格四个等次，并纳入教师师德师风档案，作为教师职业生涯的重要记录。制订《湘钢一中教育集团教师职业十项行为准则》《湘钢一中教育集团节假日十条禁令》《湘钢一中教育集团廉洁文化进校园方案》，实施初期，教师公开承诺廉洁从教，规范从教行为，学校对违规行为进行专项整治，严守底线、红线。实行"一票否决制"。[1] 师德师风是学校评优评先、职称评审、教师选任及干部培养的首要标准。我们将师德师风考核纳入教师引进、干部培养、岗位聘任等，健全完善了"把党员培养成教学骨干，把教学骨干培养成党员"的双带头人机制，积极引进优秀人才，评聘德教双馨模范，实施中层干部全员竞争轮岗，集团现已逐步形成以80后、90后为主体的充满活力的中层干部格局。

---

[1] 王新. 党建引领下的新时代师德师风建设［J］. 上海教育，2021（7）：73.

三、党建引领师德师风建设的实践反思

湘钢一中"党建+师德师风"工作，是党建工作水平和创新成效的集中体现，是党组织引领改革创新、永葆先进性的成果展示。湘钢一中"党建+师德师风"融合创新案例被评为湖南省中小学十大优秀案例之一，成为全省优秀示范。在学校探索中总结经验，学校推进党建与师德师风建设，要坚持以下三个原则：

（一）坚持党建引领和业务提升相统一

党建工作是业务提升的助力，而非阻力。有效推进党建工作既要"上连天线"，传递上级党组织的方针政策，响应党的号召，做好"传声筒"；也要"下接地气"，坚持听民声、晓民意、解民忧，要关注人民群众关心的重点、业务提升中的难点，以此增强党建工作有效性，提高党建参与的积极性。于学校而言，立德树人是学校发展的根本业务，党建工作必须坚持"立德树人是最大的党建"的工作理念，以提高教师理想信念、专业学识和人格魅力为重要抓手，营造良好的校园环境，让广大教职员工静心教学、专心育人、潜心治学。树师魂，提师能，我校在2020年湘潭市"新视野"课堂教学竞赛中斩获10个一等奖。

（二）坚持党员示范和全体动员相结合

党建工作不是党员或干部的独唱，而应是在党员干部领唱下，广大人民群众的大合唱，最终凝聚起社会主义现代化建设的磅礴力量。学校党建引领师德师风建设，党员既要传递党的方针政策，还要以身示范，发挥先锋模范作用，以实际行动实现全体动员。对此，我们设置脱贫攻坚、食堂监管、教学一线等多个党员示范岗，建设党员活动室，开展党员与群众帮扶和结对活动，延续"熊晓鸽奖""钢中英才奖""钢中之星"青年教师奖的表彰制度，树立教师先进典型，实施"青蓝工程"，开展师德模范宣讲活动，坚持以刚性管理和柔性激励的原则进行考核，既帮助广大教职员工知晓红线，守住底线，也增强了教职员工的向心力和凝聚力。

（三）坚持集团总校和集团分校相一致

湘钢一中是湘潭市基础教育领域里组建的第一个教育集团，凭借优质教育资源共享共建已成为当前集团发展的一大趋势。在党建引领师德师风建设中，坚持集团总校顶层统筹，统一部署，统一推进，统一考评，做到价值共用，资源共享。初期制订师德师风建设工作方案，成立两校区人员组成的领导小组和工作小组，每季度召开一次工作例会，做到了在工作机制、人事安排、奖惩实施、内容方法等方面的步调一致，协同发展；同时，也坚持两校区各美其美，特色鲜明。总校区发挥人文底蕴深厚、教育资源雄厚的优势，树立师德模范，以老带新，青蓝相继，薪火相传。分校区发挥教师队伍年轻，校园建设现代化的优势，守正创新，激发活力，快速前行。目前，集团分校的改扩建已全面交付，党员活动室、廉政文化室、教工之家等功能室融入其中，整个校园文化彰显了湖湘文化和湘钢一中特色，两校区的基础教育龙头作用已日益显现。

党建引领师德师风建设是一项系统性工程，是引领教育发展的关键性工程。当前，湘钢一中正以"党史学习教育"为契机，加强师德师风建设，切实增强使命担当意识，提升创新创业能力，为助力湘潭教育强市建设、钢中"二次创业"而奋勇前进！

第四部分 04

教育教学

完善学校德育体系的几点思考[①]

贺立明

湖南省双峰县第七中学

摘要：德育工作如何适应新时代高中学生思想道德形成的规律，完善德育体系，是当前学校德育工作亟待解决的重要课题。在本文的研究中，笔者以双峰七中为例，对构建完善高中学校德育理念体系、课程体系、目标体系进行具体的研究与分析，采取有效策略推进学校德育教育高质量发展。

关键词：高中德育；德育体系；理念体系；课程体系；目标体系

目前，学校德育教育一直在路上，需要改进的地方还有很多。在新时代背景下，学校的德育工作在德育课程、目标体系等方面还存在一些缺陷与不足，有一部分学生在日常生活和学习中品行不端表现出拉帮结派、打架斗殴等行为，造成了不好的影响。德育工作如何适应新时代高中学生思想道德形成的规律，完善德育体系，是当前学校德育工作亟待解决的重要课题。近几年来，双峰七中坚持以"立德树人"根本任务为导向，在完善德育理念体系、课程体系、目标体系和活动内容等方面进行了探索与思考，采取有效策略推进德育教育高质量发展。

[①] 【基金项目】湖南省教育科学"十二五"规划省级一般课题《新高考背景下高中生综合素质评价校本化实施研究》（课题编号 XJK015CZXX030）成果之一。

一、德育理念体系的完善

针对新形势下学生思维活跃、信息水平提高但公民道德、心理素质下降、道德水平不平衡的特点，双峰七中立足校情和学生的生理、心理特征与道德水平，重构了学校德育理念体系，即"一条主线""两大观念""三条渠道"。

（一）"一条主线"

从德育现状看，学校德育面临德育首位与德育无位、合格公民要求与学生社会公德缺失、均衡优质发展期盼与学生素质不平衡、和谐校园构建与学生心理问题等冲突。为此，学校明确以"法纪教育、诚信教育、公德教育、理想信念教育"为德育主线。

（二）"两大观念"

针对过去学校内部"教书"与"育人"各行其是，德育工作被窄化为部分人、个别部门的工作而其他人、其他部门置身事外的倾向，学校提出"人人都是德育工作者""处处都有德育工作"两大观念。

学校要求上课教师要充分发挥"教学育人"作用，教辅人员与后勤人员发挥"服务育人"作用，行政管理人员要发挥"管理育人"作用。"德育在我的课堂上，德育在我的岗位上，德育在我的言行中"已成为七中人的德育自律规范。学校建有活动室、校史陈列室、图书馆、广播室、雕塑等标志性景观，有社会主义核心价值观、《中小学生守则》宣传牌。学校充分利用板报、橱窗、走廊、墙壁等进行文化建设。

（三）"三条渠道"

德育实施的途径有很多，学校特别重视"三条渠道"协同育人。

1. 学校主线

学校实行"三条线"抓德育。一是由政教处牵头，校团委、年级部、班主任配合组成德育灌输线，通过各种形式对学生进行思想政治教育，体现"管理育人"的原则；二是由政教处、总务处、办公室等服务部门组成的德育熏陶线，通过主题活动、校园环境与校园文化建设和优质服务，体现"服务育人"的原则；三是由教务处、教研室和任课教师组成的德育发掘线，以良好的师德和严谨的治学态度去影响学生，挖掘教材的德育因素和学生的道德潜质，体现"教书育人"的原则。

2. 家校共育

学校完善了家委会组织建设并制定例会制度；搭建了通信平台、微信平台、智慧校园平台，保证家校通信畅通；开展"学情月联系卡"活动和"家长进课堂主题班会"；每学期举行"邀请家长听一节课、同家长座谈一次"的助学活动；开展"班级优秀家长"评选活动，有效发挥了协同育人作用。

3. 社会联动

学校努力构建社会联动机制。主动联系本地公安、司法、共青团、关工委（关心下一代工作委员会）等部门，发挥老干部、老战士、老专家、老教师、老模范的宣讲教导作用，建立多方联动机制，搭建社会育人平台，实现社会资源共享共建，助力学生健康成长。

二、德育课程体系的完善

双峰七中德育课程的设计根据不同的目标、要求，采取不同的教育途径；又根据不同的教育途径安排不同的课程类型和学习方式。

类别	方式	实施途径
学科知识类课程	主题教育	由政教处策划组织，班主任实施，每周五下午第六节班会课进行主题教育，包括理想信念、社会主义核心价值观、中华优秀传统文化、生态文明、法纪安全、心理健康教育等。组织学生观看爱国影片和"感动中国十大人物"颁奖典礼，观看预防青少年犯罪系列警示教育等

续表

类别	方式	实施途径
学科知识类课程	学科渗透	在学科教学中渗透德育。如语文、历史、地理等课利用课程中语言文字、传统文化、历史地理常识等，潜移默化地对学生进行世界观、人生观和价值观的引导；外语课加强国际视野、国际理解和综合人文素养的培养
	时政教育	充分利用时政媒体资源，对高中学生加大国内外形势、党和国家重大方针政策及社会热点等时政教育力度，由政治教师负责完成。学校在师生易去的显著位置设置时政宣传栏，内容每周至少更新一次
	专题讲座	每年邀请名师或专家来校做德育讲座；每期召开班级管理工作交流会，由优秀班主任做专题讲座；每期安排分管领导或者骨干教师给教职工做一次德育讲座；每期请专家给全体党员讲一次党课
	生涯心健	建立心理健康发展中心，开设生涯规划与分科走班指导、生理与心理健康教育课；开放心理健康咨询中心。请省、市、县心理健康名师工作室专家来校做专题辅导报告
礼仪规范类课程	传统文化	利用校史馆，进行校史校情教育。加强家国情怀、社会关爱和人格修养教育，传承发展中华优秀传统文化，大力弘扬核心思想理念、中华传统美德、中华人文精神，引导学生了解中华优秀传统文化的历史渊源、发展脉络、精神内涵，增强文化自觉和文化自信
	行为规范	采取新生入学教育、文明班级评比、文明寝室评比、主题班会评比等形式，加强行为规范教育。各班每周四晚第三节召开养成教育班会，政教处安排专人检查督促
	礼仪教育	通过升旗仪式、国旗下讲话、入团仪式、入学仪式、毕业仪式、成人仪式等，开展有特殊意义的仪式活动，进行礼仪教育

续表

类别	方式	实施途径
礼仪规范类课程	合格公民	通过主题班会、大型集会等方式，加强合格公民和公德教育。在家庭做父母亲的好帮手；在学校做同学们的好伙伴；在社区做文明守法的好标兵；在环境上，做讲卫生重保洁的好卫士
	环境育人	融德育于环境教育之中，以绿色文化丰富人文校园，充分利用板报、橱窗等进行文化建设，利用走廊、陈列室展示学生自己创作的作品，校园内立有科学家雕像和《山村的鹰》《信天游》等雕塑。优化美化校园环境，使校园文化体现教育的引导和熏陶。带领学生积极参加美化绿化活动，自觉承担植树义务，爱护花草树木，保护绿化美化成果
活动类课程	节庆活动	利用春节、清明、端午、中秋等中华传统节日以及节气，开展介绍节日历史渊源、精神内涵、文化习俗等校园文化活动，增强传统节日的体验感和文化感。利用植树节、劳动节、青年节、教师节、国庆节等重大节庆日集中开展爱党爱国、民族团结、热爱劳动、尊师重教、爱护环境等主题教育。利用建党、建军、九三抗战胜利、国家公祭日等重要纪念日，以及地球日、环境日、健康日、国家安全教育日、禁毒日等主题日，设计开展相关主题教育
	书香校园	建设班级文化，鼓励学生自主设计班名、班训、班歌、班徽、班级口号等，增强班级凝聚力。以班级文化建设为平台，开展书香班级、书香校园创建活动。每年开展读书节活动
	体育健康	通过球类运动会、田径运动会、广播体操比赛、课间大活动评比等，在体育健身活动中，培养学生的集体主义精神和服从组织、遵守纪律、积极进取的心理品质
	艺术活动	学校成立了音乐、美术、书法、传媒等艺术社团，利用庆祝五四青年节、国庆节、元旦等节日，采取校园歌手比赛、红歌比赛、文艺会演、书画作品展等活动，完成艺术与德育的相互渗透

续表

类别	方式	实施途径
活动类课程	科技创新	每年开展一次科技节活动;成立科技活动兴趣小组,经常开展活动
社会实践类课程	志愿服务	学生在校内外所进行的各种服务,包括校内值周、志愿者服务和社区调研、社区服务等,了解国情,认识社会,使他们亲身体验,独立探索,从而提高思想觉悟,发展个性特长,培养兴趣爱好
	劳动实践	引导学生参加生产劳动、公益劳动、家务劳动。引导学生崇尚劳动,尊重劳动成果,弘扬劳动精神
	新生军训	为期一周的军训是双峰七中新生入校德育第一课。通过军训提升学生的民族自豪感、使命感,增强纪律意识、时间意识、团队意识,培养坚强的意志力和集体观念,初步塑造世界观、人生观、价值观
	旅行研学	开展"赏壮美三峡,学长江文化"等为主题的旅行研学活动,厚植学生爱国主义情怀、培养学生集体主义精神、坚定学生理想信念、养成学生文明旅游习惯,加强学校德育与校外德育的融合

三、德育目标体系的完善

(一) 总体目标

双峰七中根据教育部《中小学德育工作指南》和《关于全面深化课程改革落实立德树人根本任务的意见》等文件确立学校德育教育的总体目标:培养学生爱党爱国爱人民,增强国家意识和社会责任意识,教育学生理解、认同和拥护国家政治制度,了解中华优秀传统文化和革命文化、社会主义先进文化,增强中国特色社会主义道路自信、理论自信、制度自信、文化自信。

引导学生准确理解和把握社会主义核心价值观的深刻内涵和实践要

求，养成良好政治素质、道德品质、法治意识和行为习惯，形成积极健康的人格和良好心理品质，促进学生核心素养提升和全面发展，为学生一生成长奠定坚实的思想基础。

（二）年级德育目标与活动

学校制订了《双峰七中德育工作体系化实施方案》。在实施过程中，同年级各班可根据班情展开活动。因此，同一内容的活动就会呈现出不同的形式，这种形式上的灵活性，给学生留下了创造的余地，达到既教育自己又锻炼自己的目的。

1. 高一年级德育目标与活动

德育目标：一是重点抓好初、高中教育的衔接，加强伦理道德教育和法纪教育，特别注重新生的行为规范教育和适应高中生活的指导。二是运用生涯规划、心理学等相关知识，让学生了解自己的个性倾向性和气质类型，提高自我评价能力，学会生涯规划，合理分科走班。三是教育学生初步认清人生的基本责任和价值，并明确应有的人生价值观。四是进行学校光辉历史、传统美德教育和诚信教育，继承和发扬"以社会责任为己任"的光荣传统。

为了实现德育目标，分学期开展以下德育活动：

第一学期的活动主题为"规范行为、夯实基础，走好学习、生活第一步"。主要德育活动包括感悟军旅生活——高一军训的收获、感言和体会；塑造高中学生形象——《规范》《守则》的学习；生涯规划指导；我们的节日——中华经典诵读；双峰七中校史教育——做知法守法的好学生；爱国、爱校、爱家——感恩教育。

第二学期的活动主题为"立志成才、礼仪修养，形成良好的道德与品质"。主要德育活动包括双峰七中校纪校规知多少——法纪教育；奉献是生命的内涵（"学雷锋、见行动"活动）——善待父母；文明修身；学习方法谈、做时间和计划的主人、听课做笔记"高招"；爱心"三帮"教育——学习帮教、生活帮困、思想帮导；吸烟有害健康教育；暑假活动方案设计评比。

2. 高二年级德育目标与活动

德育目标：一是在学生理解、尊重、信任的前提下，注意发展学生的自我教育能力，在进行社会责任感的教育时，着重把爱国主义和民主、法制教育贯穿其中。二是重点进行以社会公德、社会责任感为前提的成才理想教育，让学生学会运用正确的理论观点和思维方式来观察社会，摆正自己的位置。三是对学习受挫、精神焦虑、心理抑郁的学生实施心理指导。

为了实现德育目标，分学期开展以下德育活动：

第三学期的活动主题为"诚信协作、学会学习、交流与合作"。主要德育活动包括今天我做了什么——《一日常规》自查与互查；为改正缺点我愿……——对照《规范》自我反省；青春，人生最宝贵的年华——知识讲座；集体在我心中——主题班会；我拥有金钥匙——学习方法交流；谈谈正常的异性交往——专题指导。

第四学期的活动主题为"立志成才、健全人格，做知法守法的好公民"。主要德育活动包括法纪法规知多少——公民教育；学雷锋、见行动——主题班会；团徽在闪光——心中有他人、有集体（演讲比赛）；理想与纪律、诚信与品行——演讲征文；对待朋友应该是这样……——学生大讨论；歌唱生活，歌唱理想——庆"五四"校园十大歌手评选。

3. 高三年级德育目标与活动

德育目标：一是进行理想前途和世界观教育，加强品德教育，防止出现德育断层。二是加强毕业前途教育，进行志愿填报、升学就业和适应社会指导，防止因期望过高和心理准备不足而产生不适应。三是指导学生合理安排作息时间，对考试恐惧学生进行消除恐惧的心理训练，避免过分疲劳和紧张而引起的身心疾病。

为了实现德育目标，开展以下德育活动：

第五学期的活动主题为"责任担当，富有理想，时刻等待祖国的召唤"。主要德育活动包括人生的目标与奋斗——高三理想、目标和措施的制定；十八岁，新生命的开始——成人教育主题班会；学习中的总结与提高——学习方法经验交流；在集体的熔炉中锻炼成长——对照《班规》自查与反省。

第六学期的活动主题为"立志成才、报效祖国，勿忘母校"。主要德育活动包括认识健康、拥有健康——针对"两操"自查与互查；高三学生心理调适与考试焦虑的克服——心理辅导讲座；高考前应有的心理和技术准备——主题班会；成才立业，回报哺育我成长的故土与亲人——送母校一件有意义的礼物。

四、德育体系化的优化策略

(一) 注重"四全育人"，加强有效调控

学校德育的基本目标是培养合格公民，最终目标是培养德智体美劳全面发展的社会主义建设者和接班人。围绕德育目的，双峰七中注重"四全育人"。

学校坚持全局、全面、全员、全程"四全"育人原则。全局，即德育工作是学校的全局性工作，列入了党总支、行政的年度工作规划；全面，即德智体美劳"五育"全面发展；全员，即每一位教职员工都是德育工作者；全程，即德育工作贯穿到学校管理的整个过程，从计划、组织、检查、总结等各个环节进行思考。

学校提出了"四进"（走进班级、走进宿舍、走进家庭、走进学生心灵）、"五导"（思想引导、学业辅导、心理疏导、生活指导、成长向导）、"六个关注"（关注细节、关注身心、关注变化、关注交友、关注能力、关注全面）德育教育要求，实现对德育教育过程的有效调控。

(二) 合理选择内容，重视心理辅导

双峰七中在德育内容选择上注重两点：一是结合教材进行内容选择，确保所选内容与新时代要求相符，同时综合考虑高中学生的发展，保证德育内容能够对学生今后的生存发展形成指导；二是对学生文化知识的学习保持关注，同时也重视学生的人际交往、人身安全、消费支出等方面的情况，让学生逐步养成良好的生活习惯。

学校特别重视心理健康教育，建立了心理健康教育辅导中心，招聘了教育学、心理学专业教师，开设了心理健康教育周课。学生心理辅导室积极开展心理咨询和心理辅导，与家长保持良好沟通，对学生道德发展近况时刻把握，从而不断调整与优化培养策略。

（三）抓好重点工作，落实立德树人

学校以"一条主线、两大理念、三条渠道、四全原则、五大建设、六项重点工作"统领"立德树人"工作全局，通过"一月一事"保证育人模式的顺利推行，多措并举，落实"立德树人"根本任务。

学校加强了五大建设：党的建设、教师队伍建设、学校制度建设、管理机制建设和硬件建设。宣传栏、文化墙、文化长廊，每一个角落、每一个区域都成为展示校园文化的平台。教室内布置的班训、名人名言，与教室外文化长廊、宣传栏及充满活力的雕塑相辅相成、相得益彰，外外充溢着浓郁的人文气息。

学校一以贯之抓好六项重点工作：一是坚持"学校主渠道与家庭、社会、网络多渠道合流，思政主课堂与多学科共育交融"，对高中生加强社会主义核心价值体系和党的路线方针政策教育；二是每期组织实施养成教育和学生综合素质拓展计划，促进学生德、智、体、美、劳全面发展；三是坚持不懈地开展学生社团活动、青年志愿者活动和社会实践活动，引导学生自我教育、自我锻炼、自我服务；四是培育学校精神，坚持不懈地抓好学生基础文明素养教育和"一训三风"（校训、校风、教风、学风）建设，努力构建"和谐校园、活力校园、人文校园、文明校园"；五是重视和加强心理健康教育，建立健全学生心理健康档案，开展心理普查、心理咨询和心理辅导，培养学生健全人格；六是高度重视校园安全稳定工作，积极探索安全工作长效机制建设，扎扎实实做好学校日常教育管理工作。

学校通过"一月一事"（"感恩活动月""师德建设月""艺术活动月""安全教育月""习惯养成月""科技活动月""体育活动月""劳动教育月""公民道德宣传月"）保证育人模式的顺利推行。如为了弘扬民族文化加强传统文化教育，学校组织"弘扬与培育民族精神宣传月"教育活动,开展"做一个有道德的人"主题教育,把感恩教育、节俭教育、诚信教育等纳入教育实践,举行"做一个有道德的人"读书节活动、演讲比赛和征文比赛。

(四)加强生涯指导,促进自我发展

教育的目的是让学生成长为更好的自己,高考的目的也是让学生能够选择适合自己的路径,更好地成就自己。随着新高考改革的进行,双峰七中高度重视学生的生涯指导。学校组织了一系列活动,让学生深入了解大学,开展专家讲堂、优秀学长访谈等活动,指导学生根据自己的兴趣、特长报考专业,让学生由被动选择变成主动选择,主动做好人生规划,发掘自身潜能。在成人礼活动中,邀请杰出校友回校担任学生的"成长引路人",讲述自身的成长历程,并提出实用建议,激发学生的学习动力,促进学生成长。此外,为了促进学生深入了解高校及其专业,在高职院校自主招生时期,组织学生前往部分院校参观学习,了解情况,促使学生做好报考准备。

德育是一项长期而又需要耐心的工作,学校要担负起德育教育的主要任务,让学生养成良好的德育习惯。只有学校自身不断优化与完善德育教育的体系、目标、内容与活动,才能更好地促进高中学校的发展。让我们共同携手,为培育"有信念、有道德、有理想、有抱负"的高中学生不懈努力!

基于文化自信视野的红色文化传承及思考

郭垂芳

桂东一中

摘要：教育的根本任务是立德树人。以文化人，以文育人是最好的德育途径。桂东一中基于文化自信视野，以"红色文化"为主体，传承红色文化，弘扬脱贫攻坚精神，讲好先锋模范故事。实践证明，传承红色文化与弘扬社会主义核心价值观相融合、与培养学生综合素养相融合、与新时代的思想政治教育相融合，才能实现以文化人，以文育人。

关键词：文化自信；红色文化；文化育人；文化传承

党的十九大报告指出："文化是一个国家、一个民族的灵魂。文化兴国运兴，文化强民族强。没有高度的文化自信，没有文化的繁荣兴盛，就没有中华民族伟大复兴。要坚持中国特色社会主义文化发展道路，激发全民族文化创新创造活力，建设社会主义文化强国。"文明特别是思想文化，是一个国家、一个民族的灵魂。无论哪一个国家、哪一个民族，如果不珍惜自己的思想文化，丢掉了思想文化这个灵魂，这个国家、这个民族就立不起来。中国有着优秀的传统文化，"可以为治国理政提供有益启示，也可以为道德建设提供有益启发"，"只有坚持从历史走向未来，从延续民族文化血脉中开拓前进，我们才能做好今天的事业"。文化自信是一个民族、一个国家以及一个政党对自身文化价值的充分肯定和积极践行，并对其文化的生命力持有的坚定信心。

一、文化自信的底气

坚定文化自信,是因为我国拥有文化自信的强大底气。我国有优秀传统文化的底蕴,也有在中国革命、建设、改革的伟大实践过程中孕育的革命文化和社会主义先进文化。这些在优秀传统文化基础上的继承和发展,夯实了我们文化建设的根基,奠定了我国文化自信的强大底气。

第一,拥有博大精深的优秀传统文化,是最深厚的文化软实力,在优秀传统文化上的继承和发展,夯实了我们文化建设的根基,奠定了我们文化自信的基础。

第二,拥有鲜明独特、奋发向上的革命文化。

第三,文化自信源自创造文化新辉煌的强大物质基础、精神积累与制度保障,源自新时代中国特色社会主义的蓬勃生机,源自实现中华民族伟大复兴的光明前景。

我国博大精深的优秀传统文化,能"增强做中国人的骨气和底气",是最深厚的文化软实力,是我们文化发展的母体,积淀着中华民族最深沉的精神追求。增强文化自信,是我们提升文化软实力、建设社会主义文化强国的重要路径。

二、文化自信对学校传承红色文化的作用

文化自信对学校传承红色文化有着积极的引领和激励作用。学校教育的根本任务,是立德树人,其中最重要的一点就是文化育人。

(一)为学校解决好弘扬传承红色文化指明了正确方向

"文化自信"不只是一句口号、一个理论名词。我们提倡的"文化自信"有其深厚根基。诸如"自强不息"的奋斗精神,"精忠报国"的爱国情怀,"天下兴亡,匹夫有责"的担当意识,"舍生取义"的牺牲精神,"革故鼎新"的创新思想,"扶危济困"的公德意识,"国而忘家,公而忘私"的价值理念等,一直是中华民族奋发进取的精神动力。

此外，"天人合一""天下为公"的社会理想，"以人为本""民惟邦本"的治国理念，"载舟覆舟""居安思危"的忧患意识，"止戈为武""协和万邦"的和平思想，"与人为善""己所不欲，勿施于人"的处世之道，"儒法并用""德刑相辅"的治理思想，"和为贵""和而不同"的东方智慧，一直是中华民族治国理政的思想渊源。

从井冈山精神、长征精神、延安精神、西柏坡精神，到雷锋精神、大庆精神、"两弹一星"精神，再到航天精神、北京奥运精神、抗震救灾精神，这些富有时代特征、民族特色的宝贵财富，脱胎于中华民族优秀文化传统，同时又在新形势下不断进行着再生再造、凝聚升华，为在新的历史条件下推进文化建设奠定了坚实基础。

（二）为学校推进革命传统教育时代化与大众化提供了正确指导

基于文化自信的视野，桂东一中坚持传承红色文化。红色文化是在革命战争年代，由中国共产党人、先进分子和人民群众共同创造并极具中国特色的先进文化，蕴含着丰富的革命精神和厚重的历史文化内涵。红色文化是文化自信内涵的重要元素。

比如，桂东一中由红色文化指导本土文化，学校确立了德育的一大主题——红色教育：铸魂强校、立德树人。在湘赣边境罗霄山脉中段的井冈山南麓，有一方净土，蓝天是它的屋顶，高山是它的装饰，它就是桂东县。桂东县是一块"红色土地"，是第一军规《三大纪律·六项注意》（后发展为《三大纪律·八项注意》）颁布地。桂东县是井冈山革命根据地的重要组成部分，属一类革命老区。它具有"老、小、边、山、穷"的典型特点，被列为国家级罗霄山郴州片区域发展与扶贫攻坚工作重点县。桂东一中是桂东县唯一的一所普通高中，它承载着桂东县23万人民的期待，承载着县委、县政府的殷切希望，它是桂东县人才培养的主要窗口，桂东一中能否办好，关乎桂东县未来的发展。作为山区一所示范性高中，就是要"让山区学子怀揣梦想，自强不息，走出大山，迈向世界"。

三、红色文化传承的学校探索与实践

桂东县是一类革命老区，是一块"红色土地"，拥有丰厚的红色文化资源。桂东一中是桂东县唯一的一所普通高中，学校基于文化自信视野，积极探索红色文化的传承，经过多年的实践，现已形成桂东一中的德育特色——红色教育：铸魂强校，立德树人。

（一）传承桂东革命老区精神

桂东县是国家扶贫开发县，但桂东县成就了"小县办大教育，穷县办富教育，山区办名教育"的神话。桂东县坚持"宁苦大人，不苦孩子；宁苦机关，不苦学校；宁苦干部，不苦教师"的"三苦三不苦"的办学精神，以科学发展观为指导，以办人民满意的教育为宗旨，切实加大教育投入，不断改善办学条件，扎实推进教育强县建设，使全县教育事业得到了持续、快速、健康发展，创造了贫困地区办好人民满意教育的奇迹。

桂东县被湖南省授予"'两基'迎国检工作特殊贡献奖""湖南省首个现代教育技术实验县""湖南省现代教育技术工作先进单位"，荣获了"郴州市教育强县先进集体""全国青少年读书征文活动先进单位""全国推进义务教育均衡发展先进地区"和"全国'两基'工作先进县"等一系列荣誉，走出了一条"小县办大教育，穷县办富教育，山区办名教育"的特色发展之路。

红色资源铸就了老区人民的"桂东精神"，"怀揣梦想""平民情怀""乐于学习""自强不息""坚忍不拔""敢于担当""胸怀坦荡"等是其主要元素。

桂东一中以"红色文化"为主体，以"崇真、向善、尚美"为主题，以老区人民的"桂东精神"为主导，立德树人，引领学生向上成长。

（二）弘扬桂东脱贫攻坚精神

桂东县是罗霄山片区湖南省脱贫攻坚的主战场，2014年全县有74个贫困村（2016年行政村合并后为61个）、贫困发生率为24.93%。国家实

施精准扶贫方略以来，桂东县围绕中央、省、市的决策部署，咬定目标、攻坚克难、合力攻坚，于2017年成功实现整县脱贫摘帽，一举摘掉戴了32年的"国家级贫困县"帽子。桂东县是郴州市首个脱贫摘帽的贫困县。桂东大地，如今硬化的公路延伸到偏远山区，山间的清泉被引向千家万户，村小学教学设备日益完善，村卫生室医疗设施越来越多，国网供电在乡村全面铺开……

桂东一中以全县人民"脱贫攻坚"精神为指引，以"开拓创新、攻坚克难、坚持不懈"为主题，立德树人，引领学生积极成长。

（三）讲好桂东先锋人物故事

桂东县是一块"红色土地"。桂东县是一类革命老区，是一块具有光荣革命传统的土地。新民主主义革命时期，它是井冈山革命根据地和湘粤赣革命根据地的组成部分。毛泽东、朱德、彭德怀、任弼时、陈毅等老一辈无产阶级革命家都曾驻足此地，播下革命种子。解放战争时期，在中共五岭地委领导下，县内进步青年郭名善等率近百人在沙田龙头村举行武装起义。经过艰苦卓绝的斗争，于1949年6月16日解放桂东，成为湖南省最早解放的县。

新中国成立后，桂东人民在中国共产党的领导下进行社会主义革命和建设，以顽强的革命精神改变桂东贫穷落后的面貌，在曲折前进中取得辉煌成就。桂东这方热土，涌现出红十五军政委陈奇等著名革命烈士和全国劳动模范方忠宇等先进人物，培育了著名词学家胡云翼、著名诗人黄翔、党政著名领导人邓力群、原国家教委副主任周远清等杰出人物。全国各地有不少桂东籍的专家、学者、教授和党政领导人物，县内各条战线涌现出许多先进模范人物。他们为社会主义物质文明和精神文明建设做出了杰出贡献。在桂东一中每一级学生的开学典礼上，学校经常讲老一辈无产阶级革命家邓力群的故事，常立当代教育改革家周远清的标杆。

（四）巩固桂东脱贫攻坚成果

2017年桂东县成功实现整县脱贫摘帽，一举摘掉戴了32年的"国家级贫困县"帽子。学校以此教育学生,要感恩这个时代,要感恩我们的党,感恩所有帮助过我们的人。这里有很多感人的故事,其中湖南师范大学对桂东一中的帮扶是最突出的。桂东一中于 1995 年 12 月 25 日,被湖南师大列为第三附属中学,2015 年 12 月 4 日更名为"湖南师大附属桂东濂溪中学"。1997 年、1998 年,湖南师大分别派来四位专家学者到桂东一中(湖南师大三附中)担任副校长职务,指导帮助完善了一系列学校管理制度。此后,湖南师大每年都会派出领导、专家到学校进行指导或讲学,为学校管理水平、教育教学能力的提升奠定了坚实的基础。26 年来,在湖南师大领导的高度重视和专家教授的精心指导下,在县委、县政府和教育主管部门的正确领导下,桂东一中(湖南师大附属桂东濂溪中学)发生了翻天覆地的变化:一是办学条件日益完善。1997 年学校整体搬迁到了现址,2016 年又启动了 32.8 亩(约 2.19 公顷)的桂东一中增容扩建工程建设项目。二是教师队伍建设不断加强。学校现有教职工 202 人。三是办学规模持续稳步扩大。目前已有高中教学班 40 个,学生 2313 人。四是教育教学质量稳步提高。2020 年高考,我校参考 687 人,4 人超北京大学录取分数线。五是特色教育蓬勃发展。其中心理健康教育就是学校的一大特色,2020 年 12 月我们被评为湖南省心理健康教育特色学校,多次被评为郴州市心理健康教育先进单位。2021 年 3 月 13 日桂东一中成为湖南师大首个心理健康教育基地。

五、传承红色文化的对策思考

(一)创建文明校园,以文化人,以文育人

1. 以校园精神文化为引领

认真分析、总结学校发展历程,我们以教育部原副部长周远清的题词——"团结、朴素、勤奋、进取"八字作为校训,秉承"德育为本,全面发展,教有特色,学有所长"的办学理念,把"砥砺德行"作为校园精神的提炼,把"扬长避短,个个成才"作为学生发展的目标。

2. 以美化校园环境为条件

教室、寝室、运动场等公共场所悬挂名人名家名言警句，专设桂东名人专柜，以榜样的力量引领学生，处处营造幸福教育的文化氛围。校园内植树、栽花、绿化，美化了育人环境。学校绿树成荫，绿草成茵，鸟语花香，处处皆可入画。默默无语的景点成为传递做人道理和科学知识的桥梁。

3. 以思想道德教育为重点

学校开展社会主义核心价值观教育实践活动，推动社会主义核心价值观进学校、进课堂、进头脑。充分利用升旗仪式、主题班会、社团活动等形式开展道德教育实践，形成了全程育人、全方位育人的格局。充分利用清明节、端午节、劳动节、建军节、国庆节等重大节日，加强中华优秀传统文化教育和法制安全教育，深化"我的中国梦"主题教育实践活动，引导学生从小立志向，有梦想、爱学习、爱劳动、爱祖国。学校重视学生的思想品德教育。如学校开展了"向国旗敬礼""我爱我的国，我与国同行""我和我的祖国""腾飞中国，辉煌70年"等系列主题活动。

4. 以校园文化活动为载体

学校充分利用桂东县这块"红色土地"，挖掘资源，用"红歌歌咏比赛""红色演讲比赛"等竞赛形式，充分调动学生接受传统教育的积极性。利用五四青年节、七一建党节、八一建军节、十一国庆节等节日进行爱国主义教育等活动，让德育寓于活动之中，让活动蕴含着德育教育。举办人文科技节，精心设计和组织开展内容充实、吸引力强、形式多样、新颖有趣的科技体验活动，培养学生的科学精神和创新能力，实现了"多元展示，无限乐趣；参与其中，享受成功"的预定目标。开展校园文化艺术节、元旦文艺会演、书法展、演讲比赛、征文比赛、经典诵读比赛、校歌班歌大赛等艺术活动，在各种活动中，陶冶情操，发展个性，激发想象力和创造力，增强了学生的文化修养。

（二）紧跟时代步伐，与时俱进，以传承促创新

传承是基础，创新是弘扬红色文化、思想政治教育现代化的发展

取向。

1. 传承红色文化与弘扬社会主义核心价值观相融合

立德树人是教育的根本任务，为谁培养人，培养什么样的人，怎样培养人，是每一个教育工作者必须把握的根本方向，社会主义核心价值观给我们指明了方向。传承红色文化应该紧紧地与弘扬社会主义核心价值观相融合。

培育和践行社会主义核心价值观，是学校立德树人的中心工作。"红色文化"作为中国共产党带领全国人民奋斗的历史见证，有助于社会主义核心价值观的推广。学校立足校情，以"红色资源"为依托，以"红色传人"为目标，通过塑造校园环境，凸显红色品味；丰富活动载体，播种红色种子；强化课程建设，构建红色体系；树立先进典型，熔铸红色信仰等多途径培育和践行社会主义核心价值观，从而引导学生树立正确的人生观、价值观，促进学生的健康成长。

2. 传承红色文化与培养学生综合素养相融合

学生素养培育的价值取向在于传承和发扬传统文化。提升学生的人文素质，树立正确的价值理念，发扬艰苦奋斗精神和勇于创新精神，与红色文化的精髓是一致的。学生素养的培养，需要以红色文化来充实，并在此基础上进一步丰富教育资源和教育手段。

红色文化传承是学生素养培育的有效载体。学生综合素养的培育致力于培养他们的奋斗品质和创新精神，引导他们树立正确的世界观、人生观、价值观，为社会发展做出贡献；红色文化传承注重的是革命精神的传承与创新，红色文化作为学生素养培养的重要素材，能够对他们进行文化熏陶和精神引领。在当前社会矛盾发生深刻变化的背景下，要用优秀的红色文化精神进一步强化学生的理想信念，加强学生的人文素养教育，培养担当民族复兴大任的时代新人。

3. 传承红色文化与新时代的思想政治教育相融合

红色文化是无数革命先烈用鲜血和生命铸就的宝贵精神财富，蕴含着厚重的历史文化内涵，具有丰富的思想政治教育价值，为新时期的思想政治教育提供了宝贵资源和重要载体。实现红色文化与思想政治教育的有机结合，能够提高思想政治教育的实效性和针对性，也能够最大限度地发挥红色文化的功能。

"欲人勿疑，必先自信。"只有对自己的文化有坚定的信心，才能获得坚持坚守的从容，鼓起奋发进取的勇气，焕发创新创造的活力。我们要时刻铭记习近平总书记的话："站立在960万平方公里的广袤土地上，吸吮着中华民族漫长奋斗积累的文化养分，拥有13亿中国人民聚合的磅礴之力，我们走自己的路，具有无比广阔的舞台，具有无比深厚的历史底蕴，具有无比强大的前进定力。中国人民应该有这个信心，每一个中国人都应该有这个信心。"

基于活动育人的中小学德育对策思考

刘坤龙

湖南省沅江市第一中学

摘要：中小学德育活动育人是落实立德树人教育根本任务的重要途径，具有激发兴趣、营造氛围、彰显主体、提高效能等功能。现实中活动育人存在"活动内容匮乏，创新不够；活动途径单一，开拓不够；活动效率低下，落实不够"的问题。因此，德育工作必须做到丰富活动育人形式、拓展活动育人途径、改进活动育人方法、提高活动育人实效。只有这样才能使学校活动的开展真正实现"为党育人，为国育才"的目的。

关键词：中小学；德育管理；活动育人

一、活动育人的德育功能

（一）激发学生参与兴趣

兴趣是最好的老师，寓教于乐是最好的教育方式。而活动开展既能激发学生参与活动的兴趣，又能落实寓教于乐的实践方式，实现活动育人的目的。比如，我校开展的走进养老院的志愿者活动，给老人们送温暖，表演节目，谈心沟通，打扫卫生，一起欢乐，既让老人们开心快乐，又让参与学生懂得关爱老人，传递爱心，感恩社会，收获良多。这样的活动，学生参与兴趣浓厚，同时还可以学到很多书本上学不到的东西。因此，设计科学合理的活动，能够很好地激发学生参与的兴趣，吸引广大学生投身其中，并且为育人提供了良好的契机。

（二）营造德育活动氛围

师生之间，除了课堂以外，在活动中增进了解是最便利的途径。教师要实现因材施教的目的，就必须充分了解学生，融洽师生关系，拉近师生距离。而在活动中，教师可以轻松地多方面了解学生。因此，学校开展丰富多彩的活动，营造出良好的育人氛围。比如学校举行的大型元旦文艺会演，为很多学生提供了展示自我的舞台，通过活动开展，节目表演，教师可以发现很多多才多艺的学生，可以看到学生可爱活泼的一面。这样教师可以更深入地了解学生，可以针对性地强化对学生的教育，同时学生在参与节目表演的过程中，也不断得到锻炼，获得启示，得到教育。这样的育人是多重的，也是高效的。

（三）凸显德育工作主体

培养学生的六大核心素养是教育的重要任务。而借力活动开展来培养学生核心素养，是最有效的方式之一。比如开展文化知识竞赛，可以培养学生的人文底蕴和科学精神素养；开展成人礼活动，可以让学生认识自我，培养学生的责任担当素养；开展班级团建活动和研学旅行活动，可以凸显学生主体，培养学生学会学习、健康生活和实践创新的素养等。只有借力多种多样的活动开展，才能使六大核心素养的培养得以落实。

（四）提高德育工作效能

效能就是提高效率的有效行为能力。通过活动，寓德育于活动之中，将理论在实践中得到检验，效能高，效果好。作为教育者，探索出最有效的培养学生的途径是其不懈的追求。因此，通过活动开展，可以使教育者在参与活动的实践中，获得反思总结的机会，优化活动开展的模式，从而不断提升培养的效能，甚至可以对此不断总结提升，形成专属于自己的校本教材，服务于学校的长远发展。

可以说，活动育人的功能在学校育人的过程中发挥着举足轻重的作用。

二、活动育人的问题表现及原因分析

（一）活动育人的问题表现

1. 活动内容匮乏，创新不够

活动内容决定活动效果。当下在学校活动开展的过程中，我们常常看到不少活动内容简单老套，缺乏创新。比如围绕青年节、教师节、国庆节、元旦节等几大节日开展的活动，年年旧内容，老套路。学生参与的积极性不高，学校组织者在活动开展的过程中也体现出"重形式，轻内容"的倾向。这种"为活动而活动"的现象，自然难以达到育人的良好效果。可见丰富活动内容，加大创新力度，刻不容缓。

2. 活动途径单一，开拓不够

活动育人不能局限于场地、空间。然而当前学校活动的开展往往局限于学校围墙之内。一则是为了安全考虑，二则是为了简单操作。其实很多走出校门的活动更吸引学生，更接地气，也让学生更受教益。比如校外徒步拉练、校外春游活动、校外志愿者活动、校外研学旅行等。这些活动的开展，要达到好的效果，对组织者要求更高，难度更大，挑战重重。也正因为这些挑战，导致组织者为了"省力"，避免安全事故的发生，明哲保身而选择只在校内开展活动。这也就导致校内活动的开展途径单一，缺乏吸引力。

3. 活动效率低下，落实不够

高效活动的开展必然有周全缜密的方案。然而在学校我们常常可以见到，计划很科学，方案很漂亮，但活动落实很乏力的现象，甚至还会出现计划与实施脱节的情况。这就直接导致活动效率低下，活动效果大打折扣。同时高效活动的开展还需要学校各部门通力协作，相互配合。但是在活动组织过程中，各部门之间往往缺乏配合，单打独斗，各自为政，没有形成一个整体。比如，元旦文艺会演往往只是学校团委的工作。然而，众所周知，要搞好元旦文艺会演活动，既需要教师的积极参与，拿出高水平的节目,又需要学生的全面参加,甚至还要邀请社会名流、知名校友参与其中,才能让会演庆祝活动有品位,令人印象深刻。除了团委的工作以外,还需要学校工会组织教师拿出高水平的节目,要求办公室搞好宣传,发出邀请,布置舞台,要求学生处全力做好活动的安保工作等。只有各部门通力合作,才能确保活动的有序高效进行。

(二)制约活动育人的原因分析

1. 主观因素

制约活动育人效果的关键因素是人的因素。一是组织者的素养问题。作为组织者,应该要有良好的政治素养、创新意识、专业素质、心理素质、工作作风以及协调沟通能力等。组织者个人素养的高低,直接决定了活动开展的品位高下、成功与否。只有素质全面并拥有教育情怀的人,才能让活动育人更深入,更有效。然而当前作为活动育人的组织者的个人素养还须不断提高,要杜绝形式主义,要脚踏实地,真抓实干,要持续学习,更新理念,要紧跟时代,与时俱进。二是参与者的素养问题。活动开展过程中,参与者的素养也直接影响着活动的效果。比如,上级领导的支持担当问题、班主任的积极配合问题、社会各界人士的理解包容问题,还有作为活动主体的学生的个人素养问题等。这些都影响着活动育人的效果。

2. 客观因素

教育的发展受制于当地的经济水平,每一所学校的硬件设施往往千差万别。因此活动开展总要根据学校实际才能落地实施。比如,作为没有大型室内场馆的学校,要开展大型活动往往受限于天气情况。比如,为杜绝安全事故发生,而畏首畏尾,局限于校内开展活动等。

三、提高活动育人实效的对策

(一)丰富活动育人形式

采取"走出与请进相结合"的方式开展德育活动。首先,围绕活动开展,可以走出校门,向兄弟学校取经,学习一些成功而接地气的做法,再结合学校实际予以充实、完善。其次,要主动出击,邀请活动开展方面的专家来校指导或参与活动。比如,邀请励志演讲家、教育专家来校开展讲座,邀请团建活动指导专家来校指导活动开展等。再次,要充分发掘校友资源,邀请知名校友来校开展活动,或举行茶话会,或组织演讲等。最后,在做好以上三方面的同时,还要加强自身学习,提高政治站位,不断向书本、网络学习,将与时俱进的富有教育意义的活动内容及时引入校园,融入活动,让活动开展具有时代感和现实意义。

(二)拓展活动育人途径

只有形式多样的活动才能吸引学生,只有不断创新的活动才具备生命力。作为教育者,要不断开阔自己的思维和眼界,不断拓展活动开展的有效途径。首先,可以充分挖掘本地资源,开展具备地方特色的活动。比如,处于洞庭之滨的我校,就可以借助南县厂窖惨案纪念馆,对学生开展爱国主义教育;可以借助太阳鸟造船厂、辣妹子食品有限公司等本地企业,引领学生参观学习,让学生感悟科技的力量、知识的重要;可以借助洞庭之滨的美好风景,带领学生开展春游或秋游活动,让学生感悟自然之美,热爱生命,保护环境。其次,可以根据央视等媒体的品牌节目,结合学校实际,大胆创新,设计出更多更佳的活动,比如,可以根据央视的"诗词大会""朗读者"等经典节目,开展校级"诗词大会""朗读者"活动竞赛。

(三)改进活动育人方法

活动的创新设计,可以说是永无止境的。因此,在活动开展完毕以后,一定要认真进行总结反思,存优去劣,不断充实活动内容,优化活动流程,健全活动评价。要让一些活动在反思改进中不断"成长成熟",逐渐成为学校的品牌活动和特色活动。只有这样,我们的教育才是有生命的,活动才是鲜活的。

(四)提高活动育人实效

有了好的活动设计,再辅以强有力的组织执行,才能真正达成活动开展的目的。因此学校在活动开展之初，既要优化设计好活动内容、流程，又要周密部署，科学安排，认真组织，才能使活动落地，让学生受益。同时在教学质量尤其重要的当下，学生开展活动的时间是十分有限而珍贵的。这就要求活动组织者不断提升活动开展的效率，既要育好人，又要节约时间。只有这样高效地设计和组织活动，才会在学校得到认可，才会有机会得到开展。在当下的中小学校，任何流于形式、拖沓低效的活动是没有生长的土壤的。

2021年两会上，全国政协委员、江苏省锡山高级中学校长唐江澎表示，好的教育应该是培养终身运动者、责任担当者、问题解决者和优雅生活者。而实现这些目标，必然离不开活动育人。学校教育，以人为本。这个"人"里，既有接受教育的学生，又有实施教育的教师。因此，借力活动育人，育的不仅仅是学生，还有我们的教师和管理者。唯有教师与学生共成长，才能发展人，成就人，才能促进学校健康良性发展，才能促进教育水平不断提升，真正实现"为党育人，为国育才"的目的。

班级管理中的六对重要关系

侯建波

长沙市望城区六中

摘要：班级是学校的基层教育组织，加强班级管理对于促进班集体的发展和群体中的个体发展具有重要意义。因此，笔者总结了六对重要关系：实与虚，促进理论与实践的结合；管与放，采取"抓大放小"策略；严与宽，确保"严中有宽、宽中有爱、爱中有教"；堵与导，做到"堵导结合、以导为主"；横与纵，注重纵向的激励而淡化横向的比较；冷与热，通过适当的教育方式来引导学生。通过浅析班主任对这六对重要关系的处理，探索班级管理高效途径，促进学生全面发展。

关键词：班主任；班级管理；管理关系

班级管理工作的质量主要在于班主任的个人素养和专业知识技能，而班级管理工作又是实现学校教育任务与目标的重要载体，所以班级管理工作至关重要。为了有效提高班级管理工作质量，班主任需不断做出努力。为此，笔者总结了六对重要关系，比如实与虚、管与放等，探索提高班级管理质量的有效途径，高效完成学校教育目标，促进学生全面发展。

一、实与虚

班级管理工作的一对重要关系是实与虚的关系，即班主任既要立足于现实，脚踏实地做好细微小事，又必须要有远大的目标，在不断学习探索中追求更高的天地。总的来说，实与虚即班主任的务实和务虚，务虚是理论层面，务实是实践层面①。

班主任的务实工作需要班主任以学生为主，在了解班级的具体情况后，有针对性地去展开实践，开展相关管理工作。比如班主任要时刻关注、关心、关爱学生，要注意学生的一言一行，及时了解学生的心理状况，通过沟通交流纾解学生的负面情绪，与学生成为朋友。班主任在发现学生出现不对劲的情况之后，要第一时间与他沟通交流；学生生病住院，班主任要第一时间关心爱护；在遇到大扫除、全校劳动时，班主任应当争做榜样，以身作则；学生遭遇困难，班主任也应及时主动了解情况并伸出援手。除此之外，班主任还需做到公正、公平、公开。比如，在评优评先、发放补助金和奖励金时，班主任必须以公正、公开、公平的原则去处理事务，进而得到学生的真心崇拜②。班主任只有恩威并济，发挥自身榜样作用进而带动学生，班级管理工作才能做实、做好。

班主任的务虚工作需要班主任具备先进的教学和管理理念，如此才能不断提高班级管理质量。比如，班主任要不断学习，提高自身的专业知识技能和个人的修养素质；班主任要长远看待事物，在学习中吸取经验和教训；班主任要创新，树立有效、完善的班级管理观念和制度等。

只有务实与务虚结合，才能促使班主任将理论与实践相结合，才能促进班主任不断进步，越来越优秀。

二、管与放

"教是为了不教"，"管是为了不管"。这是著名教育家陶行知先生和魏书生的教育理念，这在班级管理工作中也同样适用。在班级管理工作中会存在

---

① 汪珏．师生交流在技师学院班主任管理中的重要性探讨［J］．知识经济，2020（11）：149-150.
② 吴月琼．有效提升班级管理的几种策略［J］．读写算：教育导刊，2014（20）：166-166.

多个极端，比如，"事无巨细、亲力亲为"和"撒手不管、置之不理"①。

事无巨细的班主任凡事都亲力亲为，小到学生的衣着得体，大到学生的前途未来。班主任管得过多、过教条，学生就像是装在套子里的人，要严格按照"套子"里的规章制度去生活学习。这样的班主任不仅得不到学生的尊重，反而会使学生心生不满，还容易导致学生成长为两个极端：一是依赖性强，不会独立自主走路；二是浑身尖刺，要和所有人对着干。所以，班主任管得太严太细是行不通的。

而撒手不管的班主任认为班级所有事务都是小事甚至不是问题，对它们置若罔闻、置之不理。但学生今天可以因为仪容仪表不重要，进而做出染头发、穿着奇装异服等违反校纪校规的事情，明天也能觉得学习不重要而逃课、上网，后天就敢聚众斗殴。这些事情一旦发生，影响就会很恶劣。因为学生本身自制力就差，所以班主任管得太松更不行。

因此，班主任在管理班级时不能走两个极端，必须做到"管与放结合"，即抓大事放小事。换句话就是说，班级的长期目标、班级管理工作的具体走向需要班主任的监督，而其他的比如学生的课堂纪律、仪容仪表就可全权交给班干部处理。班主任可先建立完善的班级管理体系，在分工明确的基础上，大胆放手，做到主次分明、分层管理，班干部的管理把控能力也能逐渐提高，学生的个性发展和个人能力也能得到有效完善。比如，班上有个谢同学，很有责任心，但同寝室同学内务整理习惯不好，晚上喜欢讲小话等，寝管老师多次反馈情况并寻求班主任的帮助。班主任在读报课时间面向全班通报这件事情，当时气氛很凝重。沉默片刻之后，班主任话锋一转："这件事情不知该寝室同学能否自己整改好，妥善与寝管老师沟通，说明情况并取得寝管老师的谅解。"该寝室同学几乎异口同声答道："没问题。"我想此时他们内心如释重负，因为教师给了一次机会，以他们最能接受的方式去弥补自己的过错，让他们重视自己的错误，私下

---

① 吴维煊. 班主任投入教室的时间与管理绩效的匹配［J］. 教学与管理：中学版，2015（4）：26-27.

里再与寝室长沟通，商量制订好具体的措施，由寝室长带领执行。后来，在全体寝室成员的共同努力下，该寝室的自律性越来越高，纪律越来越好，甚至成了班级寝室的榜样。这就是"放管结合"的力量。

三、严与宽

"火性严，人鲜灼；水性懦，人多溺。"这句话对班主任管理工作同样适用。在管理学生时，班主任要像火一样制定严明的规章制度，但是在细枝末节上又要像水一样，宽容平和。这就需要班主任管理能把握好度。在管理过程中，要科学制定规章制度，底线不容触碰；但管理日常小事不必太严，要给学生小事犯错并改正的机会。班主任管理班级时要持之以恒，不能时紧时松，促使学生不把规章制度当回事，不放在心上。比如，对学生存在的出口成"脏"、迟到早退、逃课上网、打架斗殴等行为必须明令禁止，不允许学生随意违反班纪班规。

与此同时，对于被处罚的学生，班主任要做好他的思想工作，要用宽仁的态度引导学生清晰地认识到自己的错误，进而做到知错能改。魏书生曾说过，学生犯错误的时候要能够引导学生知错能改，通过做好人好事、唱歌、写错误说明来使学生自我教育。

在班级学生出现负面思想和怠惰行为时，班主任需要明确管理者的立场，从小看大，从近看远，将问题解决在萌芽状态。班上有名不爱运动的同学，身体较胖，平时比较懒，总是找各种理由不参加大课间活动，甚至鼓动其他同学不去参与，对不去参与的同学还买零食给他们吃。针对这一现象该班班主任马上进行了严厉批评，在班上严令禁止类似事件发生，并且跟学生强调这种行为是极其不合适的：一是违反学校纪律要求，二是对学生健康不利，三是会形成不正之风的小团体。课后，再跟这个同学进行了有效沟通，鼓励他通过运动和合理膳食重新找回自信，积极参与锻炼，提高身体素质。

因此在班级管理工作中，班主任要做到严中有宽、宽中有爱、爱中有教，进而提高班级管理质量。

四、堵与导

在学校管理中,很多学校为了防止学生受到外来不良风气的影响,或与社会人士产生冲突,都会实行"全封闭式"管理。而不少班主任也会在班级管理工作中采用"堵"的方式,来遏制学生的越轨行为。但学生本身好奇心就较重,有的还存在逆反心理,班主任越"堵",学生反而越想去做这些事情。所以,仅仅靠"堵"来提高班级管理质量不可行,班主任必须要采取"堵导结合""以导为主、以堵为辅"的方式。

在"堵"时,班主任要制定规章制度来约束学生的行为,而重点在于"导",即引导。在引导过程中,班主任要尽量摒弃强制要求,而要选择民主,要少批评而多激励,要采取引导方式而不是说教方式,要能够用情感去打动、引导学生,而不是简单粗暴地冲他们发脾气。所以,班主任的民主就显得尤为重要。民主体现在班主任处理班级大小事务时能够听从学生的意见;在学生遇到问题犯错时,要心平气和,管理好自己的情绪,要多回想学生的优秀之处,通过夸奖来帮助学生树立自信;在学生不服管教的时候,也要通过循循善诱让学生意识到什么该做什么不该做;在学生犯错后,要尽量心平气和,用真心真情去感化学生,而不能怒气冲天,一味斥责学生。

学生爱玩是天性,尤其是男孩子,时常玩得忘记时间。班上的张同学是篮球爱好者,在学校篮球赛中表现十分出色,带动了一批班上的篮球爱好者。因此,班上时常出现上课铃响后,还急急忙忙、满头大汗从篮球场跑回来的学生。为此,我专门召集这些同学对时常上课迟到的现象进行批评教育,要求他们平时上课准时到堂。在表现好的情况下,由班主任和体育老师一起利用课余时间,不定期组织本班学生开展篮球比赛,也可以与其他班级联合开展友谊篮球赛,班上其他同学共同参与,加油助威。同学们听后欢呼雀跃,这个办法使得问题得到了有效解决,既让学生真正地遵守了课堂纪律,又让学生的爱好和才华得到了展示,做到了劳逸结合、堵导结合。

因此，"堵导结合、以导为主"才能赢得学生尊重，进而处理好班级大小事务，有效提高班级管理质量。

五、横与纵

班主任在评价学生时一般采取横向比较的方式，比如，将学生分为优秀、中等、及格等几类。采用这样的方式，处于落后层次的学生很难有机会得到表扬，甚至有可能永远没有机会。当学生得不到夸赞后，学生的自信心就会急剧下降，进而影响学生的身心健康。为此，班主任要做到"横纵结合"，促进学生不断进步。

横是横向比较，班级学生间的水平比较即为横向比较。纵向比较即学生的自我进步、自我提升。纵向比较是在学生原有的基础上，以该学生以前的情况为基准，与他现在的身心情况和学习成绩进行的综合比较。因此，相比之下，纵向比较更能激励学生，有助于增强学生的自信心。

比如，在美术课上，老师发现一位学生的画画得很好。那么，老师是拿起他的作品对着全班同学说"这位同学画得真好，比原来画得更加出色了"，还是说"大家来看，今天这位同学画得最好"。虽然这两句表扬的话都可以激励该同学，但我们认为前一种表扬注重的是纵向评价，而后一种表扬注重的是横向比较，在激励了一个人的同时，也让很多同学体验到了失败的感觉，不利于其他学生的进步。所以，班主任要注重纵向的激励，淡化横向的比较。

六、冷与热

"打铁"有冷加工和热处理之分，教育也不例外。如当学生犯错时，班主任在极度生气的状态下去批评学生，很可能导致学生更加逆反，师生难免会发生口角。班主任觉得学生不服管教、明知故犯，学生觉得班主任处理问题时过于草率武断，从而影响师生情谊，也不利于班级管理。所以，越是在气头上，班主任越要沉下心来，冷静思考，选择合适的时间地点，通过恰当的教育方式来引导学生，这样才能达到预期的教育目的。有时，无声的处罚也不失为一种较好的批评方式，给时间让学生自己去思考反省，或许会有意外的惊喜。

班上有一个秦姓女同学因家庭原因平时沉默寡语，胆子小，不敢表达自己。她需要班上师生更多的关心和帮助，鼓励她积极参与班级和学校的活动。班主任也会利用合适的时机，跟她交流沟通，了解她内心的想法与困惑，鼓励她大胆表现，并对她取得的进步给予正面肯定与表扬。经过一段时间的努力，秦同学变得开朗多了，也自信多了。而班上另外一名王姓男同学喜欢和老师争辩，尤其是当他犯了小错误时，总是不断为自己的错误找理由，不肯承认，不想改正。了解该生的这个习惯后，班主任在与他沟通时，便采取了另一种办法，只给他一个眼神，装作不认真听他辩解的样子，而他一个人滔滔不绝，自圆其说一段时间后，发现无人搭理，自己觉得很无趣，也有点羞愧，就不再争辩了。在他意识到自己的错误后，班主任教育他要正确认识自己的错误，正确看待他人对自己的中肯评价，并鼓励和督促他改掉不肯承认错误的坏习惯。久而久之，同学们都看到了他的进步，态度好了很多，犯的错误也明显少了。

综上所述，班级管理工作十分重要，也十分繁杂，处理好上述六对关系，对班级管理尤为重要。班主任想要管理好班级，不仅需要幽默耐心的表达，还需要扎实的专业知识和过硬的管理技能。班级管理好了，也会给教师带来更大的成就感，更会营造出一种更加人本、和谐的班级氛围，增强师生之间的互相尊重与信任，促进学生全面发展。

益阳市第十六中学创建学生自主管理品牌建设方案

夏毅波

益阳市赫山区为推动全区教育高质量发展，以改革创新为根本动力，立足新阶段发展，贯彻新发展理念，构建新发展格局，实施"一镇三优 一校一品"品牌创建工程，增强"特色教育""品牌教育"核心竞争力，全面提高育人质量，确保"十四五"开好局、起好步，为全面推进乡村振兴做出积极贡献。

根据《赫山区教育系统"一镇三优 一校一品"建设实施方案》精神，实施"一镇三优 一校一品"建设。"一镇三优"建设即每个乡镇建好、办好一所优质初中、一所优质小学、一所优质幼儿园，让乡镇孩子从幼儿园开始便能在家门口享受优质教育。"一校一品"建设即各中小学幼儿园围绕学校评价、教师评价、学生评价三类主体，准确把握发展定位，创新推动党建工作与建设工作深度融合，在学生核心素养培育、教师专业素养提升和学校管理机制创新、教育教学改革、校园文化建设、办学行为规范、基础设施改善等方面综合施策，创建五育并举的新优质学校，在区域内形成有独特个性且浸润校园文化的品牌。

益阳市第十六中学迎势而上，积极开展调研、广泛征求意见，在充分论证基础上，制订学校"一校一品"建设规划。

一、学校现状分析

（一）已有的发展基础

益阳市第十六中学创办于1942年，2005年晋升为益阳市市级示范性普通高级中学。学校现有48个教学班，教职工226人，学生2656人。校园规划合理、环境优美。学校于2018年扩建完工后，校园面积达135936平方米，校舍建筑面积35825平方米，学校体育馆、图书馆、综合楼已投入使用，建有高标准理、化、生实验室和数字化电脑室、电子化图书馆，并已普及校园网络和多媒体教学。

学校坚持"为学生终身发展奠基"的办学理念，秉承"德能兼备、和谐发展"的校训。以"以德立校、依法治校、特色兴校、品牌强校"为治校理念，坚持团结、奉献、拼搏、创新的校风。学校办学成果丰硕，2004年以来，各项成绩连续17年位于全市同类学校前列。

（二）面临的发展形势

学校在发展过程中也遇到很多困难，教师队伍年龄结构老化，创新活力不够，课改意识不强，对课程改革呈疲倦态势，学生生源质量参差不齐，大部分是农村留守儿童，给管理带来了难度。

2014年教育部印发《关于全面深化课程改革落实立德树人根本任务的意见》，为实现立德树人的目标，明确提出学生应具备适应终身发展和社会发展需要的必备品格和关键能力，培养全面发展的人才，面对改革的大好形势，学校抓住全区创建"一镇三优、一校一品"的契机，结合学校实际情况，制订此规划。

二、指导思想

为全面贯彻党的教育方针，落实立德树人根本任务，打造学校品牌特色，创新人才培养机制，构建学生核心素养，培养学生自主管理能力、责任担当意识，在实践创新中培养和提高学生自主学习、自我发展、自我管理能力，使之成为社会需要的有用人才，实现为党育人，为国育才的目的。

学校以赫山区教育局提出的推动全区教育高质量发展为主题，全面贯彻落实全区"一镇三优、一校一品"建设实施方案。以自主教育为工作抓手，把学生放在学校教育的主体位置，以学生发展为本，通过尊重、信任、引导和激励等影响作用，最大限度地调动学生的内在动力，为每个学生都提供表现自己个性和才能的机会与环境，促进学生主动修身、主动求知、主动劳动、主动管理、主动健体、主动参与，最终达到自主发展的目标。

三、目标任务

（一）总体目标

围绕学校"德能兼备、和谐发展"的核心理念，在品牌学校创建过程中，遵循"总体规划、分步实施、体现特色、和谐发展"的思路，按照提炼升华、特色学校、形成品牌三个阶段依次推进。

计划用三年时间，构建新时期学生自主教育管理体系，把学生培养成人人自主、个个成功的新时代接班人与建设者，将学校建设成主体意识强、自主风气浓的新优质高中，创造条件为学生的终身发展奠基。

（二）中期目标

用一年时间完成学生自主管理品牌立项、建设，两年时间初步达成验收，形成雏形。预计在三年内将学生自主管理制度体系打造成区内品牌，再向全区推广。将学校打造成市级优质学校，向全市进行推广，向省级示范学校努力。

（三）主要任务

为落实立德树人的根本任务，以自主管理教育为抓手，着重从五个方面开展学生核心素养的培育，培养全面发展的人。实现为党育人，为国育才的目标。

人生自我规划。整合社会、学校、家庭各类资源，提高学生对人生的自我规划能力。高中阶段是人生的重要阶段之一，学校和家长都应该帮助学生找到自己的兴趣志向，指导学生提前规划未来求学和就业的发展方向。学校将打造理念和实践一流的学生发展指导中心，形成以学生自我认知指导、学业规划指导、职业行业体验、升学规划指导和志愿填报指导为一体的人生自我规划体系，成为自主教育改革的探索实践者，起到引领示范作用。

学习自主探究。以培养学生的自主学习能力与合作探究能力为主方向的教学改革，将根据学生的特点、条件等因素，以课前知识点和热身练习加集体备课自编导学案为学生的自学资料。引导学生从预习中形成自学习惯，使其在自学过程中培养自学能力，充分发挥自己的独立性。着力培养学生的自学能力，全面提高教师素质是成功的关键。千方百计地铸造师魂，使教师具有高尚的师德，在课堂上的一言一行都能给学生良好的影响，还要引导教师苦练基本功，提高教师在课堂上引导、点拨的水平。鼓励教师提高自身素质，进而促进学生高效自主学习能力的提高。

日常自我管理。以培养学生自主管理，提高学生自我管理能力为中心的德育改革。学校通过实施学生自主管理，旨在提高学生自我管理的意识和能力，充分调动和发挥学生的主动性、积极性和创造性，培养和提高学生自主学习、自我发展的能力，通过班级值周、学生会团委值班等形式让学生由被动管理走向主动参与，让一部分学生做全校文明行为的榜样，带动全校同学养成讲文明、守纪律的良好习惯，共同营造和谐的校园气氛，提升学校的管理水平。

社团自发组织。以自发组织和管理各类社团，提高学生组织管理能力的改革。学校搭建平台，由团委牵头，成立晨曦文学社、广播站、排球兴趣小组、飞彩美术社、篮球兴趣小组、跆拳道兴趣小组等十个兴趣小组，通过社团活动，在活动中学生综合能力得到发展，综合素质得到提高，营造了生动活泼的氛围，为构建独具特色的社团文化，全力打造十六中自主管理的办学特色，形成学校自己的品牌特色进行创新探索。

文化自我浸润。以改善校园环境，厚植学校文化底蕴，建立现代学校管理制度，实现环境育人、制度育人的提质改革。学校将对校园文化进行传承和创新，营造优美的环境，实现环境育人，达到自我浸润、自我提高的目标。

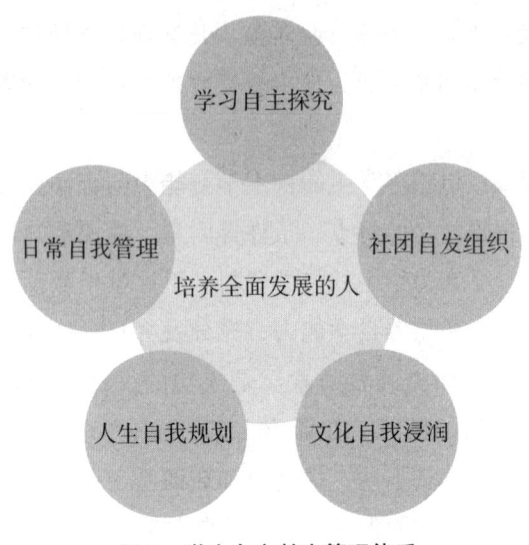

图1 学生自主教育管理体系

四、主要措施

（一）推行学生管理班级值周制、学生干部自治等措施

坚持党建引领，立德树人的原则，将德育管理方式由管理向学生提出"要学生怎么做"，转变为学生向自己提出"我们要怎么做"，推进以促进学生自主性培养有效衔接、提升学生自主管理品牌为着力点的自主教育。由分管领导牵头，德育管理领导小组成员共同参与，负责推进班级自治、学校管理班级值周为中心的德育改革，制订详细的改革计划。

（二）坚持以自主合作探究为方向，建立开放式自主课程

课程向时间开放，弹性分配学习时间，让学生自主学习；向空间开放，学校处处显现多样化的学习自主活动空间环境；向方法开放，推进自主化、个性化、个别化的教学方法；向社会开放，有效利用社会资源，培

育学生自主意识与自主能力，促进自主教育学校、家庭、社会一体化。成立学校教学改革委员会，主要负责推进以自主合作探究为中心的课程改革，制订详细的改革计划。

（三）探索学生自主管理模式

以"理念共识、资源共享、责任共担、品牌共建"为原则，弘扬学生管理自主理念，共创自主核心文化，引领自主管理特色发展。设置校长学生助理，参与学校管理；建立健全家校协同育人机制。明确分管领导负责，制定和组织实施校长学生助理制度、家校协同共育制度。

（四）探索学生自主管理运行规律

加强顶层设计、整体规划和制度建设，建立督导、考核、交流和联动机制，促进学生自主管理的优质、协调和可持续发展。

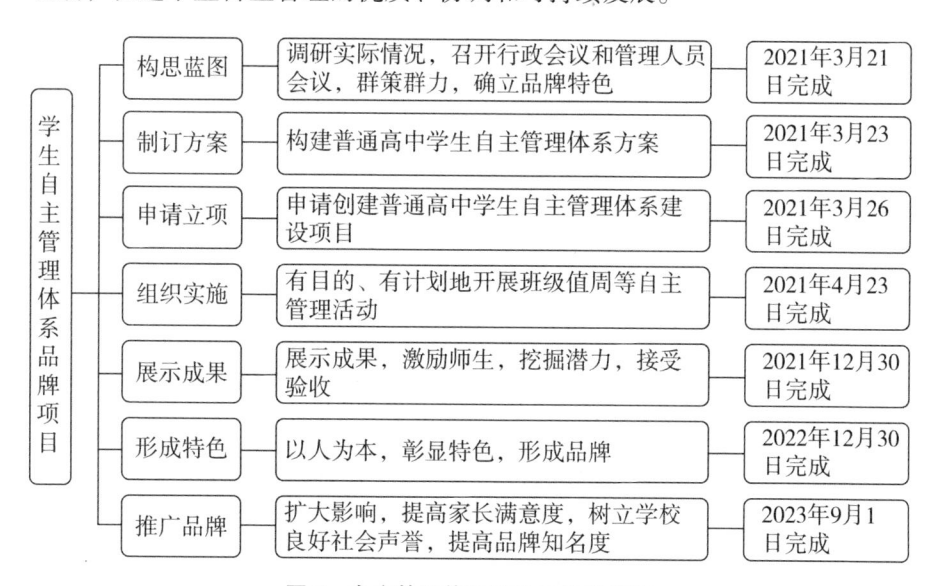

学生自主管理体系品牌项目	构思蓝图	调研实际情况，召开行政会议和管理人员会议，群策群力，确立品牌特色	2021年3月21日完成
	制订方案	构建普通高中学生自主管理体系方案	2021年3月23日完成
	申请立项	申请创建普通高中学生自主管理体系建设项目	2021年3月26日完成
	组织实施	有目的、有计划地开展班级值周等自主管理活动	2021年4月23日完成
	展示成果	展示成果，激励师生，挖掘潜力，接受验收	2021年12月30日完成
	形成特色	以人为本，彰显特色，形成品牌	2022年12月30日完成
	推广品牌	扩大影响，提高家长满意度，树立学校良好社会声誉，提高品牌知名度	2023年9月1日完成

图2　自主管理体系建设工作路线图

五、实施步骤

第一阶段：准备阶段（2021年3月）

一是加大宣传，充分发挥板报、宣传栏、校园广播等校内媒体的宣传报道作用，让课题研究深入人心，人人参与。二是调查摸底，制订具体方案，成立组织机构。三是确定益阳市十六中学生自主管理建设工作路线图。四是申请立项。

第二阶段：实施阶段（2021年4月至12月）

一是收集与解决问题相关的信息，主要包括信息收集与筛选、利用信息来审视问题、分析整理资料、加工处理信息。二是加工材料，主要包括材料筛选与汇总、分析材料（定性与定量、纵向与横向、结果与过程）、归纳概括、形成结论。

第三阶段：接受区教育局的验收评估（2021年12月）

一是归纳、总结所积累的原始资料。二是撰写"一校一品"创建的经验总结。

第四阶段：形成体系，成果运用（2022年起）

表彰优秀集体和个人，推动学生自主管理活动向纵深发展，把学生的自主管理进一步推广到家庭和社会，形成课程体系。在学校形成管理模式，进而进行对外推广。

六、实施保障

（一）加强组织领导

学校成立以校长为组长的创建工作领导小组，下设五个小组，分别从五个方面成立专门实施机构，负责制定学校自主创建工作各项制度和标准，加强对创建工作的组织实施，确保创建工作顺利推进和正常运行。

（二）进行目标分解

学校根据成立的专项小组，统一组织，建立工作进程，从学校德育处、教务处、年级组、班主任等方面进行任务分解，各司其职。

（三）加大学习宣传

在学校动员，广泛宣传，形成共识方面，不断提炼每一阶段取得的经验，为特色建设提供支持。

（四）落实经费投入

学校全力确保创建工作所需经费，为创建工作提供坚实的基础，确保自主管理创建工作可持续发展。

基于高三学生心理健康教育的实践探索与思考

杨科荣

浏阳市第六中学

摘要： 普通高中高三学生具有自我意识强、事物认知失调、心理压力大、压力影响持久等特点，加强高三学生心理健康教育，对于促进学生身心健康并积极应对高考，具有很强的现实意义。为此，学校以环境构建、交流指导、丰富活动、家校共育为组织形式，积极探索与践行高三学生心理健康教育。实践表明，针对高三学生特点，要坚持全面性与个体性相结合、及时性与长期性相结合、引导干预与自我教育相结合、心理疏导与学科渗透相结合、学校教育与家庭教育相结合，才能提高心理健康教育实效。

关键词： 高三学生；心理健康教育；教育实效

一、高三学生心理特点与心理健康教育的意义

（一）高三学生的心理特点分析

1. 自我意识增强

高三学生基本上已经成年，自我意识进一步增强，自我控制能力和自我调节能力接近成年人，自控力和理智感明显增强。较之高一高二学生来说，做人做事的盲目性减少，独立性、主动性、计划性增强，已逐步形成比较稳定的道德心理环境和相对闭锁的情感世界，受外界影响力度相应降

低，接受心理教育的难度有所增加。

2. 事物认知失调

因为群体效应的存在，高三学生过度重视分数在衡量能力中的作用，在渴望自我实现与学业成绩不理想的矛盾中，容易导致对事物的认知不协调，将升入本科、获取高学历与人生价值的实现相等同，产生对学业和成绩的过度关注，是学业压力成为高三学生心理问题的主因。

3. 心理压力增大

从学业阶段来看，高三是人生的关键时期。学生既面临着繁重的学习任务和多方面的学业压力，又即将面临择业与继续求学的人生选择。高三学生心理普遍存在归因复杂、负荷过重、焦虑度高的特点，也加大了这一群体心理健康教育的必要性。

4. 压力影响持久

不同于高中低年级及中小学阶段心理压力的时段性，高三学段因考试频次过高，往往这次考试还未调整过来，下一次考试就接踵而至，大考小考不断，使学生的考试焦虑与学习压力体现出很明显的持续性。

（二）加强高三学生心理健康教育的现实意义

1. 协调学生认知，保证身心安全

目前，中学生抑郁症患病比率有上升趋势。心理社会学观点认为，个体问题的产生受到生物学、社会、心理等各方面的综合影响。家庭功能障碍、学习压力大、环境不适应、师生关系差、校园暴力发生、创伤经历、精神疾病等，都成为中学生自杀的危险因素。心理问题越来越成为影响学生身心健康和安全的重要问题。对高三学生进行及时的、有针对性的心理干预，有助于引导其协调认知，减少心理问题甚至自杀现象的发生，降低安全风险。

2. 减轻心理压力，促进身心健康

进入高三，随着高考的逼近，学生学习压力与日俱增。如果还受到教师批评、父母责备、同学冷眼，学生的挫败感、焦虑感会更加明显，如果不能及时调节，很容易产生心理问题。同时，中学生阅历不丰富，自傲、嫉妒、逆反心理，社交恐怖，恋爱倾向等都会或多或少地影响他们的身心健康。有意识地开展心理疏导和教育，有利于帮助学生提高自我调适的有效性，以减轻心理压力，降低负面情绪影响。

3. 调整学习状态，提升备考效率

随着高考综合改革的不断推进，"一考定终身"的局面正在逐步得到改变，但是，对我国中学生来说，高考仍然是人生当中最重要的一次考试。加上学校、家庭、社会和自身的期望与压力，高考对高三学生的重要性自不待言。在高强度的备考过程中，学生难免产生或多或少的心理问题，轻者情绪波动，出现烦躁、挫败、失落等消极情绪，重者心情抑郁，影响正常生活和学习，不得不离开集体学习环境，如此反复，影响极坏。及时进行心理健康教育，让备考学生拥有良好的心理素质、健康的心理状态，能够及时发现问题并作出有效调整，是高三学生调整学习状态、提升学习效率、保证备考效果的必要条件。

4. 提高抗挫能力，助力生命成长

高考不仅是智商和知识的比拼，也是情商和心理素质的检验。高三是迎考备考关键阶段，需要、兴趣、动机、情感、意志、性格等非智力因素对考生的影响日益显著和突出。考场如战场，心理素质差的学生容易因为一点点挫折与失误而影响状态，以致产生更大的失误，终致高考失利。心理教育能够有针对性地训练和提高学生抗挫能力，使其胜不骄、败不馁，以良好的心理素质助力高考突破。从更长远的角度讲，高考是学生人生中的第一场大考，也是他们社会人生的开始。在学生阶段形成的良好心理素质，不仅是高考胜利的不二法门，更是让学生勇敢直面人生各种困难与挑战、不断提升自我、实现超越的根本保障。

二、高三学生心理健康教育的实践探索

基于学校实际和心理健康教育的迫切性，我们进行了系统的实践探索，构建了专门针对高三学生的心理健康教育体系。

(一) 创设心理环境，助力学生减压

利用育人环境的创设，开展无声的心理健康教育，在潜移默化中润泽学生心灵。

1. 打造有利于学生身心健康的校园环境

我校以儒学文化为核心，充分利用校园文化墙、宣传栏、电子班牌、高三立志墙等平台，展示名人故事、励志格言和高三学子的高考目标及理想高校等，打造宽松、和谐、乐观、进取的学习心理环境。文化建设与管理服务双管齐下，要求学校管理和服务人员微笑管理、阳光服务，为高三学生提供精神支持。

2. 创设温馨和谐的班级人际氛围

班级是心理健康教育的主阵地。因为时间关系，学校对高三出板报的频次要求有所降低，但各班级文化角仍然是高三班级文化建设的重中之重。如果学生之间缺少信任，没有感情，对班级事务不闻不问，班级就不可能有凝聚力，产生令人愉悦的心理环境。同时，高三成绩竞争不可避免，如果这一问题处理不好，就会出现妒忌猜疑、互相封锁等现象。为此，我校高三年级设计了"悦纳自己与他人、目标确定与坚持、良性竞争与互助、心理建设与调适"等系列班级文化和活动主题，将心理健康教育引入集体主义轨道，形成互相帮助、你追我赶、争先创优、积极互助的班级氛围，打造温馨和谐、良性竞争的备考乐园。

3. 发挥心理辅导室的积极功能

紧邻高三年级各班教室，专设高三心理辅导室。室内布置简约，轻松温馨，有释压的小摆件、拓展教具和书籍。平时，学生可以置身其中，放松身心，调适状态；每天晚上固定时间段，由心理咨询教师与优秀德育班主任定点轮值，学生遇到困惑和心理问题，都可以随时寻求帮助。

(二) 加强交流指导，缓解考试焦虑

高考在即，高三学生考试频次高、应试压力大，但其自我调适能力又相对有限，此时，学校适时开展心理疏导和教育就尤为必要了。我校高三年级部组织开展了较为系统的应试心理辅导,利用心理学的原理和方法,矫正学生考试心理,改善考生应试心态。

1. 通过师生交流调适学生焦虑状态

为及时了解学生情绪,高三年级专设学生意见箱,接纳学生的情绪发泄与意见表达,第一时间掌握学生对复习安排、课程设置、周考频次、放假安排等的"民意民情"。年级部协同校长办公室及时回复,互动交流,切实解决学生问题。这种方式极大地消解了学生的焦虑和不满,学生满意度显著提升。综合考虑教学需要和学生心理,合理安排并及时调整考试频率和结果应用。以数量适宜、强度适中的有效刺激,强化复习效果,使学生有张有弛,焦虑适中,形成若干兴奋期,最终在高考中达到顶峰,做到正常水平或超水平发挥。

2. 对不同时期不同学生开展针对性指导

学习压力与考试焦虑是高三学生心理问题产生的主因,切实加强考前、考中、考后的心理调适和方法指导,都是极为必要的,在这个过程中,不同教师承担不同的指导角色。学科教师针对偏科厌学现象,给予学生专业的指导和动机的强化,侧重本学科的学法指导、技法点拨、应考策略指导和考后综合分析,助力学生积累经验,查漏补缺,提高临场发挥的稳定性。班主任通过了解学生的个性特点、经历遭遇、家庭情况等综合掌握学生身心动态,及时甚至预先发现问题、解决问题。对于较复杂的心理问题或出现特异行为的学生,心理教师和年级部及时干预,必要时寻求专业心理疾病治疗师的帮助。

3. 建立高三学生心理调适与学法指导导师制

为了强化落实,实行高三心理调适和学法指导导师制,根据不同学生在学业和心理方面的特点、问题,综合协调,配备导师并建立学生专档。年级部量化评价教师工作,每周定时公布落实情况,以督促和鼓励教师全面、长期开展谈心谈话和一对一辅导,提升对学生心理教育的延续性和针对性。这种渗透式、地毯式的师生交流机制,使高三学生的诸多心理问题在萌芽之初就得到缓解甚至消除,实效性很强。

（三）丰富活动，适时调整心态

进入高三特别是临考前几个月，训练和考试接连不断，学习异常枯燥紧张，学生处于高度疲劳状态。对此，学校会有计划地开展一些有益身心的课外活动，适时调节学生心态，使他们做到张弛有度、劳逸结合。

1. 坚持常规性活动

一是娱乐活动。班级内部有每月一次的集体生日会，除唱生日歌、寿星感言、花样祝福等基本环节外，还鼓励各班创新样式，花样庆生。开展班级内部和班级之间的拉歌比赛和围棋、象棋等益智类游戏，让学生在娱乐中放松释压。

二是体育活动。每个班级根据学生意愿，选择一门体育运动作为班级特色项目，如篮球、羽毛球、乒乓球、跳绳、踢毽子、打太极拳等。年级部利用周日下午，定期组织开展班级间篮球赛、拔河比赛。

三是劳动比拼。将卫生打扫、环境维护以劳动大比拼的形式开展，清洁卫生和心理释压，一举两得。有条件的班级，还组织开展了校园内外的义务劳动，既参加了公益，又放松了身心。

四是经验交流。常态性开展校长面对面、本校高考阅卷经验丰富的教师谈科学备考、校外各领域专家人士谈励志奋进、学长学姐谈成人成才、学霸同学谈习惯养成等交流活动。

2. 开展拓展型活动

一是室外活动。在保证安全的前提下的考后春游、秋游、远足等，改变打疲劳战的做法，让学生在与自然的亲密接触中放松自我，调整心态，缓解压力，以更充沛的精力投入复习备考中。

二是亲子活动。利用学生归家和家长到校之机，布置"亲情作业"，鼓励亲子互动，加强感恩教育，让学生在与家人的相处和交流中，抛开学习烦恼，放松身心，获取心理平衡和满足。

三是专项活动。依托学校所在地的红色革命、传统文化资源，结合时令、节日等时机，开展教师节祭孔拜师、国庆文艺晚会、清明祭扫烈士墓、参观王震故居、成人礼、特殊升旗仪式等专项活动。

四是社会实践活动。在国庆、春节、清明和五一等假期，组织和动员学生积极参与社区各项实践活动。卡乐书城、经开区书法协会赠春联、婚丧礼仪传统文化研讨等活动都颇受欢迎，学生参与率较高。

各种心理调适活动形式不拘，内容不限，但以积极正面、强化沟通、释压励志为主。

（四）家校合力，关注学生心理

家庭是除学校以外，高三学生最主要的生活场所，亲子关系对每个人的影响是不言而喻的。我校充分挖掘家校合力，发挥共建作用，开展高三心理教育。

1. 搭建沟通平台

为强化家校合力，我校组建了班级、年级、校级家委会。健全了家校交流机制和学生心理共预机制，在对学生的心理健康教育和对特异心理学生的干预方面，家长、家委会和学校各方做到了权责明晰、分工明确。

2. 畅通家校联系

高三年级部制订详细的家校联系台账，要求班主任、科任教师充分利用现代化信息技术，通过电话、微信、家长微信群、"教育+"平台、电子班牌等渠道，常态化开展家校交流，重点关注学生备考状态和心理状态。建构零距离家校沟通模式，家长第一时间了解学生在校情况，教师第一时间知晓学生居家问题并协助处理。

3. 开展共建活动

利用家长会、家长开放日、家长学校讲座等契机，开展感恩教育、爱的拥抱、高考向前冲等亲子交流和互动活动。让高三学生在家校共同关怀下，减轻学习压力，增加迎考信心。

三、加强高三学生心理健康教育的思考

从长期的高三一线心理健康教育实践中，不断汲取经验教训，改进方式方法，完善教育体系。我们认为，应该在以下几个方面做好结合，才能更科学长期地、稳扎稳打地开展高三学生心理教育，提升教育实效。

（一）全体性与个体性相结合

一方面，高三学生的心理问题存在较大的普遍性，需要全方面关注，组织活动也要尽可能照顾到全体学生的需求。另一方面，学生心理呈现多样性，每个人的情况也不尽相同，教师和家长都不能搞一刀切。针对不同个体，尤其是对于特异体质和心理的学生，要更多一点关注和耐心，根据个体差异，因材施教，对症下药。

（二）及时性与长期性相结合

虽然只有短短一年，但高三年级复习备考的特殊性，决定了此阶段学生心理问题的随发性、反复性和长期性。由此，高三心理教育要及时发现问题、解决问题，并长期坚持，巩固教育效果。着眼于高考，是让学生顺利走上考场，进入理想的大学；立足未来，更是为学生的一生奠基，引导他们走上康庄大道。

（三）引导干预与自我教育相结合

要让学生及时调节情绪，减轻压力，感受成功，增强自信。学校、师长的心理教育和干预是非常重要的，但这些外因都需要通过内因才能起到作用，且不管是强度上还是时长上，外力影响都是有限的。学生心理健康机制的建立，更需要内驱力的长久作用。心理健康教育要将教师、家长的引导干预与学生的自我教育和调适结合起来，最终达到学生自我成长的目标。

（四）心理疏导与学科渗透相结合

专业的心理教师和咨询师是高三心理教育的专业人士，班主任是长期全面开展心理教育的核心力量，二者构成高三心理健康教育的主力。但广义的心理教育，应包含一切能够帮助学生调适心理和优化状态的言语和活动，学科渗透的作用同样不可忽视。各学科教师，尤其是思政、历史、语文、艺术等人文学科的教师，应该有意识地渗透心理健康教育，形成各学科育人合力。

（五）学校教育与家庭教育相结合

从对各种心理案例的分析来看，恶劣的亲子关系加大了学生心理调适的难度，学生出现心理问题的概率增大，处理问题也更容易情绪化、极端化；而温馨和谐的亲子关系有利于及时缓解学生在人际交往矛盾、学习压力等情况下出现的负面情绪。学校教育再系统、长期，也需要配合家庭的力量，才能达到教育效果的最优化。在高三学生的心理教育上，家校更要增加交流，强化合力，切实发挥共育作用。

如何创设积极的心理环境，形成学生良好的心理状态，发挥"情商"在高三紧张备考中的重要作用，是值得全体教师、家长和学生本人高度关注和重视的话题。在进行心理干预和开展心理健康教育的过程中，要根据不同学生的个性特点、经历遭遇和同一学生不同时段的心理状态，有针对性地开展，做到落实做细，灵活处理。通过长期有效的教育活动，让新时代的青年学生，能够养成乐观自信、好学进取、开拓创新、正直助人、顽强拼搏的良好人格，以迎接高考和社会主义现代化建设事业的挑战。

高中学生手机依赖调查及思考

——以岳阳县四所普通高中为例

付 兵

湖南省岳阳县第三中学

摘要：随着信息技术的发展和手机的普及，越来越多的中学生成为手机使用者。一方面，手机的网络功能拓宽了他们的知识视野，更新了他们的思维模式，扩大了他们的交往空间，激发了他们的创新意识。另一方面，手机使用对他们的思维方式、行为模式、心理发展、价值观念也带来了一些负面影响，特别是有些学生因为手机依赖而产生了影响身体健康的现象，出现了心理偏差和学业成绩下降的不良后果。研究表明，由于中学生易受从众心理的影响、经不住不良行为的诱惑、家长监管缺失和学校管理力度不够等，他们形成了对手机的生活依赖、学习依赖、交往依赖和闲暇依赖，出现了有损身体健康的行为，产生了心理偏差和学业成绩下降等问题。因此，学校打出这一套"组合拳"——摆脱依赖，"导"有诀窍；家校联合，"用"为正道；未雨绸缪，"堵"中有疏，在很大程度上避免了中学生形成手机依赖。

关键词：高中生；手机使用；手机依赖

一、手机依赖的概念界定

国内学者从不同角度对手机依赖进行了界定。在无法使用手机或忘记携带手机时，常会出现情绪的极端变化，如烦躁不安、言语粗俗、情绪低落、郁郁寡欢等，这种现象实际上已经是成瘾的表现，称为"手机依赖症"[①]。从心理影响角度界定手机依赖的研究者认为，手机依赖者会频繁地查看手机，忘带手机便会心神不宁，对手机有强烈的需求感和依赖感。首都师范大学心理学院吴玄娜研究认为，手机依赖是一种"行为成瘾"，由于个体强迫性使用手机，引发内心的痛苦和煎熬，从而危害生活、工作、学习和个体心理健康。[②] 中学生手机依赖是指中学生长时间沉迷手机不能进行自我控制，由此导致身体和心理过程的依赖性，即手机不离手的手机成瘾。

二、手机依赖的调查设计与实施

（一）调查设计

1. 调查目的

一是了解学生对手机的依赖程度，包括中学生对手机依赖的形式、带来的危害、形成的原因；二是为了加强对学生的手机管理，纠正中学生的手机依赖行为。

2. 调查对象

随机抽取湖南省岳阳县四所普通高中高一至高三年级在校学生，共计1500人，其中1280人来自农村，220人来自城镇；高一532人，高二518人，高三450人。

[①] 邹云飞，邹云青，姚应水．某高校大学生手机使用与手机依赖症的横断面调查［J］．皖南医学院学报，2011，30（1）：77-80．

[②] 徐华，等．大学生手机依赖量表的编制［J］．中国临床心理学杂志，2008，16（1）：26-27．

3. 调查内容

调查内容包括中学生在什么环境下使用手机、手机使用的时间、对手机信息的反应以及玩手机时候的心理状态、手机依赖的危害等方面。

4. 调查方法

调查方法主要采用问卷调查法、访谈法、文献研究法等。

问卷调查法。研究内容是中学生手机依赖，以岳阳县四所高中为例，对高一至高三的部分学生进行随机抽样调查，通过问卷调查、访谈，对调查数据统计分析，了解中学生在什么环境下使用手机、手机使用的时间、对手机信息的反应以及玩手机时候的心理状态、手机依赖的危害等方面的状况。根据调查结果，实现对数据资料的归纳、比较和深入推论性研究，结合相关理论分析相关结论。

访谈法。通过与学校教师、学生的家长、学生进行问题访谈和交流，对内容进行统计分析，展现学生使用手机、手机依赖等方面的状况。

文献研究法。搜集相关学生手机依赖的研究论文，查阅学生手机依赖的相关文献资料，并进行认真统计、分析和总结，为现有的论文写作铺路。

(二) 调查统计

本次调查共发放问卷1500份，回收有效问卷1480份，有效率为98.7%。调查的相关数据统计如下：

表1 手机的使用时间段统计表 （a%＝该选项人数/1480）

调查内容	很符合 人数	很符合 百分比	符合 人数	符合 百分比	一般 人数	一般 百分比	不符合 人数	不符合 百分比
1. 上学期间每天使用一小时以上	183	12.4%	320	21.6%	561	37.9%	416	28.1%
2. 牺牲休息时间熬夜玩手机	116	7.8%	187	12.6%	306	20.7%	871	58.9%
3. 排队或等待过程中用手机打发时间	715	48.3%	206	13.9%	389	26.3%	170	11.5%

表2 对手机信息的反应以及玩手机时候的心理状态统计表（a%=该选项人数/1480）

调查内容	很符合 人数	很符合 百分比	符合 人数	符合 百分比	一般 人数	一般 百分比	不符合 人数	不符合 百分比
4. 上课收到信息时会拿出来看	167	11.3%	275	18.6%	392	26.5%	645	43.6%
5. 玩手机时听不到别人的呼唤，不关心周围的事	563	38.0%	298	20.1%	476	32.2%	143	9.7%

表3 使用手机环境统计表（a%=该选项人数/1480）

调查内容	很符合 人数	很符合 百分比	符合 人数	符合 百分比	一般 人数	一般 百分比	不符合 人数	不符合 百分比
6. 遇到不会做的题目，不独立思考，用手机搜答案	183	12.4%	320	21.6%	215	14.5%	762	51.5%
7. 提笔忘字时用手机查	368	24.9%	172	11.6%	320	21.6%	620	41.9%
8. 在网上购物、点外卖时得心应手，放下手机不知所措	216	14.6%	197	13.3%	289	19.5%	778	52.6%
9. 方位感不强，没有手机导航出不了门	198	13.4%	241	16.3%	310	20.9%	731	49.4%
10. 与人发信息时侃侃而谈，当面不知说什么	356	24.0%	251	17.0%	261	17.6%	612	41.4%
11. 心有不快时不愿与人透露，而会在网上倾诉	258	17.4%	213	14.4%	468	31.6%	541	36.6%

表4 手机依赖的危害调查统计表（a%=该选项人数/1480）

调查内容	很符合 人数	很符合 百分比	符合 人数	符合 百分比	一般 人数	一般 百分比	不符合 人数	不符合 百分比
12. 玩手机导致眼睛疲劳或视力下降	319	21.6%	320	21.6%	185	12.5%	656	44.3%
13. 与人打电话导致耳朵嗡嗡作响	116	7.8%	295	19.9%	306	20.7%	763	51.6%
14. 有把游戏中用暴力解决问题的方式带入现实的冲动	103	7.0%	206	13.9%	389	26.3%	782	52.8%
15. 经常玩手机导致手指麻木脖子痛	386	26.1%	275	18.6%	332	22.4%	487	32.9%
16. 经常用手机导致注意力不集中、精神不振	370	25.0%	219	14.8%	344	23.2%	547	37.0%
17. 玩手机导致学习成绩下降	469	31.7%	203	13.7%	272	18.4%	536	36.2%

设计的17个相关问题，选项a、b、c、d的赋分分别是4、3、2、1分，每名同学的最后得分计算办法是：每道题目的选择答案乘以相对应的赋分，然后把17道题目的分数相加，得出该名同学的最后得分。在这次问卷调查中，最高得分为58分，最低得分为23分，平均为31分。得分≥51分者，即每题的平均分达到3分，出现了较为明显的手机依赖症状。调查显示，此次共有206人得分≥51分，占受调查者的13.9%。

三、手机依赖的表现形式与存在的问题分析

（一）常见的手机依赖形式

调查显示，现在的中学生对手机依赖大约有以下四种表现形式。

1. 生活依赖

调查表第 8 项和第 9 项显示，中学生经常性网络购物、手机导航等，减少了人与人之间的交往，减少了接触社会、了解社会的机会，很多时候，社会才是最好的大学。

2. 学习依赖

调查表第 6 项和第 7 项显示，很多学生经常出现提笔忘字的情况，需要用手机拼音才能想起所要写的字；出现不会做的题目时，即用手机搜索答案，长此以往，这种现象不利于培养学生独立思考和解决问题的能力。

3. 交往依赖

调查表第 4 项和第 5 项显示，很多学生在手机聊天软件上聊天时，可以与人聊得火热，甚至是无话不谈，相谈甚欢，而一旦放下手机来到现实世界，即使是有时跟家人在一起，也很难找到共同的话题，更别说与别人进行有温度的沟通，并通过沟通推销自己，寻求对策解决问题。长此以往，还会形成内向孤僻的性格。

4. 闲暇依赖

调查表第 2 项和第 3 项显示，很多学生对于闲暇时间的打发，就是利用手机打游戏、逛淘宝购物、看小说、聊天交友等，基本上放弃了锻炼身体、综合实践等活动，不利于个人综合素养的提高和全面发展。

（二）手机依赖带来的危害

调查显示，手机依赖会对中学生带来以下三种危害。

1. 有损身体健康

调查表第 12 项显示，有 43.2% 的学生出现了眼睛疲劳或视力下降；调查表第 13 项显示，有 27.7% 的学生曾因为打太久电话导致耳朵嗡嗡作响；调查表第 15 项显示，有 44.7% 的学生曾因为发过多信息导致手指酸软不灵活。

2. 产生心理偏差

调查表第 14 项显示，有 20.9% 的学生将网络游戏中用暴力解决问题的方式带入现实生活中，有暴力倾向，并在与人的交往过程中容易情绪冲动；调查表第 16 项显示，有 39.8% 的学生出现注意力不集中、精神萎靡不振的现象。

3. 导致成绩下降

调查表第 17 项显示，有 45.4% 的学生因为沉迷手机游戏而导致学习成绩下降。

从调查结果可以看出，过分依赖手机，给中学生的身心健康和学习生活带来了严重危害。

（三）手机依赖的原因分析

1. 从众心理的影响

从众心理是指个人在受到他人或社会群体的一致性影响或压力时，自己的认知或行为遵从于公众舆论或群体大多数人，甚至出现违背自己意愿随大流的心理状态。中学生生活在学校这一群体中，学生群体对个体的从众压力要比其他群体大。相同的年龄、人生阅历、文化层次、生活和学习模式，彼此的人生发展、人生困惑和人生需求基本一致，以及共同的思维模式，心理共容性强，容易产生心理共振。

2. 不良行为的诱惑

中学生刚刚步入青春期，心理尚不成熟，性格比较脆弱，情绪波动也很大，独立性较差、自制力弱、甄别能力不强，跟风学样现象比较普遍。有些人把沉迷于网络当作一种博人眼球或消遣打发时间的方式；有些学生没有拒绝引诱，慢慢地在跟风学样的过程中形成手机依赖。同时，这个年龄阶段的人，当自尊心受到伤害时，容易生气、愤怒，对别人的嘲笑、蔑视反应非常强烈，对家长、教师的忽视、压制、不公平对待非常敏感，通过手机排解由此产生的空虚、无聊及不满情绪也就自然而然了。

3. 学校管理力度不够

手机不仅拥有通话和发送信息的基本功能，还包含上网、音乐、游戏、电子字典等功能。处在黄金学习阶段的中学生，充满了对知识和信息的渴求，手机丰富强大的功能、满载的信息、方便快捷的传递，无不吸引着中学生。再加上学生借助手机与人特别是与父母联系的需要，导致学生使用手机有了正当的理由。学生方面有了正当使用手机的理由，学校方面又缺乏行之有效的监管手段，长此以往，自制力差的那些学生容易形成手机依赖。

4. 学生家长监管缺失

在当今社会大环境中，中学生也通过手机通话、发送短信，随时随地与其他人特别是同学取得联系，满足社交需求。特别是对农村学生来说，很多家长外出打工，留守学生、单亲家庭学生多，这些学生没有父母的日常陪伴，在其成长的过程之中会不可避免地缺乏一定的关怀和爱护，更有甚者出现人际交往的困难，学生便会在虚拟的网络中寻找慰藉，久而久之便形成手机依赖。

四、纠正中学生手机依赖症的对策

（一）摆脱依赖，"导"有诀窍

开学伊始，学校为防止学生出现手机依赖，打出了一套"组合拳"。首先是宣传标语，润物无声。"不要让手机占用把握命运的双手""不带手机，只带父母的希望"等宣传标语，温馨提醒学生。其次，学校德育处出台关于校园手机使用的校纪校规，并发放至每位学生手中，用制度规范学生行为；组织召开家长会，让"校园拒绝手机"行动得到家长支持，并与家长签订《学生禁用手机协议》，形成家长和学校统一认识、互相配合的良好局面；开展"校园拒绝手机"学生签名活动，以班级为单位人人表态，并形成书面文字，约束日后的行为；开展以"禁用手机"为主题的班会、黑板报、手抄报活动，开展手语操比赛、辩论赛、篮球赛等一系列活动，丰富学生的课余生活，转移学生对手机的潜在依赖；教师帮助学生树立长期和短期目标，激发学生的学习动机，通过鼓励他们实现目标，来增强对外界诱惑的抵抗能力。最后，如果对手机依赖过于严重，就要去看心理医生，以免影响正常的学习和生活。

（二）家校联合，"用"为正道

第一，父母、教师应注意自己的行为举止，约束自身的手机使用时间和频率，以身作则，为孩子正确使用手机起到良好的表率作用。

第二，父母应该与子女多沟通交流，多陪伴孩子，做孩子的朋友，与孩子共读一本有意义的书，共同完成一件有意义的事，减少他们的孤独感，建立和谐的亲子关系，引导孩子合理发泄情绪，采取正确的方式解决问题。

第三，父母、教师应引导孩子形成积极向上的生活方式，帮助孩子认识到过度使用手机的危害和加强管理的必要性，提高对手机依赖问题的重视程度。家长应履行教育职责，加强对孩子使用手机的督促管理，形成家校协同育人合力。

第四，假期中，许多农村留守学生失去监管，很难进行有效学习。教师利用班级微信群、网络学习平台对学生进行指导，让学生在假期中也能享受与城市孩子同等的教育资源。

（三）未雨绸缪，"堵"中有疏

学校应开展丰富多彩的校园文化活动，营造健康、有序、和谐的校园环境。

一方面，学校组织歌手大赛、演讲比赛、运动会等学生感兴趣的文体活动，不仅可以充分调动学生的积极性，促进学生个性发展，还可以满足学生社会交往的需要，形成良好的人际关系和团队合作精神。

另一方面，学校教育者应全面加强对学生心理问题的疏导，给予学生合理宣泄的机会，倾听他们的心声，让他们的不良情绪得到恰当释放，减少或避免学生沉迷网络、沉浸在虚幻世界，用手机开解心结。年级组和班主任加大课堂巡查、晚寝突击的力度，确保无手机进课堂和寝室；定期召开纪律执行大会，严格、妥善处理所收缴的手机，以此警示学生；成立学生自主管理小分队，在教室、寝室、食堂，全方位巡查，严禁学生使用手机；对使用手机并产生心理依赖的学生定期举行座谈，了解其心理动态，并做好疏导工作。

综上所述，手机依赖症会给中学生的身心健康和学习生活造成很大危害。因此，学校、教师、学生、家长四方面要形成合力，通过创设良好的育人环境，形成积极向上的学习氛围，加强人文关怀、心理疏导、家校共育，避免中学生形成手机依赖，养成良好的学习和生活习惯，从而实现身心健康发展。